Das Buch

Freundin weg. Job weg. Alles weg. Joe Baker ist am Tiefpunkt seines Lebens angelangt. Gibt er auf? Nein! Das ist nicht sein Ding. Er setzt alles auf die Karte «Musik» und verlässt San Diego, Kalifornien, um in Nashville, Tennessee, sein Glück als Songwriter zu versuchen. Doch das ist alles andere als einfach. In der Musikmetropole versuchen Tausende von der Musik zu leben. Doch nur die wenigsten schaffen es. Die meisten müssen als Barkeeper oder Kellner arbeiten, um über die Runden zu kommen.

Nur mit Gitarre, Notebook und selbst geschriebenen Songs in der Hand landet Joe Baker an einem warmen Herbsttag in der Music City USA. Mit einem gemieteten Ford Mustang beginnt sein neues Leben in Nashville.

Nicht nur Gitarren, Musikstudios und das Leben als Musiker lassen sein Herz höher schlagen. Auch Allison Monroe, eine talentierte und attraktive Sängerin, sorgt dafür, dass er nachts nicht schlafen kann. Und auch seine Ex erhöht seine Herzfrequenz immer wieder.

Jeder Tag bringt neue Überraschungen: Liebe, Erotik, Betrug, Enttäuschungen, neue Songs, Intrigen, Eifersucht, Verbrechen und Hoffnung. Die Frage stellt sich: Kann Joe Baker seine Träume verwirklichen?

Bibliografische Information der Deutschen Nationalbibliothek: Die Deutsche Nationalbibliothek verzeichnet diese Publikation in der Deutschen Nationalbibliografie; detaillierte bibliografische Daten sind im Internet über dnb.dnb.de abrufbar.

© 2017 Chris Regez
«Herstellung und Verlag:
BoD – Books on Demand, Norderstedt».

ISBN: 9783744893121

Chris Regez

Der Songwriter

Musikroman

Alle Personen in diesem Buch sind frei erfunden.
Ähnlichkeiten mit lebenden oder verstorbenen
Personen wären rein zufällig.

Weitere Infos zum Buch

www.der-songwriter.com
www.facebook.com/buch.der.songwriter

Der Songwriter

2. Auflage 2018
© Chris Regez

**Für alle, die ihren Traum
verwirklichen wollen.**

**Träume nicht dein Leben,
lebe deinen Traum.**

Tommaso Campanella (1568 - 1639)
Bürgerlich: Giovanni Domenico
Italienischer Philosoph, Dominikaner,
Dichter und Politiker

Bei diesem Buchprojekt haben mich zwei Personen ganz besonders unterstützt. Ohne Astrid und Urs wäre das Buch nie entstanden oder fertig geworden.
Dafür danke ich euch beiden herzlich!

Astrid
Du hast mich motiviert, dieses Buchprojekt zu starten und immer wieder zu optimieren.

Urs
Nach jedem neuen Kapitel wolltest du wissen, wie sich die Geschichte weiterentwickelt. Das hat mich angetrieben, immer nach neuen Antworten zu suchen.

Ich danke allen Freunden und Kollegen, die mir ihr wertvolles Feedback nach einer Leseprobe gaben.

Ein riesiger Dank geht auch an **Martina** für die abschliessende Lesung und wertvollen Inputs!

Bei **Sergio** bedanke ich mich für die technische Beratung bei der Buchproduktion!

Kapitel 1 – Endlich wieder in Nashville (Tag 1 – Montag, 1. September 2014)

Mit dem schwarzen Ford Mustang, den er am Flughafen gemietet hat, rast Joe Baker Richtung Innenstadt. Er kennt den Weg genau. Dach runter. Sound auf. Die Hände sind feucht. Sein Herz rast. Lange hat er sie nicht mehr gesehen. Zu lange. Er freut sich, ihr endlich wieder nahe zu sein und ihren Rhythmus zu fühlen.

Aus dem Radio ertönt «Need You Now» von Lady Antebellum. «Wie passend», denkt er. Sie übt eine magische Anziehungskraft auf ihn aus. Er wählt den Weg über die Interstate 40. Die Fahrt vom Flughafen in die Innenstadt dauert nur 15 Minuten. Vorbei an tausend Erinnerungen und direkt ins Herz der «Music City USA». Ausser der Gitarre, einem MacBook und einem alten Reisekoffer hat Joe Baker nichts dabei. Weshalb auch? Alles ist weg. Job weg. Freundin weg. Bei einem Yard-Sale hat er alles verkauft. Was übrig geblieben war, schenkte er den Homeless.

Die letzten Monate waren hart. Sehr hart sogar. San Diego, die Stadt, in der er immer lebte, hielt ihn nicht mehr zurück. Jetzt ist es an der Zeit, das Steuer herumzureissen, wieder positiv zu denken und die eigenen Träume zu verwirklichen. Joe hat alle Zelte in Südkalifornien abgebrochen. Er ist eben erst mit dem Flugzeug in Nashville gelandet. Er fühlte sich sofort wie im siebten Himmel. Schon am Flughafen spielten Musiker in den Bars aktuelle Country-Hits und Oldies.

Erster September – Postkartenwetter in Nashville: blauer Himmel und etwas über 28 Grad warm. Joe fährt den Broadway runter. Rechts der Ernest Tubb Record Store, links Tootsie's Orchid Lounge, das legendäre Lokal, in welchem so manche grosse Country-Music-Karriere ihren Anfang genommen hatte. Die Legende besagt, dass Willie Nelson nach einem Auftritt in diesem legendären Honky Tonk seinen ersten Vertrag als Songwriter erhalten hat. Noch immer treten jeden Abend Musiker bei Tootsie's auf und unterhalten die Gäste mit Live Country-Music.

Zuunterst am Broadway dreht Joe den Mustang und fährt wieder zurück. Vorbei an der Bridgestone Arena, wo das Eishockey-Team, die Nashville Predators, spielt. Dann vorbei am legendären Ryman Auditorium und dem Union Station Hotel. Mit seiner Ex-Freundin Sandy hat er mehrmals in diesem historischen Gebäude übernachtet. Der alte Bahnhof wurde in ein wunderbares Hotel umgebaut. Damals schien zwischen ihnen noch alles O.K. zu sein.

Sandy. Beim Gedanken an seine Ex kommen Wut und Enttäuschung auf. Sofort versucht er, sich auf die Gegenwart zu fokussieren. Doch das ist alles andere als einfach. An jeder Ecke der Stadt lauert mindestens eine Erinnerung an ihre zahlreichen gemeinsame Reisen nach Nashville.

Joe biegt in die 16th Avenue ein. Das ist die Adresse der grossen Plattenlabels, Studios, Musikverlage und Musikagenturen. «Hier ist also das Musikbusiness zu Hause», denkt er. Häuser mit riesigen Glasfassaden, teuren Autos in der Einfahrt und perfekt gepflegten Gärten mit Springbrunnen.

Jetzt, um 15.00 Uhr, macht sich sein Magen bemerkbar. Das Sandwich, das er auf dem Flug gegessen hat, reicht natürlich nicht für den ganzen Tag. An der nächsten Ecke biegt er nach rechts ab. Sein Weg führt an vielen eindrucksvollen Backsteinbauten vorbei. Vor einem seiner Lieblingsrestaurants der Stadt sucht er sich einen Parkplatz. Das Amerigo Italian Restaurant befindet sich an der West End Avenue. Es ist bekannt für seine unverwechselbare Küche. Auch wenn er oft mit Sandy dort war und Erinnerungen hochkommen werden: er kann der feinen Lasagne, einem Glas Merlot aus dem Napa Valley, dem umwerfenden Cheesecake und einem starken Kaffee nicht widerstehen.

Kaum sitzt er am Tisch, den ihm der Kellner zugeteilt hat, klingelt sein Smartphone. Sandy. «Nein, muss das sein», sagt er leise zu sich. Er hat jetzt keine Lust, ihre Stimme zu hören. «Gerade jetzt, wo ich neu starte? Weshalb kann sie nicht aufhören, mich zu kontaktieren?»

Kapitel 2 – Im Hotel einchecken
(Tag 1 – Montag)

Die Empfangsdame im Hampton Inn, im Green Hills Quartier, im Südwesten der Stadt, lächelt freundlich, als sie ihm den Schlüssel überreicht. Das Motel befindet sich am Hillsboro Pike. Von dort ist Downtown in wenigen Minuten zu erreichen.

Das Bluebird Cafe liegt nur knapp eine Meile weiter südlich des Motels. Das Musiklokal mit seinen 90 Plätzen ist ein wichtiger Ort in Nashville. Es ist ein echtes Songwriter-Mekka. Megastar Garth Brooks spielte dort, bevor er entdeckt wurde. Genauso wie Taylor Swift und andere bekannte Sängerinnen und Sänger, die es danach bis an die Spitze geschafft haben. Es ist «das» Sprungbrett für Newcomer. Zudem spielen viele Szenen der TV-Serie «Nashville» im Bluebird Cafe.

Am Montag darf hier jeder ans Mikrofon, der einen selbst geschriebenen Song im Rahmen der «Open Mic Nights» vorspielen möchte. Damit das klappt, muss man sich am entsprechenden Montag am Vormittag zwischen 11.00 und 12.00 Uhr telefonisch anmelden.

Die ersten 25, die es schaffen, sich zu registrieren, dürfen am Abend zwischen 18.00 und 21.00 Uhr auftreten und ein bis zwei Eigenkompositionen live spielen. Als Begleitung sind maximal zwei Personen erlaubt. Schlagzeug oder Playback sowie Songs, die man nicht selber geschrieben hat, sind tabu.

Joe Baker checkt für drei Nächte im Hampton Inn ein. Dann wird er weiterschauen. Vielleicht wird er schon bald ein passendes Apartment zum Mieten finden. Er will Nashville zu seinem neuen Lebensmittelpunkt machen. Das ist die Voraussetzung, um im Musikgeschäft Fuss zu fassen und in der Music City eine Existenz aufzubauen.

Das Zimmer ist einfach, aber zweckmässig eingerichtet. Ein paar Bilder, welche die Nashville Skyline zeigen, ein moderner Flachbild-TV, ein Arbeitstisch mit Bürostuhl, ein kleiner Kühlschrank und eine Kaffeemaschine. Das Bad mit Dusche, Tüchern, Duschmittel und Body Lotion ist sauber und erfüllt alle Ansprüche. Nach dem langen Flug in der Holzklasse benötigt er eine Dusche. Danach fühlt er sich wieder wie neugeboren. Die Klimaanlage rattert vor sich hin und kühlt das Zimmer auf 22 Grad. Obwohl es schon September ist, sind die Spätsommertage noch angenehm warm.

Joe legt sich aufs Bett, um sich etwas auszuruhen. Das Queensize-Bett ist bequem genug für die ersten paar Nächte. Nach einem Nickerchen, es dauert kaum mehr als 15 Minuten, nimmt er seine Gitarre zur Hand und spielt ein paar Akkorde. Durch die Reise hat sie sich etwas verstimmt. Aber immerhin ging sie auf dem Flug nicht verloren. Man konnte da nie so sicher sein. Seitdem eine seiner Gitarren bei einem Flug nicht am Zielort angekommen war und die Airline sie nicht mehr finden konnte, lässt er seine kostbaren Instrumente nicht mehr aus den Augen. Man kann den Fluggesellschaften nicht mehr trauen. Seit diesem Ereignis schleppt er seine Gitarre immer als Handgepäck mit sich rum.

Während er eine harmonische Akkordfolge spielt, überlegt sich Joe Baker seine nächsten Schritte: Auto kaufen, Wohnung suchen, ein Konto bei einer lokalen Bank eröffnen, Konzerte besuchen und bei den Musikverlagen vorsprechen. Und natürlich so rasch wie möglich Kontakte zu anderen Songschreibern knüpfen und mit ihnen Songs schreiben. In seinen Augen ist das die beste Möglichkeit, um möglichst rasch einen Deal als Songschreiber zu landen. Immer in der Hoffnung, dass ein Top-Star einen seiner Songs einspielen, auf CD veröffentlichen und zum Hit machen wird. Träume sind ja erlaubt, oder etwa nicht?

Und: Ein Überraschungsbesuch steht zuoberst auf seiner To-Do-Liste. Er klaubt eine Visitenkarte aus seiner Brieftasche. Beim Blick auf den Namen, der darauf steht, und beim Gedanken an die Umstände, wie er diese Sängerin kennengelernt hatte, wird ihm ganz warm ums Herz: Allison Monroe. Sie ist eine blendend aussehende und aussergewöhnliche Sängerin. Sie ist 30 Jahre alt, etwa 1,70 Meter gross, trägt langes schwarzbraunes Haar und ihre Augen sind so blau wie der Ozean. Auf der Bühne trägt sie immer einen schwarzen oder weissen Cowboy-Hut und Jeans. Ein weisses Tanktop oder eine schwarze Bluse sowie eine silberne Kette und ein dezentes Make-up geben ihrem Look eine besondere Note. Meistens trägt sie Wrangler Bluejeans, die über den Knien leicht zerrissen sind. Dieses Outfit verleiht ihr – in Verbindung mit den Cowboy-Stiefeln – einen neckischen Cowgirl-Look. Die Gibson-Hummingbird, ihre Lieblings-Gitarre, passt hervorragend dazu.

Allison tourt regelmässig an der Westküste und spielt mindestens viermal im Jahr im Crossfire Pub in San Diego. Der Music-Club befindet sich am Mission Beach bzw. am Rand des Wohnviertels Bird Rock. Der Club ist mit einer Bühne, Künstlergarderoben, einer 15 Meter langen Bar sowie allen notwendigen technischen Anlagen wie Mischpult, Verstärkern und Boxen ausgestattet. Während der Konzerte sitzen die Gäste an ihren Tischen. Vor und nach den Shows serviert die Küche einfache Gerichte wie mit Käse überbackene Nachos, Fish and Chips, Chicken Wings, Burger oder Salatvariationen. Zudem können die Besucher aus über 20 Biersorten auswählen.

Seit einiger Zeit hat Joe Baker keines von Allisons Konzerten in San Diego verpasst. Per Zufall kamen sie nach einem ihrer Gigs an der Bar ins Gespräch. Sie faszinierte ihn vom ersten Moment an. Nicht nur wegen ihrer unverwechselbaren Stimme und ihren optischen Reizen. Sie ist zudem eine natürliche und intelligente Person mit einer starken Ausstrahlung.

Seither haben sie sich nach jedem ihrer Konzerte in San Diego an der Bar getroffen und diskutiert. Ihre Gespräche wurden immer intensiver. Humorvoller und tiefgründiger. Sie sprachen über weit mehr als nur die Musik. Obwohl zwischen ihren Konzerten immer mehrere Wochen – und manchmal Monate – vergingen, baute sich eine Vertrautheit zwischen ihnen auf. Ihre CD mit ihren selber komponierten Songs kennt er natürlich auswendig. Lied für Lied. Wort für Wort. Der Sound, die Melodien, die Geschichten der Lieder und natürlich ihre Stimme – einfach grandios.

Nach ihrem letzten Konzert in San Diego – und ein paar Drinks an der Bar – knisterte es gewaltig zwischen ihnen. Das Gespräch verlief ganz normal, bis daraus ein heisser Flirt wurde. Das war nur ein paar Wochen, bevor ihn Sandy verliess.

Allison wohnt in einem gemieteten Haus in Oak Hill, einem Vorort von Nashville. Die Gemeinde mit etwas mehr als 4'700 Einwohnern ist ein beliebter Wohnort. Hier befindet sich das Anwesen – und zugleich der offizielle Wohnsitz – des Gouverneurs des Staates Tennessee: die Governor's Residence. Die Einwohner geniessen die Vorteile der Kleinstadt-Umgebung, in

Verbindung mit den vielen Annehmlichkeiten, die ein Vorort einer grossen Metropole bietet.

Oak Hill liegt im Süden der Stadt und grenzt östlich an die Interstate 65. Bis Downtown Nashville dauert die Fahrt nur etwas mehr als zehn Minuten.

Von ihren Gesprächen weiss Joe, wie wichtig das Haus für Allison ist. Hier kann sie sich zwischen ihren Konzerten zurückziehen, erholen und ungestört an ihren neuen Songs arbeiten. Allison wuchs im Nordosten der USA auf. Genauer gesagt in Portland, Maine. Sie liebt das freundliche Nashville-Wetter. Im Winter ist es hier nicht ganz so kalt wie in ihrer Heimatstadt.

Allison weiss nicht, dass er in der Stadt ist oder dass ihn Sandy für einen anderen verliess. Joe Baker will sie überraschen. Am liebsten sofort. Aber sie ist nicht in der Stadt. Sie spielt zurzeit gerade einige Gigs an der Ostküste. Gestern in Wilmington, North Carolina, heute in Myrtle Beach, South Carolina, und morgen in Charleston, ebenfalls South Carolina.

Joe kennt ihren Tourplan auswendig. In regelmässigen Abständen schaut er sich auf Facebook ihre Bilder vom Leben «on the road» an und liest die vielen positiven Kommentare der Konzertbesucher. Er muss sich leider noch etwas gedulden, bis er sie mit einem Besuch überraschen kann.

Der erste Kontakt
Auf einmal hört Joe die Sirene eines Polizeiautos, das in der Nähe des Motels vorbeifährt und ihn aus seinen Allison-Träumen reisst. Joe blickt auf die Uhr. Höchste Zeit zu gehen.

Joe Baker setzt die Sonnenbrille auf, schliesst die Hoteltüre hinter sich und geht mit grossen Schritten auf den gemieteten Mustang zu. Joe ist 35 Jahre alt, 1,78 Meter gross, hat schwarzes Haar, blaue Augen und seine Haut ist von der kalifornischen Sonne perfekt gebräunt. Wie immer trägt er ausgewaschene Jeans und Cowboy-Boots. Dazu ein schwarzes T-Shirt mit V-Ausschnitt.

Er startet den Motor. Aus den Lautsprechern dröhnt «Big Dreams In A Small Town» von «Restless Heart». Seine Fahrt zu 100 Oaks, einem Outdoor Shopping-Center mit grossem Kino-Komplex direkt nebenan, dauert etwas länger als normal. Wie in jeder amerikanischen Stadt sorgt der Feierabendstau für Verzögerungen.

Das «Nashville Guitar Center» ist noch immer da. Trotz boomendem Online-Handel. Er betritt das Geschäft und ist vom riesigen Angebot überwältigt. Genauso wie bei seinem letzten Besuch. Instrumente, Verstärker, Boxen, Mischpulte, Zubehör – soweit das Auge reicht. Ein Paradies für jeden Musiker. So gross wie ein Supermarkt. Elektrische und akustische Gitarren, Keyboards,

Schlagzeuge, Bässe, Mandolinen und Banjos. Bei den Gitarren bleibt er länger stehen. Er schaut sich um und entscheidet sich, die Western-Gitarren von Gibson, Takamine und Taylor genauer anzusehen. Das Angebot an Gitarren seiner Lieblingsmarken ist immens.

Seine Gitarre hat schon ein paar Jahre auf dem Buckel und schon bald wird er eine neue benötigen. Je nach Marke und Preisklasse sind die Unterschiede riesig. Die günstigeren Modelle sind nicht so leicht zu spielen, da der Saitenabstand meistens zu gross ist. Dadurch muss man viel mehr Kraft aufwenden, um einen satten Ton zu erzeugen.

Eine schwarze Takamine mit integriertem Tonabnehmer und Stimmgerät lächelt ihn sofort an. Sie sieht klasse aus und lässt sich ohne grossen Kraftaufwand spielen. Er schliesst die Western-Gitarre an einem Verstärker an und spielt ein paar Akkorde. Wie erwartet, überzeugt ihr warmer und satter Klang. Er nimmt weitere Gitarren zur Hand, um auch diese zu testen. Die Versuchung ist gross, die Takamine-Gitarre sofort zu kaufen. Nur schweren Herzens kann er widerstehen. Die Vernunft ist dagegen. Denn: Mit dem Start in Nashville sind viele Ausgaben verbunden.

Joe Baker hat noch etwas mehr als 90 Minuten Zeit, bis die Show im Bluebird Cafe beginnt. Er setzt sich wieder in den Mietwagen und fährt auf der Harding Place

Road, entlang wunderschöner Häuser, nach Westen bis zur Abzweigung auf die Strasse mit der Nummer 431. Dort biegt er links nach Süden ab. Dabei fallen ihm die unzähligen Kirchen auf, welche die Strasse säumen. Und er sagt laut zu sich, «wir sind im Bible Belt.»

Der «Bible Belt» ist eine Region in den Südstaaten der USA, die sich durch einen sehr hohen konservativen und christlichen Bevölkerungsanteil auszeichnet. Typisch ist die hohe Dichte an Kirchen sowie die strenggläubige Bevölkerungsmehrheit. Die Zahl der Kirchgänger ist in diesen Gegenden bedeutend höher als im nationalen Durchschnitt. Das Gebiet erstreckt sich von Texas bis Florida im Süden, bis Kansas im Nordwesten und Virginia im Nordosten. Georgia zählt ebenso dazu wie Alabama, Kentucky oder Tennessee. In Nashville, der Hauptstadt von Tennessee, spielt nicht nur die Musikindustrie eine wichtige wirtschaftliche Rolle. Die Druckbranche ist ebenfalls ein bedeutender Wirtschaftszweig. 12'000 Personen arbeiten in der Druckindustrie. Die Hälfte der Druckerzeugnisse sind Bibeln, Sonntagsschulbücher oder religiöse Magazine.

Joe Baker kennt die Gegend. Bei jedem Besuch in der Music City machte er einen Ausflug nach Franklin, einer hübschen Kleinstadt südlich von Nashville. Im Stadtzentrum kann man herrlich abhängen und durch die Main Street bummeln. Die Fahrt ist faszinierend. Er ist jedes Mal begeistert. Noch ein paar Meilen nach

Süden, dann rechts auf die Strasse mit der Nummer 46 abbiegen und nach Westen fahren. Das ist ein absolutes Highlight, das er sich nie entgehen liess. Bei keinem seiner früheren Besuche.

Seine Fahrt geht an riesigen Farmen, Pferdeweiden, alten Autos und einem Schloss vorbei, das zu einem Musikstudio umfunktioniert wurde. Unzählige Stars der Country-Music-Szene haben in den «Castle Recording Studios» im Verlauf der Jahre Songs eingespielt. Dazu zählen so bekannte Namen wie Brad Paisley, Alan Jackson, Keith Urban oder Vince Gill. Auch Pop- und Rockstars wie Culture Club, Meat Loaf oder Bruce Springsteen zählen zu den Kunden.

Der Wind weht durch sein Haar. Er liebt das Mustang-Cabriolet mit seinem starken 3,7-Liter-V6-Motor und 305 PS. Er drückt das Gaspedal für kurze Zeit etwas weiter nach unten und dreht den Regler des Radios weiter auf. Joe geniesst den Moment. Nach dem Ende der Beziehung mit Sandy und dem überraschenden Verlust des Jobs sieht die Welt schon wieder besser aus.

Er blickt auf die Uhr. Fast hätte er die Zeit vergessen. Joe wendet den Wagen und fährt denselben Weg zurück, den er gekommen ist. Zusammen mit dem Flugticket hat er sich vor ein paar Wochen auch gleich ein Ticket für das Konzert von Paul Overstreet im Bluebird gekauft. Der Songwriter ist einer der besten seines Fachs. Rund dreissig seiner Kompositionen kletterten bis in den Top 10 der Country-Charts. Interpretiert von so bekannten Stars wie George Jones, Randy Travis, Tanya Tucker oder Marie Osmond. Mit anderen Worten von Top-Stars, die zu ihren besten Zeiten regelmässig die ersten Plätze der Country-Music-Hitparade belegten.

Von seinen früheren Besuchen im Bluebird weiss Joe, dass ein Vorverkaufsticket ein absolutes Muss ist, um das Konzert nicht zu verpassen. Und tatsächlich: die Warteschlange für die Show um 21.30 Uhr ist bereits beachtlich gross. Doch das kümmert ihn nicht. Er zückt sein E-Ticket und erhält seinen reservierten Platz an der Bar. Er denkt: «Verrückt, hier werden sogar Tickets für einen Platz auf einem Barhocker online verkauft!»

Die «Open Mic Night» an diesem Montag hat er bewusst ausgelassen. Er wird noch genügend Zeit haben, um sich diese Shows anzusehen oder – hoffentlich – selber daran teilzunehmen. Im Bluebird sitzen alle Besucher nahe bei den Musikern. Man kann sie beinahe berühren und ist hautnah dabei. Während des Konzerts ist es strikt untersagt, zu reden. Wer mit dem Nachbar spricht und nicht ruhig ist, wird vom Personal gebeten, zu gehen.

Für einen Songwriter wie Joe ist ein Abend im Bluebird das höchste der Gefühle. Hier stehen die Songs und ihre

Geschichten im Mittelpunkt. Die Songschreiber spielen ihre Hits ohne Band – nur mit Gitarre oder Keyboard.

Hier hört man Songs, die es bis an die Spitze der Charts geschafft haben. Allerdings treten die Stars nur selten hier auf. Im Bluebird spielen die Songschreiber. Songschreiber, welche die Hits der Stars komponieren und davon leben können. Die Show von Paul Overstreet inspiriert Joe Baker vom ersten bis zum letzten Song. Er liebt den Song «I Won't Take Less Than Your Love», der von Tanya Tucker zum Megahit gemacht wurde.

Er setzt sich zum Ziel, sich bald für eine «Open Mic Night» anzumelden und selber zwei seiner Songs im Bluebird zu spielen. Man weiss ja nie. Schon oft wurden hier neue Talente entdeckt.

Das Bluebird ist nicht das einzige Lokal in der Music City, welches «Open Mic Nights» durchführt. Es ist eine Möglichkeit von vielen. Aber sicher ist es eine der «ersten Adressen» der Stadt.

Nach dem Konzert bestellt sich Joe Baker einen Jack Daniel's on the Rocks. Dabei kommt er mit einem Typen ins Gespräch, der nur wenig älter ist als er. Das Gespräch dreht sich um die Qualität der Songs von Paul Overstreet, ums Songwriting, um Whiskey, Gitarren und um illegale Musikdownloads, die der Musikbranche zu schaffen machen. Sie führten dazu, dass die Verkaufszahlen von CDs, Vinyl oder DVDs ins Bodenlose sanken. Klar, dass Verlage, Plattenfirmen, Songwriter und Künstler darunter leiden, da die Einnahmen massiv zusammenbrachen. Der finanzielle Schaden kann auch durch den Anstieg der legalen Musikdownloads auf Plattformen wie iTunes oder durch Einnahmen aus den Streaming-Services wie Spotify oder Google Play nicht kompensiert werden.

Joe erfährt, dass Steve Sharp, sein Gegenüber, 39 Jahre alt ist und seit fünf Jahren eine eigene Anwaltskanzlei am Music Square in Downtown Nashville führt. Seine Klienten stammen hauptsächlich aus dem Musikbusiness.

In seiner Freizeitkleidung, bestehend aus dunklen Jeans, einem weissen Hemd, einem Gurt mit übergrossen Schnalle und Cowboy-Stiefeln, entspricht er überhaupt nicht dem typischen Bild eines Anwalts. Joe stellt sich vor, dass Steve Sharp mit seiner stattlichen Grösse von 1,85 Metern, seinen bereits etwas schütteren dunkelbraunen Haaren, seinem gepflegten Kinnbart und im schwarzen Anzug vor Gericht ein topseriöses Bild abgibt. Dabei ist sein leichter Bauchansatz alles andere als störend.

Steve spielte früher selber während Jahren in Bands. Er erinnert sich: «Hey, Mann. Das waren noch Zeiten, als wir in Mississippi und Louisiana die Bars unsicher machten. Aber irgendwann realisierte ich, dass aus dem Traum der ganz grossen Musikkarriere nichts wird. Ich war zu wenig talentiert, machte nicht den richtigen Sound oder sonst was. Wer weiss das schon so genau? Ich wollte nicht bis zur Pension in billigen Motels übernachten und mieses Futter essen. Das war keine lukrative Perspektive für meine Zukunft. Ich wollte Geld verdienen. Richtig Kohle machen, weisst du? Deshalb studierte ich Jura, schloss mittelmässig ab und arbeite jetzt seit über fünf Jahren als Musikanwalt mit eigener Kanzlei in Downtown Nashville. Ich prüfe die Verträge meiner Klienten und helfe ihnen, wenn sie in Schwierigkeiten stecken. Musik spiele ich nur noch zum Spass.»

Joe erzählt seine Story. Steve hört interessiert zu. Sie bestellen einen weiteren Jack und tauschen ihre Karten aus. Sie verabreden sich zum Frühstück am nächsten Tag um 09.00 Uhr im Fido Restaurant Downtown. Sie sind sich auf Anhieb sympathisch.

Kapitel 3 – Schlaflose Nacht
(Tag 2 – Dienstag)

Joe kann nicht schlafen. Er liegt die ganze Nacht lang wach. Während er im Bluebird das Konzert genoss, hat ihn Sandy schon wieder gesucht. Weshalb kann sie ihn nicht endlich in Ruhe lassen? Joe wälzt sich hin und her. Die Gedanken an die letzten Wochen und Monate rauben ihm den Schlaf. Einmal mehr.

Sandy verliess ihn im März von einem Tag auf den anderen für einen Arzt, der sie wegen eines übertretenen Fusses behandelt hatte. OK, nach neun gemeinsamen Jahren hatten sie sich auseinandergelebt. Ihre Interessen waren nicht mehr die gleichen.

Klar, er war in seinem Job als Softwareprogrammierer stark engagiert, und in der Freizeit spielte er oft Musik. Vielleicht zu oft. Musik ist und war schon immer seine grosse Leidenschaft. Sandy fühlte sich häufig einsam und vernachlässigt.

Sie hatten sich nicht mehr so viel zu sagen wie früher und unternahmen immer weniger gemeinsam. Sie waren zusammen, aber irgendwie doch alleine. Sie sah keine Zukunft mehr mit ihm. Sie waren in der Routine des Alltags erstarrt. Es stellte sich eine gewisse Beziehungsmüdigkeit ein. Sie fanden kein Rezept, um ihre Liebe neu zu beleben und wieder aufzuwecken. Der

Kick fehlte mehr und mehr. Sandy wollte aus dem Alltagstrott ausbrechen. Offenbar schaffte es der Arzt, ihr Aufmerksamkeit und Anerkennung zu schenken und ihr neue Perspektiven zu geben. Alles Reden half nichts. Es gab keinen Weg zurück. Sie traf die Entscheidung, ihn zu verlassen und ihr neues Glück mit einem anderen Mann zu suchen.

Sandy entspricht genau dem Bild des perfekten California-Girls: lange blonde Haare, die bis in die Mitte des Rückens reichen, heidelbeerblaue Augen, sonnengebräunter Teint und ein knackiger, schlanker Körper. Diese äusserst vorteilhaften Attribute und ihre schon fast modelmässige Grösse von 1,75 Metern sorgen dafür, dass sich viele Männer nach ihr umdrehen. Mit erst 28 ist sie im besten Alter.

Trotzdem konnte Joe nicht glauben, dass er sie an einen Typen verlor, der 15 Jahre älter ist als sie. Genauer gesagt an einen Arzt, der bereits 43 Jahre alt ist. Offenbar war die Verlockung des Geldes, einer Ferienwohnung in Palm Springs und eines Boots im Hafen von Coronado, direkt vor San Diego, so gross, dass sie nicht widerstehen konnte. Das passte eigentlich überhaupt nicht zu ihr. Aber: Er hatte keine Chance, sie zurückzugewinnen. Es war aussichtslos. Sie wäre wohl auch gegangen, wenn der Typ kein stinkreicher Arzt gewesen wäre. Ihre Liebe war einfach nicht mehr stark genug. Sie war nach all den Jahren eingeschlafen, da sie beide es nicht mehr schafften, neue Impulse und Anreize zu setzen. Es dauerte keine Woche und sie war weg. Er blieb alleine in der gemeinsamen Mietwohnung zurück. Sein Schmerz sass tief. Die gemeinsamen Jahre – von einer Sekunde auf die andere – wie weggewischt.

Sandy brach sein Herz. Selbst der stärkste Whiskey und die traurigsten Country-Songs trösteten ihn nicht.

Wie so oft im Leben kam ein Unglück nicht alleine. Die Trennung von Sandy setzte ihm stark zu. Er war traurig, deprimiert und konnte kaum mehr essen. Und schon kam die nächste Hiobsbotschaft – die Kündigung. Immer neue Content-Management-Systeme für die Programmierung von Websites kamen auf den Markt und verstärkten die Konkurrenzsituation.

Die Firma, in der Joe seit Jahren arbeitete, hatte den Anschluss verpasst. Die Bestellungen für ihre Software brachen komplett ein. Der Laden musste Ende Mai die Lichter löschen. Er sass auf der Strasse. Die Negativspirale drehte und drehte. Es konnte kaum noch schlimmer kommen, oder etwa doch?

Zum Glück musste er keine Alimente bezahlen, da sie nicht verheiratet und kinderlos waren. Während der folgenden Monate schlug er sich mit Gelegenheitsjobs als Taxifahrer und Türsteher durch. Er genehmigte sich eine Art Auszeit, um ausgiebig an der Mission Bay, dem berühmten Strand von San Diego, zu joggen und um die Seele baumeln zu lassen. Hin und wieder spielte er abends in einer Strandbar Musik. Der Lohn dafür: Warmes Essen, kühles Bier und das Trinkgeld der Zuhörer. Während der freien Zeit reifte der Entschluss, die Westküste zu verlassen und in Nashville sein Glück als Songschreiber zu versuchen. Schon lange hatte er davon geträumt.

Jetzt, am Tiefpunkt seines Lebens, hatte er nichts mehr zu verlieren und Selbstmitleid war auch keine Lösung. Er war noch jung, wieder alleine und es konnte nur noch besser werden. Weshalb also nicht jetzt alles auf die Karte «Musik» setzen und etwas Verrücktes wagen? Wenn nicht jetzt, wann dann?

Er dreht sich zum hundertsten Mal auf die andere Seite. Plötzlich kommen Zweifel auf, ob die Qualität seiner Songs reicht, um als Songwriter in Nashville zu reüssieren.

Nebst den üblichen Country-, Pop- und Rock-Hits, die vom Publikum immer gewünscht werden, besteht sein Repertoire aus über 50 Songs, die er selber getextet und komponiert hat. In Südkalifornien hatte er sich über all die Jahre ein treues Publikum aufgebaut, das seine Songs liebte und seine Konzerte regelmässig besuchte. Doch hier in Nashville ...? Das ist eine ganz andere Liga. Hier können nur die Allerbesten ohne Nebenjobs von der Musik leben. Genügen sein Talent und sein Können, um sich im «Mekka» der Country-Music durchzusetzen? Fragen über Fragen.

Seine Ungewissheit ist riesig. Hier, in der «Music City USA», steht er am Nullpunkt. Sozusagen auf dem «Ground Zero». Was werden die Musikverlage zu seinen Songs sagen?

Eine Karriere als Sänger im Rampenlicht steht für Joe nicht zuoberst auf der Wunschliste. Er möchte einfach nur Songs komponieren, die von anderen zu Hits gemacht werden und ihm ein Leben als Songschreiber ermöglichen. In kaum einer anderen Stadt der Welt gibt es derart viele hochbegabte Songschreiber, Sänger und Musiker wie in Nashville, Tennessee. Und alle haben das gleiche Ziel: Sie wollen mit der Musik ihren Lebensunterhalt verdienen. Doch die meisten müssen ihre Träume schon nach wenigen Monaten wieder begraben, da ihr Talent nicht ausreicht oder weil sie nicht die richtigen Leute kennenlernen. Joe verdrängt die negativen Gedanken. Dann schläft er ein.

Wo ist Steve?
Am nächsten Morgen betritt Joe wie vereinbart gegen 09.00 Uhr das Fido, einen stets sehr gut besuchten Coffee Shop, an der 21. Strasse. Die Backsteinwände, der etwas abgewetzte dunkle Riemenparkettboden, die

Theke, die Hochtische, Hocker und Schwarzweissbilder mit Motiven aus Nashville verleihen dem Restaurant einen coolen Touch. An der Bar bestellt er einen Latte macchiato und zwei Donuts. Das junge Girl hinter der Theke hat ihre braunen Haare mit einem Haarband zusammengebunden. Sie trägt enge Bluejeans und ein schwarzes T-Shirt mit aufgedrucktem Fido-Logo. Lächelnd nimmt sie seine Bestellung entgegen.

Joe wartet an der Theke auf sein Frühstück, bevor er sich an einen freien Tisch setzt und den Nashville Banner, die grosse Tageszeitung der Music City, durchblättert. Er blickt auf die Uhr, dann zur Tür. Er checkt sein Mobiltelefon. Von Steve weit und breit nichts zu sehen. Nach einer halben Stunde ruft Joe in der Anwaltskanzlei an. Zum Glück hat er die Visitenkarte in seiner Brieftasche. «Steve Sharp Attorney at Law», meldet sich eine freundliche Frauenstimme. «Nein, Mr. Sharp unterhält sich gerade mit einem Klienten. Ich weiss nicht, wie lange es noch dauern wird. Gerne nehme ich Ihre Nummer auf. Er wird sich bei Ihnen melden, sobald er frei ist.» Joe hinterlässt seinen Namen und seine Mobile-Nummer. Er ist enttäuscht, dass er vom Anwalt versetzt wurde.

Er geht zurück an die Bar und bestellt einen doppelten Espresso und ein Glas Wasser. In einem Gratisanzeiger studiert er die unzähligen Kleinanzeigen der Autohändler und Immobilienmakler. Er markiert ein paar Inserate mit

Autos, die ihn ansprechen. Dann entscheidet er sich, den Morgen proaktiv zu nutzen. Im Mustang fährt er zum Nolensville Pike. Die Strasse verläuft von Norden nach Süden. An dieser Strasse findet man alles, was für den täglichen Bedarf notwendig ist: Unzählige Supermärkte, Kleiderläden, Banken, Waschsalons, Drogerien und Fastfood-Restaurants. Dazu Autowaschanlagen und Autohändler mit Tausenden von Gebrauchtwagen,

Joe benötigt dringend ein eigenes Auto, da die Miete des Mustangs auf die Dauer zu teuer wird. Er schaut sich bei mehreren Autohändlern nach einem passenden Gebrauchtwagen um. Einen Neuwagen kann er sich nicht leisten. Er sucht nach einem SUV oder Pick-up. Er will nicht das erstbeste Modell kaufen, und schon gar nicht zum vorgegebenen Preis. Denn die vielen Autohändler buhlen um die Gunst der Käufer. Für einmal ist er als Käufer im Vorteil, da das Angebot unendlich ist. Joe fotografiert mit seinem Mobiltelefon diejenigen Autos, die ihn besonders ansprechen. Wie ein Buchhalter macht er sich Notizen: Marke, Modell, Preis, Jahrgang, Kilometerstand und Name des Händlers.

Er will die Informationen später in aller Ruhe studieren und die Angebote miteinander vergleichen. Bis zum Mittagessen klappert er mindestens ein Dutzend Anbieter ab. Sein Magen knurrt unüberhörbar. Er entscheidet sich, im Applebee's Restaurant an der Thompson Lane etwas zu essen. Bei einem Chicken Salad mit Currysauce und einem ungesüssten Ice Tea schaut er sich seine Liste an. Auf die Shortlist schaffen es zwei Pick-up Trucks und ein SUV:

- ein schwarzer Ford F-150 Pick-up Truck mit Jahrgang 2010 und 78'500 Meilen, mit V8-Motor für 17'400 Dollar
- ein dunkelblauer Chevrolet Silverado Pick-up Truck mit Jahrgang 2011 und 120'939 Meilen, mit V8-Motor für 15'500 Dollar
- ein weisser Dodge Durango SUV mit Jahrgang 2011 und 78'000 Meilen, mit V6-Motor für 21'000 Dollar

Seine drei Favoriten überzeugen: kein Rost, kein Blechschaden. Sie sehen gepflegt aus. Fast wie neu. Sie sind zu vernünftigen Preisen erhältlich. Alle drei bieten genügend Platz für zwei Gitarren, einen Verstärker und eine Golfausrüstung. Er erinnert sich an die wunderbaren Golfplätze in Südkalifornien. Sobald er sich eingelebt hat, will sich Joe eine neue Ausrüstung kaufen und regelmässig in Nashville Golf spielen.

Seine Präferenz liegt bei den Pick-up Trucks. Auch der Dodge Durango überzeugt. Trotzdem fällt er aus dem Rennen. Er ist zu teuer. Joe entscheidet sich für den dunkelblauen Chevrolet Silverado Pick-up. Er wählt die Telefonnummer des Verkäufers und bittet ihn, den Wagen bis morgen Abend zu reservieren. Dank der Doppelkabine und Abdeckvorrichtung über der Ladebrücke ist der Chevrolet geradezu perfekt für all seine Bedürfnisse. Heute will Joe trotzdem noch nicht definitiv zusagen. Er will morgen den Preis noch etwas runterhandeln, denn Autos dieser Art sind wie Sand am Meer erhältlich.

Er schaut auf sein Mobiltelefon. Noch immer keine Nachricht von Steve. Zum Nachtisch bestellt er einen Kaffee und einen Cheesecake mit Erdbeersauce. Joe liebt Süssigkeiten über alles. Vor allem Ice Cream und Cheesecake. Von beidem kriegt er kaum je genug.

Da sich Steve immer noch nicht gemeldet hat, fährt er zurück ins Motel, um sich frisch zu machen. Er schaltet das Fernsehgerät an und wählt CMT. Der Sender, mit vollem Namen «Country-Music TV», strahlt 24 Stunden am Tag nonstop Country-Music-Videos aus. Zum Sendeprogramm zählen aktuelle Clips aus den Charts sowie ältere Videos von früheren Stars wie Alabama, Keith Whitley, Kathy Mattea oder Joe Diffie.

Joe legt sich aufs Bett und schaut sich die Immobilienmagazine an, die er aus einer der vielen Zeitungsboxen gefischt hat. Es fiel ihm schon immer leicht, Entscheidungen zu treffen. Auch jetzt hat er klare Vorstellungen, wo sich seine zukünftige Wohnung befinden muss: In den Green Hills, einem Quartier im Südwesten der Stadt. Diese Gegend hat es ihm besonders angetan. Die hübschen Häuser mit den mächtigen Eichen in den Gärten und die nahe gelegenen Einkaufsmöglichkeiten, wie zum Beispiel die Mall at Green Hills, machen diesen Teil der Stadt besonders attraktiv. Zudem ist man rasch auf der Autobahn sowie im Zentrum der Stadt. Oak Hill, der Ort, in welchem Allison lebt, grenzt direkt an die Green Hills.

Sandy war von dieser Gegend immer sehr begeistert gewesen. Sie kurvten oft in den Green Hills herum und schauten sich die schmucken Häuser mit ihren gepflegten Vorgärten an. «Was sie jetzt wohl gerade so macht?», fragt er sich, um die Gedanken an seine Ex sofort wieder zu verdrängen. Doch das ist nach der langen gemeinsamen Zeit leichter gesagt als getan. Er ärgert sich über sich selbst. Zu oft kommen ihm die Erinnerungen an sie in die Quere.

Drei Inserate fallen ihm sofort auf. Er sucht weder nach einem Haus noch nach einer teuren Luxuswohnung. Alles, was er benötigt, ist eine kleine und praktische Wohnung in einem sicheren Quartier.

Sie lebten nie über ihre Verhältnisse. Trotzdem verfügt Joe nicht über unendliche Geldreserven. Und nach der Kündigung schmolzen seine Ersparnisse kontinuierlich, da er sich nur noch mit Gelegenheitsjobs ein paar Dollar verdiente. Sein Bankkonto ist nach all den Jahren harter Arbeit recht gut gefüllt. Sein Vermögen reicht, um in der

Music City einen Neustart wagen zu können, ohne dass ihm schon nach wenigen Wochen die Kohle ausgeht. Er hat ausgerechnet, dass er ein Jahr lang ohne fixes Einkommen überstehen könnte. Dies ist jedoch nur dann möglich, wenn er seine Ausgaben im Griff hat. Gemäss seinen Recherchen sollten 40'000 Dollar zum Überleben reichen. Doch das ist das absolute Minimum und lässt keinen Spielraum für Extras zu. Keine Einnahmen zu generieren, wäre der absolute «Worst Case». Er will alles unternehmen, um möglichst rasch mit der Musik Geld zu verdienen. Joe ist sich bewusst, dass dies möglicherweise nicht einfach sein wird.

Nach ein paar aktuellen Hits erscheint das Video «Roll On» von Alabama auf dem Flachbild-TV. Alabama ist eine seiner absoluten Lieblingsbands der Country-Music. «Roll On». Das ist das Stichwort. Er loggt sich im Internet ein, um zu prüfen, ob der Chevrolet Silverado Pick-up woanders zu einem tieferen Preis angeboten wird. Doch leider findet er keinen besseren Deal. Er entscheidet sich, morgen mit dem Verkäufer noch etwas zu handeln und dann den Kaufvertrag zu unterschreiben.

Joe blickt auf die Uhr. 16.30 Uhr. Vom Anwalt immer noch kein Lebenszeichen. Er ist enttäuscht und fühlt sich etwas einsam. Er hat keine Freunde hier. Es ist niemand da, den er kennt. Trotzdem möchte er sein neues Leben nicht gegen sein altes Leben in San

Diego tauschen. Das Gefühl von Heimweh lässt er gar nicht erst aufkommen. Emotionen dieser Art haben keinen Platz bei der Realisierung seiner Träume.

Nashville ist keine so verrückte Partystadt wie New York oder L.A. Aber Downtown Nashville punktet mit unzähligen Möglichkeiten, um sich Live-Konzerte anzusehen. Sie beginnen schon am Nachmittag und dauern bis in die Nacht. Die Touristen können in unzähligen Restaurants, Bars und Honky Tonks erstklassige Live-Musik geniessen.

Ohne eine bestimmte Location im Kopf macht sich Joe am späteren Abend auf den Weg zum Broadway. Er taucht ins Nachtleben ein und hört sich in verschiedenen Music-Clubs, wie zum Beispiel dem Station Inn, ein paar Sängerinnen und Sänger an. In den Songs geht es um Heimweh, gebrochene Herzen, verbotene Liebe oder Fernweh. Natürlich zählen auch zuckersüsse Liebesballaden zum Repertoire der Künstler. Doch auf diesen Romantik-Sirup kann er im Moment problemlos verzichten.

Als er um 23.00 Uhr sein Mobile überprüft, zeigt sein Gerät einen «Anruf in Abwesenheit» an. Er hört sich die Combox an. Mit einem Lächeln im Gesicht verlässt er die Bar.

Kapitel 4 – Unzuverlässiger Autohändler (Tag 3 – Mittwoch)

Das Büro befindet sich in der dritten Etage eines bereits etwas älteren Bürogebäudes am Music Square. Um 11.00 Uhr wird er am Empfang von einer grossen, attraktiven Brünetten um die vierzig begrüsst. Auf ihrem Schreibtisch steht ein Namensschild: Pam Collins. Sie trägt ein dunkelgraues Businesskostüm, eine weisse Bluse, schwarze Strümpfe und schwarze High Heels. Mit ihren braunen Haaren und ihrer kurzen Ponyfrisur wirkt sie äusserst jugendlich.

Sie begrüsst ihn mit ihrem breiten Tennessee-Slang, der ihn an Dolly Parton erinnert: «Guten Tag, Sir. Wie darf ich Ihnen behilflich sein?»
«Mein Name ist Joe Baker, ich werde von Mr. Sharp erwartet.»
«Oh, entschuldigen Sie bitte. Mr. Sharp ist noch nicht hier. Nehmen Sie doch bitte im Besprechungszimmer Platz. Er wird sicher jeden Moment aus dem Gericht zurückkommen. Darf ich Ihnen einen Kaffee anbieten?»

Joe kann es fast nicht glauben. Der Typ versetzt ihn erneut. Er setzt sich an den grossen Besprechungstisch, an dem auf jeder Seite vier Stühle stehen, und wartet. Geduld war noch nie seine Stärke. An den Wänden sind grosse Bilder mit Legenden wie Conway Twitty, Kris Kristofferson, Willie Nelson oder Waylon Jennings montiert. Dazu ein wunderbares Porträt von Dolly Parton, der Queen of Country-Music.

Nach ein paar Minuten serviert ihm Pam den Kaffee mit einem charmanten Lächeln, als wolle sie sich für ihren Chef entschuldigen. Dies entschädigt ihn für die Warterei. Er blättert das Billboard Music Magazine durch. Diese Publikation ist sozusagen die Musik-Bibel. Woche für Woche werden darin die Hitparaden von Pop, Rock, Country und anderen Musikrichtungen veröffentlicht. Wer seinen Namen in einer dieser Music-Charts sieht, hat vieles richtig gemacht. Zudem druckt das Magazine interessante News und Hintergrundberichte ab. In der Musikbranche zählt das Billboard Magazine zur Pflichtlektüre.

Endlich. Nach zwanzig Minuten betritt Steve den Raum. Er ist kaum wiederzuerkennen. Im Bluebird Cafe war er in seiner Freizeitkluft unterwegs und jetzt mit schwarzem Armani-Anzug, weissem Hemd, bordeauxroter Krawatte und blitzblank geputzten schwarzen Schuhen der Marke Ted Baker.
«Tut mir echt leid, dass ich dich gestern Morgen versetzt habe. Ich habe dich total vergessen. Und jetzt dauerte mein Gerichtstermin länger als eingeplant ... Ich kann mich nicht genug dafür entschuldigen. Danke, dass du meine Nachricht von gestern Abend gehört und den Weg in meine Kanzlei gefunden hast. Ich mache es wieder gut. Versprochen.»

Und zu seiner Sekretärin sagt er mit einem herzhaften Lachen: «Pam, das ist Joe, der California Boy, von dem ich dir erzählt habe. Er ist eben erst in die Stadt gekommen, um sein Glück im Music-Business zu versuchen. Wir haben uns im Bluebird Cafe kennengelernt. Ich werde mir seine Songs anhören und prüfen, ob sich damit etwas machen lässt.» Mit ihrem Tennessee-Dialekt verbreitet Pam Collins einen Hauch von Südstaatenfeeling: «Hey Joe, ich hoffe, du kannst deine Träume verwirklichen. Lass mich wissen, wenn ich dir behilflich sein kann.»

Nach etwas Smalltalk lenkt Steve das Gespräch aufs Musikgeschäft: «In dieser Stadt musst du dir ein dichtes Beziehungsnetz aufbauen. Nur so kannst du überleben. Das ist das A und O. Ich schlage vor, wir gehen jetzt zum Lunch. Ich lade dich ein. Was meinst du dazu?»

Beim Mittagessen diskutieren sie über das Wetter, die aktuellen Country-Charts und aufstrebende Nachwuchskünstler. Steve nennt die Namen der angesagten Bars und Restaurants. Locations mit «Open Mic Nights», die heutigen Aufnahmetechniken, spezielle Gitarren sowie illegale Downloads sind ebenfalls spannende Diskussionsthemen. Sie besprechen die Frage, welche Eigenschaften ein Song benötigt, um ein Hit zu werden. In Nashville ist immer etwas los – und Steve kennt sich in der Musikmetropole bestens aus, da er schon einige Jahre hier lebt und arbeitet.

Die Fahrt von Downtown zum Autohändler dauert weniger als 20 Minuten. Joe parkt den Mustang vor der Eingangstür. Seine Vorfreude ist riesig. Er fragt nach dem Verkäufer, der ihn gestern bedient hatte. Doch Larry ist nicht da. Niemand weiss Bescheid. Und der Pick-up ist nicht mehr auffindbar. Joe wird unruhig. Schliesslich stellt sich heraus, dass genau dieser, also «sein» Pick-up heute Morgen an einen anderen Kunden verkauft wurde. Er kann es kaum glauben. Wie konnte das nur passieren? Dieser Wagen wäre perfekt gewesen. Er ist enttäuscht. Mit einer riesigen Wut im Bauch setzt er sich in den Mustang und lässt den Motor krachen. «Sind die hier in Nashville alle so?», fragt er sich. Und: «Zuerst werde ich von einem Anwalt versetzt und dann wird ‹mein› reserviertes Auto an einen anderen Kunden verkauft.» Er hat sich seinen Start in Nashville wirklich einfacher vorgestellt.

Sein Mobiltelefon klingelt. Steves Name leuchtet auf dem Display auf: «Hast du schon was vor heute Abend? Was hältst du von einem coolen Männerabend bei mir zu Hause? Heute um 19.00 Uhr.»

Kapitel 5 – Der Männerabend
(Tag 3 – Mittwoch)

Joe gibt Steves Adresse im Navigationsgerät ein. Er fährt auf der Interstate 24 nach Süden bis zur Ausfahrt «Antioch». Die Nebenstrasse führt an Weiden und Wiesen vorbei, bevor wieder Industriebauten, Supermärkte und Wohnhäuser zu sehen sind. Das Navi zeigt ihm nach einer Shell-Tankstelle an, dass er jetzt in eine Nebenstrasse abbiegen müsse. Die Häuser versprühen amerikanische Kleinstadtidylle.

Das zweistöckige Haus befindet sich am Ende einer Quartierstrasse und liegt am Fusse eines Hügels. Eine Garage ist seitlich angebaut. Auf dem Grundstück stehen mehrere grosse Eichen, die an sonnigen Tagen viel Schatten spenden. Joe parkt den Mustang in der Einfahrt direkt neben dem schwarzen Jeep von Steve. Er geht die Stufen zur Haustüre hoch und klopft.

Einige Sekunden später begrüsst ihn der Anwalt mit einem kräftigen Händedruck: «Willkommen in meinem bescheidenen Zuhause. Ich freue mich sehr, dass du den Weg aus der Stadt hierher gefunden hast.»
«Easy! Ich hatte kein Problem, mit dem Navi deinen Palast zu finden!», Joe ist beeindruckt.

Das Entree wirkt einladend und führt direkt in den Wohnraum mit einem riesigen weissen Ledersofa und einem Clubtisch. Daneben steht ein runder Esstisch mit sechs Stühlen mit schwarzem Lederbezug. Eine Bar trennt die Küche mit Kochinsel ab. Eine Treppe führt ins Obergeschoss. Grosse Fenster lassen viel Licht herein. Die modernen Möbel passen perfekt zum Eichenparkettboden und den weissen Wänden. Im hinteren Bereich führt eine Türe auf die Veranda, von wo aus der Swimmingpool sichtbar ist.

«Na, übertreibe mal nicht. Dieses Haus erfüllt alle meine Wünsche. Ich komme ohne Luxus aus. Du bist sicher durstig – und ich bin verdammt neugierig auf deine Songs. Komm, wir gehen in den Keller, trinken ein Bier und machen es uns gemütlich.»

Joe traut seinen Augen nicht. Das Homerecording-Studio füllt praktisch das gesamte Untergeschoss aus. Zwei Sofas, ein Clubtisch, ein Kühlschrank, ein paar Mikrofonständer, Gitarrenverstärker, elektrische und akustische Gitarren, ein Bass, ein Schlagzeug sowie ein Mac mit allem Drum und Dran für die Aufnahmen.

Joe drückt seine Bewunderung aus: «Wow, da hast du dir wirklich ein echtes Musiker-Paradies geschaffen.»

Steve geht kommentarlos zum Kühlschrank, nimmt zwei Coors Light heraus und sie stossen mit den Bierdosen an. Dann erklärt Steve seinem Gast das Equipment. Nach etwas Smalltalk blickt er Joe an und sagt: «Jetzt möchte ich gerne einige Kostproben deiner Eigenkompositionen hören.»

Joe öffnet seinen Gitarrenkoffer und nimmt seine elektroakustische Takamine «Santa Fe» heraus. Obwohl er seine Songs schon für unzählige Leute gespielt hat, klopft sein Herz auf einmal unangenehm schnell.

Er wählt «Start A Fire» als ersten Song, den er für Steve spielt. Der Anwalt – jetzt wieder locker in Jeans und T-Shirt gekleidet – sitzt im Ledersofa, mampft Popcorn und trinkt Bier dazu. Er hört aufmerksam zu. Als das Lied fertig ist, belohnt er Joe mit einem Applaus und fragt:
«Aus deiner Feder?»
Joe nickt.
«Gibt es davon eine Demo-CD?»
«Ja, gibt es. Vor einigen Jahren habe ich in San Diego mit meiner damaligen Band eine CD aufgenommen. Den Titelsong, ‹Start A Fire›, habe ich dir soeben vorgespielt.»

Joe fühlt sich schon etwas lockerer und holt eine CD aus dem Gitarrenkoffer. Er legt sie auf den Salontisch. Steve betrachtet das Cover und schlägt vor, die CD später abzuspielen. Jetzt will er weitere Live-Versionen hören. Er bittet Joe, «Easy Choices», «No More Hard Times» und «Stay Gone Or Stay Here» vorzuspielen. Titel, die er auf dem CD-Cover gelesen hat. Joe spielt die Songs – jetzt schon etwas lockerer und erntet dafür anerkennende Blicke und Applaus. Er erzählt dem Anwalt, wie er auf die Ideen für die Songs kam. Steve hört aufmerksam zu und sagt: «Cooles Zeugs. Das hat Potenzial.»

Sie öffnen eine zweite Bierdose und stossen auf Joes Lieder an. Dann nimmt Steve ebenfalls eine Gitarre zur Hand: Eine elektroakustische dunkelbraune Taylor mit Cutaway-Ausschnitt.

Sie beginnen zu jammen: Country, Bluegrass und Rockabilly. Songs aus den verschiedensten Epochen. «Love Me Tender» von Elvis, «Blue Suede Shoes» von Carl Perkins, «Friends In Low Places» von Garth Brooks, «The Cowboy Rides Away» von George Strait, «Workin' Man Blues» von Merle Haggard und so weiter.
Danach fragt Steve: «Bin ich die einzige Person, die du in Nashville kennst?»
«Nicht ganz», antwortet Joe mit einem Lächeln und erzählt von seinen Begegnungen mit Allison, die er schon bald mit einem Besuch überraschen will. Steve hört interessiert zu und stellt lachend fest: «So, wie du mir das schilderst, hat Amor den Pfeil schon längst in die richtige Richtung geschossen. Ich wünsche dir viel Glück bei der Eroberung.»
«Kennst du Allison Monroe?», will Joe wissen.
«Nicht persönlich, aber ich habe ihren Namen schon gehört und Fotos von ihr gesehen. Sie zählt zu einer Reihe aufstrebender junger Sängerinnen und sieht

wirklich verdammt scharf aus. Jeder würde mit ihr flirten! Ich kann sehr gut verstehen, dass du kaum warten kannst, sie zu sehen. Und was, mal abgesehen von ihrem Aussehen, gefällt dir sonst noch an ihr?»
«Da muss ich nicht lange überlegen. Sie ist eine moderne Frau mit einer positiven Ausstrahlung und einer gesunden Prise an Selbstbewusstsein. Zudem mag ich ihren Humor und die Art, wie sie durchs Leben geht. Sie hat einfach Stil. Wir haben sofort einen Draht zueinander gefunden und konnten uns bestens unterhalten. Nicht nur über unsere gemeinsame Leidenschaft, die Musik. Leider ging die Zeit immer viel zu schnell vorbei.»
«Na, das klingt ja ziemlich vielversprechend», meint Steve mit einem Augenzwinkern.
Joe trinkt einen weiteren Schluck Bier und fragt neugierig: «Kennst du ihre Songs?»
«Ich kann mich nicht daran erinnern. In Nashville gibt es tonnenweise Songs. Genauso wie Tausende von talentierten Sängerinnen und Sängern. Das macht es unmöglich, den Überblick zu behalten. Und noch viel schwieriger ist es, den Durchbruch zu schaffen. Talent alleine reicht meistens nicht aus, um bis an die Spitze zu kommen. Glück, Durchhaltewillen und die richtigen Beziehungen gehören ebenso dazu! Manchmal muss man auch einfach zur richtigen Zeit am richtigen Ort sein! Ich habe schon viele Sängerinnen kennengelernt, die gefährlich gut aussahen und bedeutend besser singen konnten als Taylor Swift oder Carrie Underwood. Und trotzdem wurden sie nicht entdeckt. Sie träumen

wahrscheinlich noch heute vom Durchbruch. Schade für sie, aber ihre Karriereträume werden sich nie erfüllen.»

Zwischen den Songs und einem weiteren kühlen Bier erfährt Joe Details aus dem Leben des Anwalts. Steve ist seit Jahren überzeugter Single. Er liebt Frauen – aber Verpflichtungen mag er nicht. Er ist ein Geniesser und steht auf Abwechslung. Je nach Lust und Laune trifft er sich mal mit der einen oder der anderen seiner Bekanntschaften. Seine Anwaltskanzlei läuft grossartig. Er schuftet fast Tag und Nacht wie ein Workaholic. In seiner spärlichen Freizeit verzieht er sich für Jam-Sessions gerne mit Freunden in sein Studio, welches er für viel Geld in seinem Haus einbauen liess.

Als sich der Hunger bemerkbar macht, werfen sie den Gasgrill an. Die Steaks, die Maiskolben und die Baked Potatoes schmecken herrlich. Dazu gibt's Steak-Sauce von Jack Daniel's mit dem einzigartigen Geschmack von Hickory-Brown-Sugar. Beim Essen hören sie sich Joes CD aus alten San-Diego-Zeiten an.

Steve schlägt vor, Joes Songs neu aufzunehmen. «Deine Songs überzeugen mich. Sie haben das gewisse ‹Etwas›. Aber mit den Aufnahmen deiner alten CD wirst du hier nichts erreichen. Was du brauchst, ist eine vollständig neu produzierte Demo-CD, die genau auf die Bedürfnisse der Musikbranche zugeschnitten ist. Nur damit hast du eine Chance bei den Musikverlagen. Und mit etwas Glück erhältst du vielleicht einen Vertrag als Songwriter und kannst deine Rechnungen in Zukunft mit den Tantiemen bezahlen. Aber du darfst dir keine Illusionen machen. Der Weg dorthin ist steinig und kann viel länger dauern, als dir lieb ist.»

Mit einem Augenzwinkern schiebt er nach: «Dank meinen guten Kontakten kann ich dir einen Produzenten vermitteln, der von deinen Songs erstklassige Demos herstellen wird. Und dies zu Top-Konditionen.»

Joe nickt und sagt: «Danke für deine Beurteilung und deinen Rat. Das klingt wie ein guter Plan. Ich bin offen dafür. Aber verrate mir bitte, wie du zur Musik gekommen bist!»

«Noch vor dem ersten Schultag zeigte mir mein Grossvater die ersten Akkorde auf der Gitarre und im Alter von 14 Jahren spielte ich in einer Schülerband», sagt Steve mit wehmütigem Blick. «Und du?»

«Mein Onkel war der Sänger einer ziemlich erfolgreichen Country-Band in Südkalifornien. Wir besuchten viele seiner Konzerte. Das fand ich megacool. Als er mir erzählte, dass die Sänger immer die attraktivsten Mädchen kriegen, wollte ich natürlich auch Sänger werden», erinnert sich Joe lachend.

Nach ein paar weiteren Bieren, einer feinen Zigarre der Marke Flor de Copan in der Short-Robusto-Grösse, gefolgt von Ben & Jerry-Eiscreme mit Bananen-Split-Geschmack und einer Tasse Kaffee, ist Joe nicht mehr in der Lage, ins Motel zurückzufahren. Er hat viel zu viel getrunken – und von der Zigarre wurde ihm etwas schwindlig. Steve bietet ihm das Gästezimmer an. Er nimmt das Angebot gerne an.

Kapitel 6 – Auf Wohnungssuche
(Tag 4 – Donnerstag)

Als Joe am Morgen aufwacht und sich im Haus umsieht, bemerkt er rasch, dass Steve schon weg ist. Kein Wunder. Der Anwalt hat viel zu tun. Auf dem Esstisch findet er einen Zettel. «Treffen wir uns um 11.30 h in meinem Büro zum Mittagessen. Gruss Steve.»

Auf dem Weg zurück ins Motel denkt Joe – wie so oft – an Allison. Der Wunsch, sie endlich zu sehen und zu überraschen, wird immer stärker. Aber er muss sich weiter gedulden. Er weiss, dass sie zurzeit nicht in der Stadt ist.

Mit ihrem Aussehen und ihren Songs von Liebe, Sehnsucht und Melancholie bringt Allison selbst die stärksten Männerherzen zum Schmelzen. In Gedanken sieht er sie vor sich. Klar und deutlich. Ihr wunderbares Lächeln. Ihr feines Parfum – er kann es förmlich riechen. Schon nach ihrem ersten Konzert in San Diego kamen sie ins Gespräch. Das war vor etwas mehr als zwei Jahren. Themen gab es viele: Erfolg und Misserfolg in der Musikbranche, Songwriting, das Leben «on the road», illegale Musikdownloads und das baldige Ende der CD-Verkäufe.

Ihre Gespräche drehten sich zudem um so alltägliche Themen wie Reisen, Kochen, Sport oder Lebensträume.

Allison spielt überall in Amerika und Kanada. In Bars und an Festivals. Solo, also nur mit ihrer Gitarre. Dank ihrer kräftigen Stimme und ihren selbst komponierten Songs lebt sie seit einigen Jahren ausschliesslich von der Musik. Einige ihrer Lieder wurden von anderen Musikern veröffentlicht. Dadurch fliessen regelmässig Tantiemen auf ihr Konto. Jedes Mal wenn eine ihrer Kompositionen am Radio gespielt wird, eine CD verkauft wird oder einer ihrer Songs bei einem Konzert live gespielt wird, erhält sie ein paar Cents. Das ergibt zwar keine Millionenbeträge – aber immerhin: Diese Einnahmen helfen, einen Teil ihrer Ausgaben zu decken.

Einen Mann in ihrem Leben gibt es nicht. Fehlanzeige. Nada. Sie hat keine Zeit für einen Typen. Sie will sich vorerst weiter intensiv um ihre Karriere kümmern. Zudem machte sie einige schlechte Erfahrungen mit Männern. Davon hat sie genug. Trotzdem flirtete sie nach ihrem letzten Konzert in San Diego mit Joe, obwohl sie wusste, dass er zu diesem Zeitpunkt vergeben war.

Immer wieder sprachen sie davon, eines Tages zusammen Songs zu schreiben. Vielleicht sogar für eine ihrer zukünftigen CDs.

Sie tauschten ihre Visitenkarten – inklusive ihrer Smartphone-Nummer und Adresse – aus und befreundeten sich auf Facebook. Doch viel mehr als rein zufällige Berührungen gab es nie.

Joe ist immer noch frustriert, weil der Autohändler «seinen» Silverado Pick-up-Truck einem anderen Kunden verkaufte. Im Hotelzimmer loggt er sich im Internet ein und sucht nach Alternativen. Er entscheidet sich, den schwarzen Ford F-150 Pick-up-Truck mit Jahrgang 2010, 78'500 Meilen und mit V8- Motor zu kaufen. Er kostet 17'400 Dollar und ist immer noch erhältlich. Er vereinbart einen Termin, um eine Testfahrt zu machen und um den Kauf abzuwickeln. Es gelingt ihm, den Preis auf 14'900.00 zu drücken. Was für ein Gefühl!

Wie vereinbart, betritt Joe um 11.30 Uhr die Anwaltskanzlei. Steve ist noch nicht da. Einmal mehr lässt er ihn warten. Dafür schenkt ihm Pam Collins erneut ein bezauberndes Lächeln, bei dem es ihm warm ums Herz wird. Die 41-jährige Büroschönheit sieht einmal mehr blendend aus. Steves Sekretärin – und gute Seele in der Anwaltskanzlei – interessiert sich sehr für das Leben an der Westküste. Sie möchte wissen, was dort anders ist als in Nashville. Joe nennt ein paar offensichtliche Dinge: «Wer den Strand, das Meer und viel Sonne liebt, ist in Südkalifornien genau am richtigen Ort.» Gerade als er ein paar weitere Details nennen will, trifft Steve im Büro ein.

Beim Lunch verkündet der Musikanwalt Neuigkeiten: «Ich habe mir deine CD heute Morgen auf der Fahrt zur Arbeit nochmals angehört. Meiner Meinung nach erfüllen deine Songs die handwerklichen Mindestanforderungen: eingängige Melodien, interessante Geschichten und humorvolle Texte, die anders sind als der übliche Einheitsbrei, den man auf Demos meistens zu hören bekommt. Doch deine alte CD, die du in San Diego aufgenommen hast, musst du vergessen. Sie kommt als Demo-CD nicht infrage. Die Songs sind viel zu lange und nicht optimal arrangiert. Du solltest professionelle Aufnahmen machen. Ich habe heute Vormittag den Produzenten kontaktiert, von dem ich dir erzählt habe. Ich kenne ihn schon seit längerer Zeit. Er würde deine Songs sehr gerne in seinem Homerecording-Studio einspielen. Ich kenne seine Arbeit: Arrangements und Soundqualität überzeugen. Zudem stimmt der Preis. Mit den neuen Demos kannst du anschliessend die Musikverlage mit gutem Gewissen kontaktieren. Trotzdem darfst du dir keine zu grossen Hoffnungen machen. Wie schon mehrmals erwähnt, ist Nashville ein verdammt hartes Pflaster. Hier wimmelt es nur so von hochtalentierten Songschreibern, Studiomusikern und Sängerinnen und Sängern, die sich nur knapp über Wasser halten können. Niemand hat auf dich gewartet. Aber das weisst du ja schon. Hier ist die Nummer des Produzenten. Sein Name ist Roger Morris. Er erwartet deinen Anruf. Aber natürlich nur, wenn du von deinen Liedern wirklich neue Demo-Aufnahmen machen willst.»

«Willst du mir eigentlich meinen Plan ausreden? Bei jedem Treffen sagst du, wie schwer es hier ist, Erfolg zu haben», antwortet Joe leicht genervt.

«Nein, nein, im Gegenteil. Ich will dich doch nur vor Enttäuschungen schützen», beschwichtigt ihn Steve.
«O.K. Ich habe verstanden. Ich werde Roger kontaktieren.»

Joe ist von seinem eigenen Tempo überrascht. Vor ein paar Tagen schwebten noch viele schwarze Wolken über ihm. Sein Leben im sonnigen Kalifornien lag in Schutt und Asche. Seine Gedanken waren düster. Die Schritte schwer. Er sah keine Perspektiven mehr. Überall hörte er nur traurige Lieder und die kalifornische Sonne schien nicht mehr für ihn. Die Frau, die er liebte, hatte ihn verlassen, und die Firma, bei der er arbeitete, ging pleite. Und jetzt? Das Leben schaute schon wieder besser aus. Bedeutend besser.

Sie verabschieden sich. Joe peilt in seinem neuen Ford drei freie Wohnungen in den Green Hills an, um sie zu besichtigen. Danach gönnt er sich in einem nahe gelegenen Starbucks, am Hillsboro Pike, einen Caramel macchiato. Er macht es sich in einem der grossen Ledersessel gemütlich und geht die drei Wohnungen nochmals durch.

Die erste Wohnung gefällt ihm am besten. Ein grosser Wohnzimmerbereich mit geräuchertem Eichenparkett, eine praktische Küche, ein geräumiges Schlafzimmer, ein Bad mit Dusche und ein Arbeitszimmer. Das ist alles, was er braucht. Ohne Luxus. Aber bezahlbar.

Das Apartment befindet sich in einem Wohnblock mit sechs Wohneinheiten in den Green Hills. Nur ein paar Strassen vom Bluebird Cafe, diesem Starbucks und der Mall at Green Hills entfernt. So, wie er sich das immer gewünscht hat.

Er lehnt sich im Sessel zurück, träumt ein bisschen vor sich hin und geniesst seinen Kaffee. Dann wählt er sich mit seinem Smartphone ins Internet ein und checkt die E-Mails.

Nichts Besonderes ist dabei – ausser einer Nachricht von Sandy: «Hallo Joe, lange nichts mehr von dir gehört. Ich mache mir Sorgen. Weshalb beantwortest du meine Anrufe nicht? Wo bist du? Ruf mich bitte an. Gruss Sandy.»

Am liebsten hätte Joe sein Smartphone an die Wand geschmissen: «Weshalb kann sie mich nicht endlich in Ruhe lassen? Sie soll sich doch um ihren neuen Lover kümmern, der ja offenbar so viel besser ist als ich.»

Er trinkt seinen Caramel macchiato aus, kontaktiert die drei Makler, die ihm die Wohnungen gezeigt hatten, und macht eine Zusage und zwei Absagen.

«Geschafft», sagt er zu sich. «Wohnung gefunden und Auto gekauft. Jetzt muss ich nur noch ein Bankkonto eröffnen, dann bin ich sozusagen angekommen.»

Auf dem Weg zum Auto tippt er Allisons Adresse ins Smartphone ein. Dann setzt er sich in seinen Truck und startet den Motor. Sein Ziel: Allisons Haus.

Er parkt auf der gegenüberliegenden Seite. «Hier wohnt sie also», sagt er zu sich. Es ist ein typisches Vorstadthaus mit roter Backsteinfassade und Walmdach. Dazu ein Garten, eine Einfahrt und eine Garage. Vermutlich irgendwann Ende der 1990er-Jahre erbaut. Alles sieht sehr gepflegt aus. Der Rasen ist dunkelgrün und zwei grosse Bäume spenden Schatten.

Es ist nicht die teuerste Gegend, die Nashville zu bieten hat. Aber das Quartier ist sicher und wer hier wohnt, zählt nicht zu den ärmsten Einwohnern. Die Einfahrt ist leer. Kein Auto weit und breit. Irgendwo bellt ein Hund.

Auf der Website sind die Daten ihrer Ostküsten-Tournee aufgeführt. Die letzte Show fand gestern Abend in Charleston statt. Und bis zu den nächsten Konzerten dauert es noch mindestens 10 Tage.

Die Chancen, dass Allison dazwischen nach Hause kommt, stehen fifty-fifty. Meistens wollen sich Musiker nach einer Tour möglichst rasch zu Hause ausruhen. Auf der anderen Seite bieten die Strände in South Carolina viele Argumente, um dort noch etwas auszuspannen. Das Wetter ist im September immer noch perfekt, um Meer und Strände zu geniessen. Obwohl: Joe würde natürlich die Mission Bay in San Diego allen anderen Badeorten vorziehen. Dort gibt es alles, was das Herz der Beach Boys und Girls höherschlagen lässt: viele Wassersportmöglichkeiten wie Wakeboarding, Jetski, Schwimmen oder Segeln. Parallel zum langen Sandstrand verläuft ein Weg für die Fussgänger. Er ist bestens geeignet fürs Fahrradfahren, Joggen oder Fahren mit Rollerblades oder Skateboards. Dazu gibt es jede Menge Restaurants, Bars und dazu etliche Hotels. Aber das steht jetzt nicht zur Diskussion.

Auf einmal schlägt sein Herz schneller: «Was, wenn sie gar nicht mit mir Songs schreiben möchte und kein Interesse an mir hat und der heisse Flirt nach dem letzten Konzert in San Diego nur ein Traum war? Ist Allison inzwischen vielleicht mit jemand anderem zusammen? Mit einem Fan? Oder mit einem Musiker? Bilde ich mir die gegenseitige Sympathie nur ein?»

Er fühlt sich plötzlich wie ein Teenager, der beim Gedanken an ein Mädchen nicht mehr klar denken kann.

Kapitel 7 – Zusatzkonzerte in Charleston (Tag 5 – Freitag)

Joe wacht auf und schaut sich beim Morgenessen die Facebook-Seite von Allison an. Dabei entdeckt er den Hinweis, dass Allison für zwei Zusatzkonzerte am Freitag– und Samstagabend in Charleston, South Carolina, gebucht wurde. Er freut sich für sie, obwohl er etwas traurig ist, da sich das Wiedersehen weiter verzögert.

Trotzdem ist er an diesem Morgen sehr glücklich und zufrieden. Auto gekauft. Wohnung gemietet und erste Kontakte geknüpft. So etwas wie ein kleines Netzwerk ist am Entstehen.

Joe nutzt den Tag, um Möbel für seine neue Wohnung zu kaufen. Bei Nashville Discount Furniture, Atlantic Bedding and Furniture und bei Nashville Outlet Furniture im Südosten der Stadt, in der Nähe der Interstate 65, schaut er sich die Wohnausstellungen an. Alle drei Einrichtungshäuser überbieten sich mit Rabatten und Sonderangeboten wie «Jetzt bestellen und in sechs Monaten bezahlen – und dies alles bei Gratislieferung inklusive Montage».

Mit einem Verkäufer bei Atlantic Bedding kommt er ins Gespräch. Ruben Taylor ist wohl so um die Mitte dreissig. Wie tausend andere kam er ebenfalls nach

Nashville, um den Traum vom Leben als Songwriter zu verwirklichen. Doch seine Karriere ist ins Stocken geraten. Er hat seine Songs an alle Verlage gesendet und eine Absage nach der anderen kassiert. Das hat ihm alle Träume und Illusionen genommen.

Um sich über Wasser zu halten, verkauft er jetzt an vier Tagen in der Woche Möbel. «Genau das will ich vermeiden», denkt Joe und bestellt bei Ruben ein Bett und einen Schrank fürs Schlafzimmer.

Sofa, Clubtisch, vier Stühle und einen Esstisch bestellt er bei Nashville Outlet Furniture. Lieferung und Montage werden von beiden Firmen für den kommenden Freitag zugesichert. Dies ist möglich, da er dann die Wohnung beziehen kann und alle Möbel ab Lager lieferbar sind. Massenware, die nicht allzu teuer ist und die er sich ohne Probleme leisten kann. Er hat sich unter anderem für diese Wohnung entschieden, da sie rasch verfügbar ist.

Nach dem Shopping-Marathon durch die Möbelhäuser ist es Zeit für die Happy Hour. Er geniesst die Fahrt zurück in die Stadt. Gemütlich fährt er auf dem Nolensville Pike nach Norden – zurück nach Downtown. Der Ford macht Spass. Er hat die richtige Wahl getroffen.

Sein Ziel ist das «Husk». Das Restaurant, bekannt für seine leckere Südstaatenküche, hat sich seit der

Eröffnung vor einigen Jahren einen hervorragenden Ruf erarbeitet. Joe liebt die feinen Gerichte der Südstaaten. Sie haben ihren Ursprung häufig in der Karibik, in Afrika oder in Frankreich. Sie bilden die Basis der Cajun-, der kreolischen und der Soul-Food-Küche. Typische Gerichte sind Jambalaya, Southern Fried Chicken oder Biscuits and Gravy. Joe wählt dieses Restaurant, da es davon auch eins in Charleston, South Carolina, gibt. In der Stadt, in der sich jetzt gerade Allison aufhält.

An der Bar genehmigt er sich einen Long Island Ice Tea und kommt dabei mit Touristen aus allen Ecken des Landes ins Gespräch, die hier sind, um am Broadway Boots zu kaufen und Live-Musik in den Honky Tonks zu hören, bevor sie die Spätvorstellung der Grand Ole Opry besuchen werden.

Er entscheidet sich, nach dem Drink auch fürs Abendessen im «Husk» zu bleiben. Ein frischer Garden Salad mit Honigsauce, das Buttermilch-Kartoffel-Püree mit Entenbrust und ein Glas Merlot aus dem Sonoma Valley machen sein Glück perfekt. Dazu kommt die Vorfreude auf morgen.

Kapitel 8 – Die Demo-Session
(Tag 6 – Samstag)

Das Musikerleben – oder das Leben als Künstler generell – kennt keine freien Tage. Wenn einen die Muse küsst, muss man zum Stift greifen und die Ideen niederschreiben. Bevor man sie wieder vergisst. Joe ist keine Ausnahme. Die vielen Eindrücke der Stadt bilden eine wunderbare Quelle der Inspiration. Dazu kommen seine Aufbruchstimmung und seine neu gewonnene Lebensfreude.

In dieser Nacht schläft er gut, aber nicht sehr lange. Um 04.10 Uhr wacht er auf. Er schreibt ein paar Sätze für einen neuen Song auf ein Blatt Papier, das wie immer, zusammen mit einem Stift, auf seinem Nachttisch liegt. Dann schläft er wieder ein.

Dank der Kontakte des Musikanwalts steht für heute die erste Demosession auf dem Programm. Obwohl es Samstag ist: Steve und Joe fahren zum Homerecording-Studio von Roger Morris.

Der Produzent begrüsst sie mit festem Handshake und bittet sie ins Haus: «Ich schlage vor, wir gehen gleich in mein Studio. Dort ist es ruhig und kühl und wir stören meine Frau nicht.» Beim Meeting im Keller des Hauses, in dem sich ein kleines Studio befindet, hören sie sich fünf Lieder von Joes alter CD «Start A Fire» an.

Sie besprechen, wie jeder einzelne Song von Roger optimiert werden könnte. Danach schiebt Roger eine andere CD von Joe in den Player. Es sind neuere Songs, die Joe später mit der Band einspielte, aber nie veröffentlichte. Davon müssen ebenfalls fünf Songs neu eingespielt werden.

Roger Morris, ein ungefähr vierzigjähriger Vollblutmusiker in weissen Nike-Turnschuhen, hellbraunen Shorts und weissem T-Shirt, macht sich pausenlos Notizen. Während seine Frau zu 100% bei einer Bank arbeitet, ist er Hausmann und Musiker. Jede Woche produziert er neue Demo-Songs. Manchmal bringen seine Kunden nur ein Blatt Papier mit dem Text und ein Soundfile, auf dem sie den Text a cappella, also ohne Begleitung durch Instrumente, singen oder sogar nur summen.

Roger hat sich in der Branche während Jahren einen erstklassigen Namen erarbeitet. Er will wissen, ob er den Stil etwas zeitgemässer machen dürfe. Joe nickt. Steve ist ebenfalls einverstanden, schlägt jedoch vor, dass drei der zehn Songs nicht von einem Sänger, sondern von einer Sängerin gesungen werden sollten. Roger nickt: «Ja, das ist eine hervorragende Idee. Das könnte passen. Dadurch erweitern wir dein Zielpublikum. Zurzeit suchen viele Musikverlage nach neuen Songs, da viele Künstler demnächst mit den Aufnahmen für ihr nächstes Album beginnen werden. Ich habe schon einen Mann und eine Frau im Kopf, die deine Songs perfekt singen werden. Ihre Stimmen passen genau zum Stil deiner Songs. Die Sängerin habe ich übrigens gestern für eine andere Session gebucht. Mit ihrer Stimme könnte sie sogar den Arabern Öl verkaufen.»

Sie beschliessen, dass Roger «Arizona Morning», «Butterfly Kisses» und «Moon Over Your Shoulders» von der Sängerin singen lässt. Diese drei Songs hat Joe einige Zeit nach der Veröffentlichung der CD «Start A Fire» komponiert. Sie können von einer Frau gesungen werden, ohne dass der Text dafür extra umgeschrieben werden muss.

«Kann ich die sieben Männer-Songs nicht selber singen?», fragt Joe.
Roger schüttelt den Kopf: «Nein, das ist nicht ideal. Ich arbeite regelmässig mit einem Sänger zusammen, der schon unzählige Demos gesungen hat. Sein Name ist Dean Potter. Er braucht meistens nur zwei oder drei Versuche, dann ist der Song im Kasten. Zeit ist Geld. Zudem ist er gerade sehr gefragt. Du wirst seine Stimme lieben. In den nächsten Tagen wird er bei Astro Records, einer grossen Plattenfirma, einen Vertrag unterschreiben. Sein erster Hit wird Ende Jahr in den Top 10 sein. Sie machen ihn zum Star. Darauf kannst du wetten!»

Joe vertraut den Empfehlungen von Roger. Insgeheim fragt er sich: «Wie kann Roger wissen, dass Dean Potter mit seiner ersten Single gleich durchstarten wird? Wird dies wieder mal einer dieser ‹gekauften Hits› sein, bei dem eine Plattenfirma die Discjockeys und Musikredakteure der Radio-Stationen besticht?»

Wird ein Song auf diese Art «gepusht», soll dies bewirken, dass er möglichst oft am Radio gespielt wird. Dies steigert die Bekanntheit und die Verkaufszahlen. Wenn alles nach Plan läuft, klettert das Lied in der Hitparade weit nach oben.

Kapitel 9 – Rückkehr von der Ostküste (Tag 7 – Sonntag)

Allison ist müde, aber glücklich. In South Carolina, North Carolina, West Virginia und Virginia hat sie sich während Jahren eine treue Fangemeinde aufgebaut. Die Shows liefen wie gewünscht. Gestern Abend schloss sie ihre Ostküsten-Tour mit einem Zusatzkonzert in Charleston ab, da ein anderer Künstler kurzfristig ausgefallen war.

Zum Glück mögen die Clubbesitzer ihre Musik. Dies überrascht nicht, denn sogar ihr Zusatzkonzert in Charleston, South Carolina, war bis auf den letzten Platz besetzt. Der Music-Club an der King Street hat ihr bereits wieder neue Konzertdaten angeboten.

Sie liebt die Stadt. Die Restaurants servieren das beste Essen in Amerika und übertreffen sich gegenseitig. Sie können es mit den angesagtesten Restaurants in Grossstädten wie Washington D.C., New York, Chicago oder San Francisco locker aufnehmen. Und Shopping an der King Street ist immer das reinste Vergnügen – genauso wie ein Tag am Strand von Sullivan's Island bei Mount Pleasant. Die Insel liegt nur 10 Meilen nördlich von Downtown entfernt. Dort geniesst sie gerne ein paar ruhige Stunden am Sandstrand, geht im weichen Sand joggen und kühlt sich danach wieder im Meer ab. Dabei kann sie die Zeit vergessen und sich bestens erholen. Und überhaupt: Allison liebt South Carolina. Der Bundesstaat begeistert mit vielen interessanten Facetten. Die Strände, das Meer sowie die malerische Hauptstadt Charleston haben sie verzückt. Und zur Abwechslung erkundet sie gerne die ländlichen Gegenden in den Bergen oder die wunderschöne Hilton Head Island an der Grenze zu Georgia.

Gerne würde sie noch etwas länger in Charleston bleiben, doch Songwriting-Sessions stehen in Nashville auf dem Programm. Einerseits für ihr eigenes neues Album und andrerseits arbeitet sie mit anderen Songwritern an neuen Songs. Der Musikverlag, bei dem sie unter Vertrag steht, wird die neuen Songs den grossen Stars zuspielen. Dies in der Hoffnung, dass daraus ein Hit wird. Die Tantiemen kämen ihr sehr gelegen.

Sie freut sich trotzdem, bald wieder den Groove von Nashville zu spüren, obwohl sie Charleston bis zu ihrem nächsten Tourneestop sehr vermissen wird. Die Hauptstadt von Tennessee ist keine Millionenmetropole wie New York City, Los Angeles, Chicago, San Francisco oder Houston. Trotzdem bietet die «Music City USA» alles, was das Herz begehrt.

Viele Musiker aus allen Bundesstaaten der USA machen das Leben im «Mekka» der Country-Music sehr interessant. Fast alle Bewohner teilen die Leidenschaft für die Musik. Das verbindet.

Mark Thompson ist ebenfalls einer dieser Musiker. Er ist 33 Jahre alt, sieht sympathisch und attraktiv aus. Sein muskulöser Körper mit den starken Oberarmen und den breiten Schultern gefällt ihr. Mark ist etwa 1,76 Meter gross, hat kurze, schwarze Haare und ein gewinnendes Lachen. Doch nicht nur sein Aussehen spricht sie an. Der Kerl kann Songs schreiben – und wie! Seine Balladen gehen echt unter die Haut. Seit einiger Zeit trifft sie sich regelmässig mit ihm für Songwriting-Sessions. Mark schaffte es, einige seiner Songs auf den CDs von jungen und aufstrebenden Künstlern zu platzieren. Er ist bestens vernetzt und kennt viele wichtige Leute im Music-Business.

Allison freut sich auf das Wiedersehen mit ihm. Sie verstehen sich bestens. Mit ihm Lieder zu schreiben, macht Spass. Schon mehrmals wurden sie zusammen für Songwriter-Gigs gebucht. Einmal fragte er sie sogar, ob sie mit ihm ein verlängertes Wochenende im Wochenendhaus seiner Eltern, in Gatlinburg, Tennessee, verbringen wolle. Doch sie lehnte ab. Sie wollte sich nicht auf ein Abenteuer mit ihm einlassen. Obwohl: Der Typ interessierte sie schon damals mehr, als sie zugeben oder zulassen wollte. Noch immer ist diese angenehme Vertrautheit zwischen ihnen spürbar. Wie lange kann und will sie die zunehmende Nähe ignorieren?

Oft wird sie von Männern angesprochen, die gerne mit ihr ein Date abmachen möchten. Manchmal fällt es ihr nicht leicht, Nein zu sagen, denn das Single-Leben macht nicht immer nur Spass. Manchmal sehnt sie sich nach Liebe und Geborgenheit und nach einem Partner, mit dem sie lachen und die angenehmen Seiten des Lebens teilen kann. Und auf der anderen Seite, wenn es mal nicht so läuft, sich anlehnen kann.

Aber zurzeit hat sie keine Lust, eine Beziehung einzugehen. Es wäre zu kompliziert. Ihre Musikkarriere lässt sich nur schwer damit vereinbaren.

Sie hält sich mit Joggen und Radfahren fit. Drogen waren nie ein Thema für sie – und sind es auch heute nicht. Ein Glas Weisswein, am liebsten Chardonnay aus dem Napa Valley, genehmigt sie sich jedoch fast vor jedem Konzert. Das macht ihre Stimme geschmeidig. Sie trinkt immer mit Mass und weiss genau, wann es genug ist. Diese Disziplin ist in der Musikbranche Gold wert. Denn nur wer gesund ist und einen klaren Kopf hat, kann auf Dauer überzeugende Leistungen abrufen und die Fans immer wieder von Neuem begeistern. Wer in der Zeit zwischen den Konzerten abdriftet und sich gehen lässt, muss möglicherweise einen hohen Preis bezahlen.

Schon viele Musiker schauten zu tief ins Glas und ihre Alkoholsucht endete im Desaster. Sie verloren ihre Plattenverträge und setzten ihre Karrieren in den Sand. Für zwei Country-Stars, Hank Williams und Keith Whitley, hatte das Saufen sogar tödliche Folgen.

Kurz vor Nashville, auf dem Highway 24, macht sie einen kurzen Boxenstopp bei einem Diner neben der viel befahrenden Interstate. Sie bestellt einen Ice Tea und einen House Salad mit Honey Mustard Sauce, um sich zu stärken. Dann checkt sie ihre E-Mails, schaut sich ihren Facebook-Account mit den Nachrichten ihrer Fans an und hört ihre Combox ab. Eine neue Nachricht ist während der Fahrt reingekommen. Ein Produzent, der sie für eine Session für Demoaufnahmen buchen will.

Seit Jahren ist das Singen von Demos ein willkommenes Nebengeschäft für sie. Einerseits hilft es, die Rechnungen zu zahlen, andererseits ist es hilfreiches Networking. Man weiss nie, wer sich die Songs mit ihrer Stimme anhören wird. Vielleicht sogar eine grosse Plattenfirma auf der Suche nach dem nächsten weiblichen Star.

Sie bestätigt den Termin per SMS und trägt ihn sogleich in ihrer Agenda und im Kalender ihres Smartphones ein. Obwohl sie die neue Technik liebt, notiert sie zur Sicherheit alles auch in ihrer Papieragenda. Man weiss ja nie, wann so ein Ding kaputtgeht.

Und ebenfalls mittels SMS vereinbart sie einen weiteren Termin: «Hey Mark, ich bin in zwei Stunden wieder in Nashville und bestätige unsere Session vom nächsten Dienstag, 14.00 Uhr, bei mir zu Hause. Anschliessend bist du zum Nachtessen eingeladen. Ich freue mich, dich zu sehen und neue Lieder mit dir zu schreiben.»

Kapitel 10 – Open Mic Night
(Tag 8 – Montag, 8. September 2014)

Gerne wäre Joe bei den Aufnahmen dabei gewesen. Doch Roger Morris beharrte darauf, die Lieder ohne ihn einzuspielen: «Ich habe frische Ohren für deine Songs und bin unbelastet. Lass mich dies zu deinem Vorteil nutzen.» Joe versteht die Argumente, obwohl er vor Neugierde fast platzt. Bis er die Aufnahmen hören kann, muss er sich noch einige Tage gedulden.

Joe nutzt den Montagnachmittag für Büroarbeit. Dafür darf er die Kanzlei von Steve benutzen. Der Anwalt ist während des ganzen Tages vor Gericht. Dafür freut sich Pam umso mehr, denn so kann sie den Nachmittag mit dem «California Boy» verbringen. Die attraktive Südstaaten-Beauty ist erneut perfekt gekleidet. Heute trägt sie eine weisse Bluse, einen schwarzen Rock, der nur knapp oberhalb ihrer Knie endet und schwarze High Heels.

Ihre Kompetenz und ihre Seriosität unterstreicht sie durch ihre sorgfältig ausgewählte Kleidung. Mit ihr zu flirten, wäre leicht und verlockend, obwohl sie einige Jahre älter ist als Joe. Nur mit Mühe kann er der Versuchung widerstehen. Von Steve weiss er, dass sie seit einiger Zeit wieder «auf dem Markt» ist, nachdem sie sich erst vor ein paar Monaten von ihrem Mann, einem chronischen Säufer, scheiden liess.

Nach etwas Smalltalk aktualisiert er sein Dossier – sozusagen sein Bewerbungsschreiben an die Musikverlage. Es enthält seine Musikbiografie mit Angaben zu seinen bisherigen Erfolgen als Sänger und Songwriter. Die Liste ist sehr überschaubar, was sich leider nicht so schnell ändern lässt. Er kann keine Nummer-1-Hits oder Millionen von verkauften CDs vorweisen. Ein Foto von ihm sowie die Auflistung der Songs auf der Demo-CD namens «Songs by Joe Baker» mit allen Texten und Akkorden machen das Dossier vollständig. Er druckt das fertige «Werk» aus und Pam kopiert die Unterlagen dreissigmal für ihn.

Dann überreicht sie ihm ein einzigartiges Musik-Nachschlagewerk: «Das ist das 2014 CMA Directory. In diesem Verzeichnis der Country-Music Association (CMA) findest du alle wichtigen Adressen: Plattenfirmen, Musikmanager, Public-Relations-Firmen, Radio- und TV-Stationen und, besonders wichtig für dich, natürlich alle Musikverlage.»

Die Aufzählung der Musikverlage alleine umfasst 20 Seiten des insgesamt 475 Seiten dicken Werks. Wo anfangen? Steve hat ihm die Namen von 25 Verlagen auf ein Blatt Papier geschrieben, das ihm Pam ebenfalls überreicht.

Er lehnt sich zurück, isst einen Donut mit Vanillegeschmack, trinkt einen Kaffee und setzt sich wieder an den PC. Joe schaut sich die Websites der Musikverlage an, um sich einen Überblick zu verschaffen. Sobald seine Demo-CD fertig ist, wird er sie mit seinen anderen Unterlagen persönlich bei mindestens 25 Musikverlagen abgeben.

Im Scheinwerferlicht

Als Songwriter kann man nicht tagelang Büroarbeit erledigen oder zu Hause an Ideen für neue Songs arbeiten. Genauso wichtig ist es, unter die Leute zu gehen, und das Netzwerk aufzubauen und zu pflegen. Nur so kann man andere Songwriter kennenlernen und zusammen neue Lieder schreiben. Dies erhöht die Chance, einen Schritt weiterzukommen und in der Branche Fuss zu fassen. Joe muss sich dem harten Wettbewerb stellen. An diesem Abend nimmt er auf Anraten von Steve erstmals an einer «Open Mic Night» in Nashville teil.

Joe und Steve betreten das spärlich besetzte Musiklokal namens Douglas Corner Cafe so gegen 17.30 Uhr. Darin haben vielleicht 100 Personen Platz. An der Decke befinden sich grosse Propeller, die dafür sorgen, dass die Luft permanent zirkuliert. An den Wänden sind unzählige Fotos von Sängerinnen, Sängern und Bands zu sehen. Eine alte Jukebox steht in einer Nische. Nur rund ein Dutzend Leute sind hier. Alle tragen einen Gitarrenkoffer mit sich. Emma, eine junge Frau mit Cowboy-Hut, setzt die Namen der Teilnehmer der «Open Mic Night» auf eine Liste.

Alle Teilnehmer können zwei Songs vortragen. Natürlich ohne Bezahlung. Oft können nicht alle spielen, die sich melden. Für diesen Teil des Abends sind nur 90 Minuten – im Vorabendprogramm – vorgesehen.

Joe registriert sich und gibt Auskunft: Vorname, Name, Wohnort sowie die Namen der zwei Songs, die er spielen wird. Mit etwas Glück – und wenn man überzeugt – erhält man für einen anderen Abend ein Zeitfenster für einen längeren Auftritt.

Manchmal sitzen Scouts der Plattenfirmen im Publikum, die neue Songs suchen oder nach dem nächsten Superstar Ausschau halten. Man weiss in Nashville nie, wer im Publikum sitzt.

Er kennt das Prozedere. Trotzdem ist Joe nervös. Er steht kurz vor seiner Premiere in Nashville. Gegen 18.30 Uhr ist die Bar schon besser gefüllt. Die Besucher sind hier, um von unbekannten Sängerinnen und Sängern neue Musik zu entdecken.

Die meisten Besucher trinken zuerst ein Bier an der Bar, bevor sie zu Tisch gehen und einen Salat oder einen Burger essen.

Die Bühne misst ungefähr vier auf drei Meter und ist 50 cm hoch. Ein Barhocker, ein Mikrofon, ein Mikrofonständer sowie ein Kabel zum Anschliessen der Gitarre stehen zur Verfügung. Im hinteren Teil des Raums steht das Mischpult. Ein junger Typ mit langen Haaren sorgt für den richtigen Sound.

Endlich. Das Bühnenlicht geht an. Emma stellt die erste Sängerin vor, die zwei Eigenkompositionen vorträgt. Joe ist für Startplatz sechs eingeplant. Seine Nervosität hält sich in Grenzen. Aber etwas angespannt ist er trotzdem, als ihn Emma ankündigt. Steve gibt ihm einen Klaps auf die Schulter und wünscht ihm Glück.

Er macht es sich auf dem Barstuhl bequem und legt los. Zuerst «Moon Over Your Shoulders», dann «Keep The Fire Burning», ein fetziger Uptempo-Song. Die Nervosität ist im Nu verflogen und er findet leicht in den ersten Song rein. Die Zuhörer hören aufmerksam zu und spenden ihm einen warmen Applaus.

Den anderen Kandidaten gelingen ebenfalls solide Auftritte. Joe kann kaum warten, bis Emma die Namen derjenigen Sängerinnen und Sänger endlich bekannt gibt, die für ein kurzes Folgekonzert engagiert werden.

Zu seiner Überraschung erhielten seine Songs Bestnoten vom Musik-Manager des Lokals. Emma gratuliert ihm zum erfolgreichen Einstand. Sie wird ihm das neue Auftrittsdatum später per E-Mail mitteilen. Steve ist begeistert: «Das hat du sehr gut gemacht. Besser geht es nicht! Du hast die genau richtigen Songs für diese «Open Mic Night» ausgewählt! Komm, darauf stossen wir an. Ich lade dich zu einem Jack Daniel's ein.»

Joe ist erleichtert. Die erste Teilnahme war ein Erfolg. Er hat die Feuertaufe bestanden. Steve zählt ein paar weitere Lokale auf, die regelmässig «Open Mic Nights» durchführen. Die Bedingung für eine Teilnahme ist in der Regel die Mitgliedschaft in der Nashville Songwriters Association International. Joe nickt und sagt: «Ich weiss, ich bin eben erst beigetreten.»

Bevor er zu Bett geht, macht er sich Notizen zu diesem Abend. Er schreibt die Namen der Lieder, die er gesungen hat, in sein Notizbuch. Dann löscht er das Licht und schläft zufrieden ein.

Kapitel 11 – Relaxen
(Tag 8 – Montag)

Allison schläft bis 11.00 Uhr aus. Sie ist noch müde von der Tournee an der Ostküste. Nach einem Kaffee und einem Müesli mit Banane geht sie die Post durch. Ausser ein paar Rechnungen ist nichts Besonderes dabei. Dann checkt sie ihre E-Mails und die vielen positiven Kommentare auf Facebook und Twitter. Sie lächelt und denkt an die Konzerte an der Ostküste zurück.

Mit einer Kaffeetasse in der Hand setzt sie sich auf der Veranda auf einen bequemen Schaukelstuhl. Sie beobachtet die wenigen Wolken am blauen Himmel und geniesst die Sonnenstrahlen. Allison liebt das Leben «on the road». Sie ist neugierig und lernt gerne neue Städte kennen. Sie steht gerne auf der Bühne und plaudert nach den Konzerten gerne mit den Fans. Trotzdem ist sie ist glücklich, wieder zu Hause zu sein.

Allison hat lange und intensiv für den Erfolg ihrer Ostküsten-Tour gearbeitet. Kein Wunder, benötigt sie jetzt etwas Ruhe. Das ist normal nach den Gigs und den langen Fahrten von einem Konzertort zum anderen.

Lange wird sie allerdings nicht zu Hause sein, denn schon bald wird sie in Austin, Texas, einige Gigs spielen. Austin ist ein absolutes «Live-Musik-Mekka». Sie wurde schon oft für Konzerte in der texanischen Hauptstadt gebucht und hat dort viele Fans, die ihre Auftritte gerne besuchen.

Doch jetzt benötigt sie erst mal etwas Zeit, um sich zu regenerieren. Sie erinnert sich an das alte Künstlersprichwort: «Nichts ist so alt wie der Erfolg von gestern.» Und damit der Erfolg anhält, muss man ausgeruht und fit sein. Nur so kann man während Jahren auf der Bühne bestehen und die Leute begeistern.

Schon bald will sie eine neue CD produzieren. Erneut im Selbstvertrieb. Dafür benötigt sie erstklassiges Songmaterial. Einige neue Lieder hat sie bereits geschrieben. Zudem hat sie ihre Fühler bei mehreren Musikverlagen ausgestreckt. Man weiss nie, ob sich dabei ein paar Perlen finden lassen.

Lange bleibt nicht mehr Zeit, um sich auszuruhen. Bereits morgen ist sie für eine Demo-Session gebucht. Zum Glück hat sie heute nichts vor und kann ihre Batterien neu laden.

Kapitel 12 – Die Demo-Session
(Tag 9 – Dienstag)

Roger Morris öffnet die Tür. Was er sieht, gefällt ihm. Er konnte sie schon länger nicht mehr für eine Demo-Session buchen, da sie oft auf Tour war. Doch jetzt klappte es endlich wieder. Er begrüsst sie mit einem freundlichen «Hello. Lange nicht mehr gesehen. Super, dass du wieder mal Zeit hast für ein paar Demos. Wie geht es dir? Wie lief deine Tour an der Ostküste?»
«Danke, es könnte nicht besser gewesen sein! Du weisst ja, die Leute an der Ostküste lieben feines Essen, gute Musik und sie sind meistens sehr freundlich.»
«Oh ja, ich erinnere mich. Leider war ich schon lange nicht mehr dort. Charleston wäre mal wieder eine Reise wert.»
Allison pflichtet ihm bei: «Die Stadt hat dank ihrer unverwechselbaren Architektur einen einzigartigen Charme. Dazu kommen die vielen wunderbaren Restaurants und das Meer – einfach genial.»
«Ich werde es mir überlegen. Vielleicht mache ich mal einen Kurztrip übers Wochenende! Lass uns gleich starten. Bist du bereit für ein paar coole Songs?»
«Na klar, dafür bin ich doch da», antwortet Allison mit ihrem ansteckenden Lächeln.

Rogers Haus befindet sich in einem ruhigen Quartier zwischen den Interstates 24 und 65, nur wenige Minuten nördlich des Grassmere-Zoos. Die Interstate 24 verbindet Nashville mit Chattanooga, Tennessee, und die Interstate 65 führt nach Birmingham, Alabama.

Das Homerecording-Studio im Keller von Rogers Haus ist ungefähr 60 Quadratmeter gross. Mehr Platz benötigt er nicht, denn die meisten Instrumente spielt er direkt mit seinem Digital-Keyboard und der Software Logic Pro X ein. Dabei wird der Mac zum Tonstudio, wobei das Programm zum Verwechseln echt klingende Sounds von beinahe allen Instrumenten erzeugt. Echte Gitarren, Mandolinen, Geigen, Banjos und Stimmen können ebenfalls aufgenommen und abgemischt werden.

Roger offeriert ihr einen Ice Tea. Nach etwas Smalltalk hört sich Allison die drei Songs an, die Roger am Montag eingespielt hat. Die Aufnahmen klingen unglaublich gut. Bewundernd sagt sie zu Roger: «Du hast die Musik-Tracks wieder einmal fantastisch hingekriegt. Klingt wie eine echte Band! Kompliment.»

Allison ist bereit. Sie nimmt ihren Platz hinter dem Mikrofon ein, stellt die Höhe richtig ein und legt das Textblatt auf den Notenständer. Vorne, links und rechts von ihr befinden sich Trennwände, die für eine optimale Aufnahmequalität der Stimme sorgen.

Sie bittet Roger, ihr den ersten Song, «Arizona Morning», nochmals anzuspielen. Die provisorische Stimme wurde von ihm gesungen und dient ihr als Orientierung. Nach der ersten Strophe und dem Refrain sagt sie: «Danke, bitte stoppen. Ich bin so weit. Wir können aufnehmen.» Nach fünf Versuchen sagt Roger: «Bravo, das passt perfekt. Komm doch bitte rasch zu mir rüber, dann hören wir uns ‹Arizona Morning› nochmals an.» Allison ist mit dem Resultat ebenfalls zufrieden. Nach einer kurzen Pause geht die Arbeit weiter. Es folgen die zwei anderen Lieder: «Butterfly Kisses» und «Moon Over Your Shoulders».

Um die Songs noch interessanter zu machen, singt sie bei allen drei Titeln auch die Background-Vocals. Dies verleiht den Aufnahmen das gewisse Etwas. Am Schluss hört sie sich ihre Arbeit nochmals an und erhält von Roger ein dickes Lob, bevor sie den Check dankend entgegennimmt. Auf dem Weg nach Hause fällt ihr ein, dass sie vergass zu fragen, wer die Songs geschrieben hat. Doch eigentlich ist das nicht wichtig, denn meistens hört sie die Songs danach nie mehr. Traurig, aber wahr: 99,9% aller Songs, für die eine Demo-CD produziert wird, finden den Weg so oder so nie auf die Playlists der Radio-Stationen.

Sie fährt ohne Umwege nach Hause, denn schon um 14.00 Uhr steht der nächste Termin auf dem Programm: die vereinbarte Session mit Mark Thompson. Sie merkt, wie die Vorfreude immer grösser wird. Unbewusst fährt sie einen Tick schneller als erlaubt.

Songwriting-Session mit Mark
Kurz nach 14.00 Uhr klingelt Mark an Allisons Türe. Sie hat sich in eine neue Jeans gestürzt, eine schwarze Bluse angezogen und sich leicht parfümiert. Sie weiss, wie sie ihre Reize optimal in Szene setzen muss.

Sie begrüssen sich wie immer: Küsschen links, Küsschen rechts und eine Umarmung. Mark Thompson ist ein paar Zentimeter grösser als sie. Er trägt einen Dreitagebart, ein Hardrock-Cafe-T-Shirt aus New York, leicht verwaschene Jeans und graue Converse Sneakers mit weisser Sohle. Seine muskelbepackten Oberarme sind nicht zu übersehen und seine schwarzen Haare schauen unter einer Nike-Baseball-Mütze hervor.

Zuerst tauschen sie die aktuellsten News aus, und Allison stellt eine Flasche mit Wasser ohne Kohlensäure auf den Tisch. Mark beobachtet sie und sagt lachend: «Ich freue mich sehr, dass du endlich von deinen Ostküsten-Gigs zurück bist. Ich habe dich schon fast ein bisschen vermisst.»
Allison schenkt ihm ein neckisches Lächeln und kontert: «Ernsthaft? Sei ehrlich – du warst doch froh, dass ich weg war und du deine Ruhe vor mir hattest!»
«Nein, das Gegenteil ist der Fall. Ich hätte dich noch so gerne begleitet und dir deine Gitarren zu den Shows getragen und dir die Fans vom Hals gehalten», gibt Mark lächelnd zurück.
«Danke – wie süss von dir. Aber das ist nicht nötig. Ich

schaffte alles problemlos alleine. Noch hält sich der Andrang der Fans in Grenzen!»
Mit Gitarren, Schreibzeug und Papier setzen sie sich an den Küchentisch und arbeiten während zweier Stunden intensiv an einem neuen Song. Allison hatte während ihrer Tour die Idee dazu. Mark mag den Titel: «Black River Road». Sogleich summt er eine Melodie zur ersten Strophe, deren Text Allison bereits aufgeschrieben hat. Der Song entwickelt sich wunderbar. Während sie am Refrain arbeiten, klopft es plötzlich an der Haustüre. Eigentlich will sie nicht öffnen, denn die Stimmung ist gerade viel zu gut für eine Unterbrechung. Aber: Die zwei Autos in der Einfahrt lassen sich schlecht leugnen.

Umso grösser ist ihre Überraschung, als sie die Türe öffnet. Sie traut ihren Augen nicht. Joe, der California Boy, steht unangemeldet – und wie aus dem Nichts – vor ihr. Welch eine Überraschung! Traum oder Realität? In unregelmässigen Abständen dachte sie immer mal wieder an ihn. An die intensiven Gespräche nach ihren Shows – und an seine blauen Augen, in denen sie versinken könnte. Doch nie im Traum hätte sie damit gerechnet, dass er eines Tages unangemeldet vor ihrer Haustüre stehen würde.

Die angenehme Stimmung mit Mark ist auf einmal wie verflogen, denn der plötzliche Besuch von Joe lässt ihr Herz höherschlagen. Bei der Begrüssung umarmen sie sich. Wie gut sich das anfühlt! Joe lächelt und fragt:

«Störe ich?» Dabei zeigt er auf die Autos.
Allison schüttelt den Kopf und sagt: «Nein, ich bin zwar gerade in einer Songwriting-Session, aber komm doch rein.»

Sie stellt die beiden Jungs gegenseitig vor. Dies ist ihr etwas unangenehm, denn Mark soll nicht merken, wie sehr sie sich über Joes Besuch freut. Sie waren sich zwar körperlich nie wirklich nahe gekommen, doch die gegenseitige Sympathie war immer spürbar und wuchs von Mal zu Mal.

Für einen Sekundenbruchteil erinnert sie sich an das Gespräch an der Bar – nach ihrem letzten Konzert in San Diego. Wow. Das war echt stark. Humorvoll und trotzdem tiefgründig – und mit extrem hohem Flirtfaktor. Wie gerne hätte sie ihn an diesem Abend geküsst! Doch die Vernunft sagte damals «nein». Sie schaffte es nur mit Mühe, sich zurückzuhalten.

Allison ist etwas überfordert mit der Situation. Hier Mark, mit dem sie gerade mit höchster Konzentration an einem neuen Song gearbeitet hat und den sie ebenfalls nicht gerade uninteressant findet. Und auf der anderen Seite Joe.

Sie versucht cool zu bleiben: «Hey Jungs, entschuldigt mich bitte, aber wir können die Party nicht fortsetzen. Ich habe in 15 Minuten einen Termin beim Friseur.» Mit einem Lachen in der Stimme wendet sie sich an Joe: «Ich kann es kaum glauben, dass du hier bist. Rufst du mich morgen an, damit wir uns zum Kaffee treffen können? Und zu Mark gewandt: «Heute Abend um 19.00 Uhr, der Termin ist immer noch O.K., oder?»

Das Nachtessen
Wie vereinbart, betritt Allison pünktlich um 19.00 Uhr das Restaurant «Rolf and Daughters» westlich vom Broadway. Mark erwartet sie bereits. Sie beginnen den Abend mit einem Gin an der Bar. Als ihr Tisch frei wird, werden sie vom Kellner an ihren Platz begleitet. Das Restaurant ist bekannt für sein europäisch inspiriertes Essen. Die Auswahl ist nicht leicht, denn alle Gerichte klingen verlockend. Sie bestellen einen Chef-Salat, Pasta mit hausgemachter Tomatensauce und Basil Chicken. Dazu wählen sie einen Barbera aus dem Piemont.

Mark hat rasch gemerkt, dass Joe ein Konkurrent sein könnte. Deshalb wählt er eine Vorwärtsstrategie: «Während deiner Tour an die Ostküste hast du mir sehr gefehlt. Schade, dass wir uns nicht häufiger sehen können, um Songs zu schreiben, gemeinsam zu kochen oder einen Film anzuschauen. Wenn du nicht in der Stadt bist, fehlst du mir immer sehr!»

Allison spürt die Annäherungsversuche von Mark. Obwohl sie ihn sympathisch findet, bleibt sie distanziert, aber freundlich. Joes plötzlicher Besuch hat sie verwirrt. Seitdem er an ihre Türe geklopft hatte, gingen ihr Tausende von Gedanken durch den Kopf.

Sie blickt auf, schaut in Marks Augen und sagt: «Weisst du, mit meinem dicht gedrängten Tourneeplan ist es nahezu unmöglich, private Termine zu planen und Freundschaften zu pflegen. Geschweige denn, eine dauerhafte Beziehung einzugehen. Das benötigt viel Zeit. Zeit, die ich nicht habe. Deshalb lassen wir besser alles so, wie es jetzt ist. Unverbindlich, ohne Verpflichtungen und auf freundschaftlicher Basis.»
«Eine gemeinsame Zukunft und eine wunderbare Beziehung aufzubauen – das schaffen wir beide doch spielend, obwohl wir nicht massenhaft Zeit für einander haben», kontert Mark. Er will nicht so leicht aufgeben.
Doch Allison bleibt hart: «Ich will unsere Freundschaft nicht riskieren. Alles soll so bleiben, wie es ist. Wir können uns weiterhin ab und zu sehen, Songs schreiben und miteinander kochen, ins Kino gehen oder so. Aber ohne daraus eine feste Beziehung entstehen zu lassen.»

Enttäuscht von Allisons Ehrlichkeit wird Mark von einer Sekunde auf die andere still. Ganz still. Er hatte sich den Abend mit ihr anders vorgestellt. Das Essen sollte nur der romantische Anfang für eine heisse Nacht werden. Dass sie ihn nun einfach so abwies, kann er nur schwer akzeptieren. Das ist eine bittere Pille, aber er versucht, sich zu beherrschen und sich nichts anmerken zu lassen. Man weiss ja nie: Menschen können ihre Meinung manchmal von einer Sekunde auf die andere ändern. Ein Funke Hoffnung bleibt.

Aus dem hinteren Bereich des Restaurants beobachtet Joe die Situation. Per Zufall hatten er und Steve ebenfalls «Rolf and Daughters» für ihren Männerabend ausgewählt. Da sie schon etwas früher im Restaurant eingetroffen waren, können sie Allison und Mark Thompson unbemerkt beobachten.

Joe erzählt seinem neuen Freund, dass er am Nachmittag Allison besuchte und dabei Mark kennenlernte, mit dem sie regelmässig Songs schreibt: «Ich habe sie möglicherweise in einer sehr intimen Songwriting-Session gestört. Es war allen etwas unangenehm. Vielleicht läuft was zwischen den beiden. Ich bin mir nicht sicher.»
«Mach mal nicht auf Panik.» Steve versucht, Joe zu beruhigen. «Obwohl: Sie sieht wirklich verdammt heiss aus. Würde mich nicht wundern, wenn der Kerl sie anbaggert!»
«Danke für deine aufmunternden Worte. Das ist sehr aufbauend», sagt Joe.
«Und du warst wirklich noch nie mit Allison im Bett?», fragt Steve ungläubig. Er kann es fast nicht glauben.
Joe schüttelt den Kopf: «Ich war Sandy immer treu, obwohl die Versuchung, na du weisst schon, riesig war.

Nach ihrem letzten Konzert in San Diego haben Allison und ich intensiv geflirtet! Wir waren hart an der Grenze.» «Ich glaube, an deiner Stelle hätte ich der Versuchung nicht widerstehen können», sagt Steve mit einem breiten Grinsen. Dann wird er ernst: «Wie würdest du reagieren, wenn Sandy plötzlich vor dir stehen würde und wieder mit dir zusammen sein möchte?»

Joes Antwort kommt wie aus der Kanone geschossen: «Keine Chance. Kein Interesse. Keine Lust. Sandy und ich – das ist Geschichte. Aus und vorbei. Sie hat mich für einen anderen verlassen und wenn es mit ihm nicht klappt, ist das ihr Problem. Nicht meines. Sie wollte etwas Neues. Etwas, das ich ihr nicht geben konnte. Im Nachhinein glaube ich, dass es nicht möglich gewesen wäre, das Feuer neu zu entfachen und unsere Liebe zu retten. Rückblickend hatte das Ende unserer Beziehung auch etwas Positives. Sonst wäre ich jetzt nicht hier. Aber auf den ersten Blick habe ich die neuen Möglichkeiten nicht erkannt.»

Dann schauen sie wieder zu Allison und Mark rüber. Für Joes Geschmack sehen die beiden sehr vertraut aus. Fast ein bisschen zu vertraut. Er fragt Steve: «Wie konnte ich nur so naiv sein und denken, dass sie frei ist oder etwas für mich empfinden könnte?» Dann schiebt er fast etwas trotzig nach: «Selbst wenn ich nicht bei Allison landen kann, und danach sieht es im Moment aus, würde ich nicht zu Sandy zurückkehren.»

«Das kann ich verstehen. An deiner Stelle würde ich es genau gleich machen», pflichtet ihm Steve bei.

Nach dem Essen bestellt Steve zwei Jacks on the Rocks und muntert seinen Kumpel auf: «Du darfst nicht aufgeben. Bleib an ihr dran. Aber heute Abend kannst du eh nichts mehr unternehmen. Bleib einfach cool. Du hast ja ihre Nummer. Ruf sie morgen an. Und jetzt kommst du zu mir und wir lassen den Abend in meinem Haus ausklingen. Wir nehmen den Hinterausgang. Sie müssen uns ja nicht unbedingt sehen.»

Kaum sind sie im Haus des Anwalts angekommen, tauchen zwei aufregende Frauen auf: Mandy und Samantha. Beide tragen ein tief ausgeschnittenes Träger-T-Shirt, einen Jeans-Minirock und Cowboy-Stiefel. Sie sind keine dreissig Jahr alt. Beide sind gut gelaunt.

Joe wirft Steve einen fragenden Blick zu. Steve zwinkert seinem Freund zu, lacht und antwortet: «Ich dachte, wir haben eine Aufmunterung verdient. Ich habe auf der Rückfahrt ihre Nummern gewählt. Hey Girls, super, seid ihr hier. Macht es euch gemütlich und fühlt euch wie zu Hause. Die Party kann beginnen!»

Mandy und Samantha haben nichts dagegen einzuwenden. Beide kennen Steve schon seit längerer Zeit und wissen, dass er ein Geniesser ist.

Steve zündet ein paar Kerzen an, um etwas Romantik zu verbreiten und schiebt «Hemingway's Whiskey», eine CD von Kenny Chesney, in seinen CD-Player. Die vier machen es sich in der Sofalandschaft bequem und quatschen über alle möglichen Themen. Bis nach Mitternacht trinken sie Cabernet Sauvignon aus dem Napa Valley und knabbern dazu Wasabi-Nüsse. Der Wein, hergestellt durch die Hess Winery, hat ein feines Aroma, das an schwarze Kirschen und Pflaumen erinnert. Beim Song «You and Tequila» werden die Girls anhänglich und Joe kann dem Charme von Mandy nicht widerstehen – während sich Samantha an Steve ran kuschelt. Es dauert nicht lange und die beiden ziehen sich in Steves Schlafzimmer zurück.

Joe und Mandy dürfen Steves Gästezimmer benutzen. Sie ist ein attraktives Girl mit einem hübschen Gesicht, braunen Rehaugen und schwarzen, langen, gewellten Haaren mit Mittelscheitel.

Sie übernimmt sofort den Lead. Bereits etwas angeheitert berühren, umarmen und küssen sie sich hemmungslos – und ohne zu zögern. Schnell sind sie ihre Kleider los. Sie nimmt seine Hand und zieht ihn schweigend aufs Bett. Genussvoll betrachtet er ihre langen Beine, die schlanke Taille und ihre wohl geformten, vollen Brüste. Er dreht sich auf den Rücken und sie setzt sich auf ihn rauf. Dann beugt sie ihren Oberkörper über ihn und küsst ihn erneut. Er legt seine Hände auf ihre

Schenkel, bevor er sie Zentimeter um Zentimeter nach oben gleiten lässt. An den Hüften hält er inne und denkt: «Wow, das fühlt sich fantastisch an.»

Sein «letztes Mal» ist schon lange her, und wie es scheint, ist Allison mit Mark Thompson zusammen. Ein One-Night-Stand ist wohl kaum verboten, wenn man Single ist. Diese Überlegungen werden rasch durch ihre immer intensiver werdenden Bewegungen aus seinen Gedanken vertrieben. Seine volle Konzentration gilt jetzt Mandy, die ihn von Sekunde zu Sekunde mehr aus der Reserve lockt. Beide geniessen die wilde Intensität ihrer Begierde. Ihre Herzen pochen immer fester, bis die Flutwelle der Lust über sie hereinbricht. Dann schlafen sie erschöpft ein.

Kapitel 13 – Record Label unter Strom (Tag 9 – Dienstag)

Hinter den Häuserfassaden der «Music City USA» verbergen sich unzählige Aufnahmestudios, Plattenfirmen, Musikverlage und PR-Büros. Die 16th Avenue ist besonders berühmt. Hier ist das Musikgeschäft zu Hause. Hier entscheiden die Plattenfirmen, wer einen Vertrag erhält und wer nicht. Wer ins Rampenlicht kommt, wer als Songschreiber reüssiert und wer auf der Schattenseite des Musikgeschäfts am Hungertuch nagen muss. Oder wer sich knapp über Wasser halten kann.

Nur die wenigsten Sängerinnen und Sänger haben das Glück, das Talent und das Können, um sich während Jahren in den Top-Regionen der Country-Charts zu etablieren. Bei den Country-Awards gross abzuräumen, ist ebenfalls nur wenigen vergönnt.

Der Konkurrenzkampf unter den Plattenfirmen ist gigantisch. Natürlich will jede mit ihren Künstlern möglichst erfolgreich sein und an die Spitzen der Hitparaden stürmen. Möglichst rasch und möglichst häufig. Früher wurden die Karrieren sorgfältig und kontinuierlich entwickelt und aufgebaut. Doch heute hat niemand mehr Zeit dafür. Wer nicht mit seiner ersten, zweiten oder spätestens dritten Single einen Top-20-Hit landet, muss seine Träume schnell wieder begraben. Überhaupt ist die Chance, ein Star zu werden, klein. Sehr klein sogar. Die Möglichkeit, dass ein Mensch im gleichen Leben zweimal vom Blitz getroffen wird, ist vermutlich deutlich höher.

Jeder Plattenboss weiss, dass er irgendwo in den vielen Demo-CDs, die er zugeschickt erhält, den nächsten Superstar finden könnte. Die Suche ist schwierig, doch manchmal findet man die berühmte Nadel im Heuhaufen. Viele Entscheidungsträger leben in permanenter Angst, den nächsten Megastar nicht selber zu entdecken, da sie zu wenig aufmerksam sind. Schon oft wurden spätere Hitparadenstürmer unzählige Male abgewiesen, bevor sie endlich einen Vertrag unterschreiben konnten.

In einem modernen roten Backsteingebäude am Music Square East, kurz bevor die Strasse zur 16th Avenue wird, befindet sich der Sitz von Black Horse Records. Sie ist eine der renommiertesten Plattenfirmen der Country-Music-Szene und wurde vor etwas mehr als fünfundzwanzig Jahren von Don Ramsey gegründet. Seither konnte er mit seinen Stars unzählige Hits in den Billboard Hot Country Songs Charts landen. Es gelang ihm immer wieder, neue Talente zu entdecken und sie zu Stars zu machen. Doch seitdem die Musikszene durch die illegalen Downloads erschüttert wurde, ist er stärker gefordert als je zuvor.

Don Ramsey knallt bei der Teamsitzung kurz nach 09.00 Uhr die neuste Ausgabe des Billboard-Magazins auf den Sitzungstisch. Der 55-jährige Inhaber von Black Horse Records ist CEO und Musikproduzent in Personalunion. Er ist ein bekanntes Gesicht in der Branche. Don hat schon unzählige CDs produziert, die es bis ganz an die Spitze der Hitparade schafften.

Mit seiner Grösse von 1,90 Metern und seinem Gewicht von über 100 Kilo ist er im wahrsten Sinne des Wortes ein Schwergewicht der Musikindustrie. Seine langen, nach hinten gekämmten grauen Haare und sein ebenso grauer Vollbart sind sein Markenzeichen. Oft trägt er eine Baseball-Mütze der Nashville Predators. Das Eishockey-Profiteam der «Music City USA» spielt in der National Hockey League und Don besucht – wenn möglich – jedes ihrer Heimspiele in der Bridgestone-Arena. Sein Lieblingsspieler ist Roman Josi, der Schweizer Verteidiger.

Doch an diesem Morgen ist ihm das Eishockey ziemlich egal. Er nimmt seine Baseball-Mütze und die Lesebrille ab, fährt durch sein Haar und deutet mit dem Zeigefinger auf die Country Single Charts. Mit lauter Stimme fragt er sein Team: «Leute, seht ihr das? Auch in dieser Woche belegt keiner unserer Künstler einen der ersten zwanzig Plätze. So kann es nicht weitergehen. Wir verlieren weiter an Marktanteilen. Gerade eben haben zwei entzückende junge Sängerinnen von anderen Plattenfirmen ihre allerersten Top-20-Platzierungen erreicht. In der Zwischenzeit dümpeln wir in den hintersten Regionen der Hitparade herum, während die anderen Labels einen neuen Star nach dem anderen lancieren und gross rausbringen. Es muss etwas passieren. Unser Scouting hat total versagt. Wir benötigen dringend eine neue Sängerin oder einen neuen Sänger, damit wir es mit den anderen aufnehmen können. Wir brauchen neue Hits, um unsere Kassen zu füllen.»

Mit finsterem Blick schaut er in die Runde, doch seine Mitarbeiter schweigen nach seinem Monolog, der wie eine Gardinenpredigt klang. Keiner hat den Mut, zu antworten. Alle Blicke sind nach unten gerichtet.

Nach ein paar Sekunden, die sich wie eine Minute anfühlen, bricht Stu Miller, der langjährige, knapp 50-jährige Marketingchef, das Schweigen: «Hey Boss, wir haben mit Jessica Sanders schon fast ein komplettes Album eingespielt. Diese 22-jährige Sängerin ist unser Ass im Ärmel. Sie hat Power im Arsch und könnte es vielleicht bis ganz nach oben schaffen. Mit ihren schulterlangen Haaren, ihren braunen Augen, ihren Songs, die tolle Geschichten erzählen, und ihrer kräftigen Stimme hat sie ideale Voraussetzungen, die nächste Miranda Lambert zu werden. Wie wir wissen, stehen die Fans auf junge, attraktive Sängerinnen. Das zeigt das Beispiel der Konkurrenz. Vorausgesetzt natürlich, dass die Produktion überzeugt. So wie ich es beurteile, haben wir aber bereits einige qualitativ hochwertige Songs im Kasten. Was wir aber noch ganz dringend benötigen, ist mindestens ein Knaller-Song mit Hit-Potenzial. Noch besser zwei davon!»

Don Ramsey nickt und antwortet: «Ja, ich weiss. Wir hören uns jeden Tag neues Material für Jessica an. Die bereits eingespielten Titel sind solide, aber wie du richtig erkannt hast, fehlt uns der ultimative Hit-Song für sie. Ich denke, Jessica hat gute Chancen, eine Platzierung in den Top 20 der Country-Charts zu erreichen. Ihre Stimme ist klasse, sie sieht fabelhaft aus und mit den richtigen Songs wird sie die Herzen der Fans in Windeseile erobern. Ich bin ganz deiner Meinung. Wie ihr wisst, sind die Zeiten hart. Wir müssen alle Hebel in Bewegung setzen, damit uns die Konkurrenz nicht überrundet. Sucht nach noch besseren Songs für sie. Ein Hammersong muss her, der ihre Karriere so richtig lanciert. Sie hat das Potenzial, um unser neuer Topstar zu werden. Sucht den verdammten Hit für Jessica.»

Für den Rest des Tages hören sich Don Ramsey und sein Scouting Team unzählige Songs an, die ihnen die Musikverlage zugeschickt hatten. Einige davon klingen ganz passabel, doch nicht ein einziger ist dabei, bei dem es wirklich «klick» macht.

Wie immer ist auch Susan Cramer, die 57-jährige Chefsekretärin in den Suchprozess involviert. Sie hat in über zwanzig Jahren bei Black Horse Records schon das eine oder andere Mal Songs von Nachwuchstalenten entdeckt und in die Firma gebracht. Songs, die später zu Hits wurden und beträchtliche Einnahmen generierten. Oft passierte das durch Zufälle, als sie von Personen aus ihrem Umfeld Kassetten, CDs oder Memory-Sticks mit neuem Songmaterial erhielt. Susan, die zuverlässige und tüchtige Sekretärin von Don Ramsey, nimmt sich vor, wie immer, die Augen – und speziell die Ohren – offen zu halten. Dies in der Hoffnung, dass ihr Chef bald wieder bessere Laune haben wird.

Kapitel 14 – Die Song-Demos sind fertig (Tag 10 – Mittwoch)

«Neuer Tag, neues Glück», denkt Joe als er schlaftrunken aufwacht. Er hatte sich den Abend und besonders die Nacht anders vorgestellt. Ganz anders. Wie konnte er nur denken, dass Allison gerade auf ihn gewartet hatte? Sie ist eine attraktive Sängerin, bei der die Verehrer bestimmt Schlange stehen. Und einer davon ist Mark Thompson. Das war gestern Abend nicht zu übersehen.

Er wischt sich den Schlaf aus den Augen. Nochmals geht ihm der Abend durch den Kopf. Zuerst der Frust, Allison mit Mark Thompson zu sehen. Dann Steve, der scheinbar für jedes Problem die richtige Lösung findet und es verstand, ihn wieder aufzumuntern. Die beiden Mädels, die zu später Stunde wie aus dem Nichts hereinschneiten – und nicht mehr gingen. Joe lächelt. Mandy hatte überzeugende Argumente, die ihn lange vom Schlafen abhielten. Woher Steve die beiden Schönheiten wohl kennt?

Joe blickt auf die Uhr. Es ist schon nach 09.00 Uhr. Die beiden Frauen – und Steve – sind bereits weg. Nach einer Dusche und einer Tasse Kaffee schreibt er Steve eine SMS: «Danke, mein Freund. Mandy war eine Wucht. So war der Abend doch noch ganz erträglich. Bis bald. Ich ruf dich später an.»

Er macht sich auf den Weg zu einem wichtigen Termin. Seine Neugierde ist grenzenlos. Heute kann er sich bei Roger die fertigen Demos anhören. Songs, die er vor Jahren geschrieben, an der Westküste gefühlte tausend Mal in den Bars gesungen und mit seiner damaligen Band eingespielt hatte. Die CD wurde leider nie zum grossen Renner. Aber immerhin: Ein paar kleinere lokale Radio-Stationen an der Westküste setzten einige seiner Songs für ein paar Wochen auf die Playlist.

Roger Morris begrüsst ihn in seinem Homerecording-Studio: «Komm rein. Ich bin mir fast sicher, du bist sehr neugierig, wie deine Songs in der neuen Version klingen.»
«Oh Mann, ich bin so was von nervös. Du kannst dir gar nicht vorstellen, wie oft ich mich gefragt habe, was du aus meinen Songs machen wirst und wie sie in der neuen Version klingen werden.»
«Ich will dich nicht länger auf die Folter spannen. Komm, wir gehen runter ins Studio. Möchtest du eine Tasse Kaffee?»
Joe lehnt dankend ab und merkt, wie seine Hände feucht werden. Er macht es sich auf dem Sofa bequem und beobachtet Roger, der in seinem Bürostuhl Platz nimmt.
«OK, Joe, bist du bereit für den ersten Song?»
«Sicher. Lass die Maschine laufen.»
Roger fährt mit seiner Maus auf die «Play-Schaltfläche» auf dem Bildschirm. Einen Klick später ertönt «Start A

Fire» über das Profi-Soundsystem: Klarer, knackiger und satter Sound erfüllt den Raum. Die neue Version überzeugt vom ersten Takt an. Sie ist um Welten besser als sein Original. Die anderen Lieder, wie zum Beispiel «Easy Choices», «No More Hard Times» oder «Stay Gone Or Stay Here» übertreffen die Originalversionen ebenfalls. Die tiefe Männerstimme, die zu hören ist, beeindruckt und bringt die Gefühle perfekt rüber. Joe ist mehr als zufrieden. Er ist überglücklich und könnte die ganze Welt umarmen.

«Hast du alle Instrumente selber gespielt?», will Joe wissen.
«Alle Gitarren-Soli, die Rhythmusgitarre und die Mandoline habe ich mit echten Instrumenten gespielt. Alle Piano-Soli, sämtliche Drums, die Steel-Guitar, die Geige, das Saxophon und den Bass habe ich mittels Digital-Piano und Mac aufgenommen.»
«Gratulation. Ich bin tief beeindruckt. Sogar die Instrumente, die du mit dem Digital-Piano eingespielt hast, klingen total realitätsnah!»

Steve hatte Recht. Die alten Versionen würden den Ansprüchen der Musikverlage in Nashville niemals genügen. Sie klangen geradezu verstaubt. Die Lieder fünf, sechs und sieben überzeugen ebenfalls vom ersten bis zum letzten Takt. Vor dem achten Lied legt Roger eine Pause ein: «Wie wir abgemacht haben, buchte ich für drei Titel eine Sängerin. Diese Songs sind wie gemacht für eine der aktuellen Hit-Sängerinnen wie Miranda Lambert, Carrie Underwood oder Kacey Musgraves.

Wir beginnen mit ‹Arizona Morning›, dann folgen ‹Butterfly Kisses› und ‹Moon Over Your Shoulders›. Bist du bereit?» Ohne auf eine Antwort zu warten, startet er das «Band» erneut.

Nach dem Intro und ein paar weiteren Takten, verschlägt es Joe fast den Atem. Die Stimme kommt ihm bekannt vor. Er sagt aber nichts und hört nur überrascht zu. Unzählige Gedanken schiessen ihm durch den Kopf: «Die Frauenstimme, da bin ich mir sicher, habe ich schon gehört. Der warme Klang, die Phrasierung, das Timbre. Ich kenne die Stimme. Da bin ich mir zu hundert Prozent sicher. Und trotzdem: Das kann doch nicht wahr sein: Ist es Einbildung oder Wunschdenken? Zufall? Nein, das gibt es nicht.»

Sein Herz schlägt von einer Sekunde auf die andere schneller. Viel schneller.

«Und, wie gefallen dir die Aufnahmen?», fragt Roger. Joe muss nicht lange überlegen. «Perfekt. Du hast meine Songs fantastisch hingekriegt. Zeitgemässer Sound, hervorragende Aufnahmequalität und zwei exzellente Stimmen. Die Männerstimme verleiht den Songs einen warmen Klang. Sie erinnert an Keith Whitley und Chris Young. Aber besonders die Frauenstimme ist der absolute Burner. ‹Arizona Morning›, ‹Butterfly Kisses› und ‹Moon Over Your Shoulders› klangen noch nie so intensiv und trotzdem extrem gefühlvoll.»

Roger grinst, überreicht ihm die CD mit den fertig abgemischten Songs und sagt lächelnd: «Ja, die Lady kann singen. Ich wünsche dir viel Glück mit den Aufnahmen. Ruf mich an, wenn du neue Songs hast, die ich für dich einspielen darf. Es war mir ein Vergnügen, diese Songs für dich zu produzieren.»

Joe bezahlt das vereinbarte Honorar von 350 Dollars pro Song und legt 50 Dollar Trinkgeld dazu. Auf dem Weg zum Auto schaut er zum Himmel. Die warmen Strahlen der Herbstsonne fallen auf seine Haut. Er atmet tief ein. Er kann es nicht fassen. Das Leben schreibt oft unglaubliche Geschichten. Und diese ist sogar grossartig. Fast zu kitschig, um wahr zu sein.

Allison ist die Sängerin der drei Songs auf seiner Demo-CD. Er ist sich sicher. Was für ein Zufall! Er fragt sich, ob sie es realisiert hatte. Wohl kaum.

Joe startet den Motor und legt seine neue Demo-CD ein. Er hört sich die Songs aufmerksam an. Während er zurück in die Stadt fährt, überlegt er seine nächsten Schritte: Er muss unbedingt mit Allison reden und sie fragen, ob sie die drei Songs gesungen hat.

Er wählt ihre Nummer. Doch sie geht nicht ran. Zu schade, denn er möchte sie so rasch wie möglich treffen. Er hinterlässt eine Nachricht: «Du glaubst gar nicht, welche Neuigkeiten ich habe. Ruf mich bitte zurück, damit wir uns sehen können.»

Kapitel 15 – Schlechtes Timing
(Tag 11 – Donnerstag)

Das Barista Parlor in East Nashville ist ein cooler Coffee Shop. Es ist «hip», sich dort mit Freunden zu treffen oder alleine dort abzuhängen, auf dem iPad zu surfen und Kaffee zu trinken. Viele lassen sich vom Ambiente inspirieren und notieren sich Ideen für neue Lieder.

Allison schlug diesen Ort für ihr Treffen vor. Ist es ein Date? Joe ist sich nicht sicher. Er ist nervös. Extrem nervös sogar. Wochenlang hat er an Allison gedacht und von diesem Moment geträumt. Wie ein Teenager. Selbst als Erwachsener ist es nicht leicht, wenn es ums Daten, Frauen oder die Liebe geht.

Während er an der Bar einen Cappuccino bestellt, überdenkt er die Situation mit Allison: «Verdammt, meine Karten sind wohl nicht die besten. Mark Thompson steht mir mit grosser Wahrscheinlichkeit im Weg. Es sieht so aus, als ob sie zusammen sind.»

Er setzt sich an einen freien Tisch an der Rückwand des Restaurants. Er ist etwas zu früh dort. Doch das macht nichts. Er blättert in der Wochenzeitung «Nashville Scene», kann sich aber nicht konzentrieren. Fünf Minuten nach der vereinbarten Zeit betritt Allison das Barista Parlor. Heute trägt sie eine schwarze Oakley-

Baseball-Mütze und eine Sonnenbrille. Dazu Boots, Bluejeans, einen silbernen Gurt und ein weisses Top. Joe steht auf, geht auf sie zu, umarmt sie. Ein Kuss links. Ein Kuss rechts. An der Bar bestellt er auch für sie einen Cappuccino und setzt sich dann zu ihr an den Tisch. Sie bedankt sich mit einem strahlenden Lächeln: «Du kannst dir gar nicht vorstellen, wie sehr du mich gestern überrascht hast. Damit hätte ich nie im Leben gerechnet. Du hier in Nashville! Wie lange bist du schon in der Stadt? Bist du alleine hier? Wo ist Sandy?»

Joe beantwortet eine Frage nach der anderen und erzählt, weshalb er seine Zelte in San Diego abgebrochen hat. Allison hört ungläubig zu. Ihre Augen werden immer grösser. Sie kann die Geschichte kaum glauben: «Und du wohnst wirklich in Nashville? Echt jetzt? Ohne Sandy und du willst mit deiner Musik hier durchstarten? Damit hätte ich nie gerechnet. Willkommen in der Music City! Ich freue mich, dass du hier bist und hoffe, dass du deine Wünsche verwirklichen kannst. Viel Glück dabei.»
«Danke, das ist sicher nötig. Aber ich habe noch eine andere Geschichte, die ich dir erzählen möchte.» Er kann kaum warten, auch diese «Breaking News» zu erzählen: «Glaubst du an Zufälle?»
«Nein, tue ich nicht. Es gibt keine. Weshalb fragst du?»
Er blickt ihr tief in die Augen: «Hast du in den letzten Tagen im Homerecording-Studio von Roger Morris drei Songs für eine Demo-CD gesungen?»
Allison erwidert seinen Blick und lacht: «Nein, sag jetzt

nicht, dass das deine Songs waren.»

Joe grinst und antwortet: «Doch. Als mir Roger die fertigen Demos vorspielte, erkannte ich dich, beziehungsweise deine Stimme, sofort. Ich hatte ja keine Ahnung, denn er sagte nicht, wen er für die Session gebucht hatte. Du hast einen super Job gemacht. Die Songs klingen perfekt. Ein unglaublicher Zufall – das ist ein Zeichen von oben, meinst du nicht auch?»

Allison kann es ebenfalls kaum fassen: «Ja, das ist wie eine Geschichte aus einem Hollywood-Film! Weisst du, ich hatte schon während der Aufnahmen im Studio ein ganz eigenartiges Gefühl.»

«Ah, wirklich? Weshalb denn?», will Joe wissen.

«Die Texte sind speziell, die Melodien genial. Einfach anders. ‹Butterfly Kisses› gefällt mir am besten. Irgendwie habe ich gespürt, dass ... mmmh, wie soll ich sagen ... ein spezieller Mensch diese Songs geschrieben hat. Meine weibliche Intuition täuscht mich nur selten. Aber dich hätte ich jetzt nie im Leben hinter diesen Songs vermutet.»

«Oh, das ist aber schade», bedauert Joe. «Hast du eine Kopie der Demo-CD erhalten?»

Allison wird ernst: «Nein. Habe ich nicht. Meistens nehme ich keine Kopie mit. Der grösste Teil der Demo-Songs hat nicht das notwendige Potenzial und ich vergesse sie rasch wieder – und höre sie danach nie mehr. Nur die wenigsten Songs werden wirklich veröffentlicht und schaffen es auf die CD eines Stars. Ganz zu schweigen von der verschwindend kleinen Zahl, die

später in den Playlists der Radio-Stationen aufgenommen werden. Aber von ‹meinen› drei Songs möchte ich unbedingt eine CD haben.»
Joe greift in seine Tasche und überreicht ihr ein Exemplar davon.»
«Vielen Dank! Oh, da sind ja noch mehr als nur meine drei Lieder drauf. Ich freue mich schon, mir die ganze CD anzuhören Wer hat die anderen gesungen?»
«Ein Typ namens Dean Potter. Er soll demnächst bei Astro Records einen Vertrag unterschreiben. Kennst du ihn?»
«Lass mich kurz überlegen», sagt Allison. Nach einer kurzen Denkpause fährt sie fort: «Irgendwie kommt mir der Name bekannt vor. Aber begegnet bin ich ihm noch nie.»
Joe will wissen, was Allison von den drei Demo-Songs hält, die sie gesungen hat: «Denkst du, dass ich damit eine Chance haben könnte?»
»Oh, diese Frage kann ich nicht beantworten. Meine Meinung ist leider nicht entscheidend. Du musst einfach ausprobieren, wie weit du es mit deinen Songs schaffen kannst. Jetzt, wo du hier bist, gibt es für dich sowieso keinen Weg mehr zurück. Du musst wissen, dass Nashville ein verdammt hartes Pflaster ist. Nur die allerwenigsten schaffen es. Schau dich um. Jeder Kellner und jeder Barkeeper hält sich mit diesen Nebenjobs über Wasser, da sie mit dem Schreiben von Songs oder als Musiker zu wenig verdienen. Alle träumen davon, eines Tages entdeckt zu werden. Ich hoffe, ich habe

dir mit meinen ehrlichen Aussagen nicht deine Träume zerstört!»

Joe schaut ihr in die Augen und sagt: «Danke für deine ehrlichen Worte. Wie es hier läuft, haben mir schon einige Leute erzählt. Ich werde meine Sachen deswegen sicher nicht gleich packen und zurück nach San Diego fliegen. Der ‹Spass› hat doch eben erst begonnen!»

«Ich möchte nur nicht, dass du dir unrealistische Hoffnungen machst und danach enttäuscht bist», sagt Allison beinahe entschuldigend. «Aber was sind deine konkreten Pläne mit der Demo-CD?»

«Ich schätze deinen Input sehr, denn du bist ja schon lange im Geschäft und weisst, wie das Musikgeschäft in dieser Stadt läuft. Ich bin mir bewusst, dass es kein Zuckerschlecken wird. Die meisten geben schon nach kurzer Zeit wieder auf, wenn der erhoffte Durchbruch nicht kommt und der Erfolg ausbleibt. Aber ich will hier und jetzt neu starten. Wenn man sich in einer Negativspirale befindet, muss man etwas ändern. Nur dann kann es wieder besser werden. Ich habe mich entschieden, alles auf eine Karte zu setzen. San Diego bot mir keine Perspektiven mehr. Ich will versuchen, meine Träume hier zu verwirklichen. Dafür gebe ich alles – und noch ein bisschen mehr!»

Nach einer kleinen Pause und einem Blick in Allisons Augen fährt er fort: «Ich habe mir die Adressen der Musikverlage besorgt und werde ihnen die

Demo-CD persönlich vorbeibringen und an jede Türe klopfen, bis sie sich Zeit nehmen, meine Songs anzuhören.»
Allison ist beeindruckt: «Wow, du hast einen Plan und ein klares Ziel vor Augen. Das klingt schon mal vielversprechend!»

Während er eine zweite Runde Cappuccinos holt, überlegt sie sich, was seine Anwesenheit für sie bedeuten könnte. Eben erst hat sie Mark eindeutig zu verstehen gegeben, dass es in ihrem Leben keinen Platz gibt für einen Mann. Aber könnte sie Joe widerstehen? Der heisse Flirt mit ihm ging ihr immer wieder durch den Kopf. Immer im Wissen, dass er vergeben war. Doch Sandy ist jetzt scheinbar kein Thema mehr. Was trotzdem gegen eine Beziehung mit ihm spricht, sind ihre zahlreichen negativen Erlebnisse mit Männern, und mit Musikern im Speziellen.

Als Joe mit den Cappuccinos zurückkommt, erzählt er ihr, wie lange er sich auf diesen Moment gefreut hat: «Weisst du, ich habe so oft an dich gedacht. An unsere Gespräche nach deinen Konzerten ... An unseren Flirt nach deinem letzten Gig in San Diego ... Damals wäre es undenkbar gewesen, mit dir mehr Zeit zu verbringen oder Lieder zu schreiben, obwohl ich immer davon geträumt habe. Aber jetzt ist alles anders: Sandy und ich sind nicht mehr zusammen. Ich bin frei und kann mit allem neu starten. Ich hoffe, dass wir schon bald

gemeinsam Songs schreiben oder etwas unternehmen können. Ich möchte dich gerne zum Essen einladen. Wann hast du ...»
Gerade als er die Frage beenden will, platzt Mandy, das aufregend heisse One-Night-Stand-Girl vom Vorabend wie aus dem Nichts in ihr Tête-à-Tête: «Hey Joe, danke für den netten Abend! Wann können wir das wiederholen? Hier ist meine Nummer. Ruf mich doch mal an.» Genauso schnell, wie sie hereinplatzte, ist sie wieder weg.
Allison ist ebenso sprachlos wie Joe. Ihr Blick verrät nichts Gutes. Joe flucht innerlich: «Verdammt! Mega schlechtes Timing.» Aber er bleibt ruhig und sagt bloss: «Ich habe sie eben erst an einer Party kennengelernt.» Doch er ahnt, dass ihm Allison diese Antwort nicht abkauft. Mit seiner Vermutung liegt er genau richtig.
«Also Joe, ich muss jetzt gehen. Ich habe viel zu erledigen. Vielleicht sehen wir uns ja mal an einer Party.» Und: «Viel Glück mit der Demo-CD.»

Joe bleibt für ein paar Minuten sitzen. Er fühlt sich wie ein begossener Pudel. Noch vor ein paar Minuten hätte er die Welt umarmen können. Und jetzt war Allison weg, ohne dass er mit ihr einen Schritt weitergekommen wäre. Im Gegenteil. Jetzt war er weiter weg von ihr als nur die Strecke San Diego – Nashville. Die Distanz fühlte sich an wie von der Erde zum Mond. Für den Rest des Tages fühlt sich Joe so richtig mies. Der Start in Nashville war beinahe perfekt. Wohnung gefunden, Pick-up Truck gekauft, den Anwalt kennengelernt und eine Demo-CD eingespielt.

Doch mit Allison hat er gerade Schiffbruch erlitten. Wenn das kein Stoff für einen neuen Song ist? Welch schwacher Trost! Er hört sich selber sagen: «Ich muss sie wohl vergessen. Am besten sofort. Und wenn ich ehrlich mit mir selber bin, kann es ja fast nicht sein, dass ich jetzt plötzlich auf der Sonnenseite des Lebens stehe. Von einer Minute auf die andere.»

Joe entscheidet sich, einen Film anzuschauen, um sich abzulenken. Die Auswahl bei den Regal Cinemas Hollywood beim Einkaufscenter One Hundred Oaks ist riesig. In 27 Kinosälen laufen aktuelle Filme. Er entscheidet sich für «The Equalizer», einen Action-Thriller mit Denzel Washington.

Kapitel 16 – Von Tür zu Tür
(Tag 12 – Freitag)

Gegen 09.00 Uhr morgens betritt Joe – mit der CD und seinem Macbook – die Anwaltskanzlei seines Freundes. Wie immer schenkt ihm Pam ihr bezauberndes Lächeln. Was für ein Aufsteller. Joe kann es kaum glauben, dass sie die magische Marke von 40 schon überschritten hat.

Sie begrüsst ihn mit ihrem wunderbaren Südstaatencharme und bietet ihm eine Tasse Kaffee und Donuts an. Erneut fragt sie ihn über das Leben in San Diego aus. Obwohl Joe nicht in der Laune ist zu quatschen, erzählt er ihr vom historischen Gaslamp Quartier in Downtown San Diego. «Das ist das Zentrum des Nachtlebens in der Innenstadt mit Bars, Hotels, Restaurants, Nachtclubs und unzähligen Shopping-Möglichkeiten, wie zum Beispiel dem Horton Plaza. Dort ist immer etwas los.»
«Das klingt verlockend, was aber ist mit dem Strand?»

Joe überlegt eine Weile und kommt dann ins Schwärmen: «In meiner Freizeit ging ich oft an der Mission Bay joggen, Rad fahren oder schwimmen. Am Abend blieb ich oft bis zum Sonnenuntergang am Sandstrand liegen und blickte aufs Meer hinaus. Danach beendete ich den Abend in einer Strandbar mit einem Burger und einem kühlen Corona. Es ist ein wunderbarer Ort, an dem sich die Einwohner von San Diego treffen, Sport treiben und feiern.»

Pam hört ihm fasziniert zu. Er sieht ihr an, wie sie versucht, sich den Strand bildlich vorzustellen. Dann ergänzt er: «Mission Bay und das Gaslamp Quartier sind nur zwei der vielen Attraktionen von San Diego. Wer die Stadt besucht, sollte sich die anderen Highlights ebenfalls ansehen! Der Balboa Park, der San Diego Zoo, Old Town San Diego und Sea World sind ein Muss für alle Besucher.»

Sie klatscht begeistert in die Hände und sagt lachend: «Wow, Kalifornien! Von einer Reise an die Westküste habe ich schon so oft geträumt. Eines Tages möchte ich dorthin fliegen und die Hotspots San Diego, L.A., San Francisco oder das Napa Valley besuchen. Träumen darf ich ja!» Nach einer kurzen Pause blickt sie Joe an: «Entschuldige, ich will deine kostbare Zeit nicht stehlen. Du bist ja nicht hier, um meine Neugierde zu stillen. Komm, ich zeige dir deinen Arbeitsplatz.»

Für seine Büroarbeiten darf Joe einen freien Arbeitsplatz benützen. Er erstellt 30 Kopien der Demo-CD und legt die Songliste und seine Biografie als Ergänzung in jedes Kuvert. Dann adressiert er diese von Hand. Er hofft, dass sie dem Empfänger dadurch besser auffallen.

Ein paar Dossiers und CDs lässt er auf Wunsch von Pam in der Anwaltskanzlei: «Man weiss ja nie, ob plötzlich ein interessanter Klient im Büro erscheint, der bedeutende Leute in der Musikbranche kennt oder selber nach neuen Songs sucht. Wir beraten immer wieder Klienten, die den Takt im Musikgeschäft bestimmen.»

Gegen Mittag erscheint Steve in der Kanzlei und lädt Joe zum Mittagessen ein. Nach dem Lunch mit Steve und Pam im Puckett's Grocery & Restaurant an der Church Street klappert Joe einen Musikverlag nach dem anderen ab. Dank dem Navi im Pick-up findet er die Adressen problemlos – und lernt dabei erst noch die Stadt besser kennen. Er kommt sich vor wie ein Vertreter, der Klinken putzt. Doch das ist ihm egal. Er ist sich nicht zu schade, hart zu arbeiten.

Überall verläuft das Gespräch ähnlich: «Besten Dank für Ihre Unterlagen, Sir. Mr. Soundso ist leider in einer Besprechung. Wir werden uns Ihr Material anhören und uns bei Bedarf melden.» Joe macht sich keine Illusionen. Er weiss, dass die Chancen für einen Rückruf nicht allzu gross sind. Aber so läuft nun mal das Spiel. Dies beunruhigt ihn nicht besonders, denn er kann die Gesetze der Musikbranche nicht aushebeln.

Kurz nach 19.00 Uhr betreten Joe und Steve das Douglas Corner Cafe, um Live-Musik zu hören. Das Lokal ist bereits zu zwei Dritteln besetzt. Emma erkennt Joe wieder und begrüsst die beiden Jungs mit einem gewinnenden Lächeln: «Hey, wie geht es euch? Bitte folgt mir. Ich bringe euch zu einem Tisch in der Nähe der Bühne.»

Nachdem sie ein T-Bone-Steak mit Baked Potatoes und Bohnen sowie ein Bier bestellt haben, kommt Emma zurück zu ihrem Tisch: «Joe, hättest du Lust und Zeit, am Montag nach der «Open Mic Session» bei uns aufzutreten? Ein Sänger musste absagen, da er kurzfristig für ein paar Gigs in Ohio gebucht wurde. Deine Performance von neulich hat uns sehr gefallen. Hast du Material für 30 Minuten?» Ohne lange zu überlegen, nimmt Joe das Angebot an.

Steve prostet ihm zu. «Genau dafür bist du hierher gekommen, mein Freund. Perfekt.»

Joe lächelt, schaut sich um und geniesst die Live-Musik der Künstler, die an diesem Abend das Publikum unterhalten.

Kapitel 17 – Der Möbelverkäufer
(Tag 13 – Samstag)

Nach einem langen Abend mit Steve verbringt Joe seine erste Nacht in der neuen Wohnung. Sie ist noch nicht komplett eingerichtet, aber immerhin haben die Möbelfirmen bereits das Bett, vier Stühle und den Esstisch geliefert und montiert. Der Schrank fürs Schlafzimmer, das Sofa und der Clubtisch fehlen noch. Doch das ist nicht schlimm. Sein ganzes Hab und Gut hat in einem alten Koffer Platz.

Am Samstagnachmittag besucht Joe zuerst das Möbelgeschäft Nashville Outlet Furniture und fragt, wann das Sofa und der Clubtisch nachgeliefert werden. Bei Atlantic Bedding trifft er erneut auf den Möbelverkäufer, bei dem er das Mobiliar fürs Schlafzimmer bestellt hatte: «Hallo Ruben, erinnerst du dich an mich? Ich habe vor ein paar Tagen ein paar Möbel bei dir bestellt, doch diese wurden leider nicht komplett geliefert. Kannst du mal nachschauen, wo der Schrank geblieben ist?»

Ruben Taylor hat schon nach ein paar wenigen Klicks im PC eine Antwort bereit: «Sorry, die Ware kommt erst am Montag bei uns rein. Es gab Verzögerungen. Die Auslieferung und Montage kann ich für Dienstag bestätigen.»

Joe Baker ist mit der Antwort halbwegs zufrieden. Es hätte schlimmer sein können. Deshalb antwortet er: «Ist schon O.K. Das passt. Ich kann damit leben. Aber wie wäre es, wenn wir uns zu einer Songwriting-Session treffen würden? Du schreibst noch Songs, oder?» Ruben nickt. Sie vereinbaren einen Termin für morgen Sonntag.

Der Samstag präsentiert sich wie ein Tag aus dem Bilderbuch. Blauer Himmel, Sonnenschein und über 25 Grad warm. Joe liebt Nashville immer mehr. Er entscheidet sich, mit seinem Pick-up Truck nach Franklin zu fahren. Er parkt an der Main Street und schlendert die Strasse rauf und runter. Im Starbucks trinkt er einen Caramel Macchiato und liest das Wall Street Journal und die neuste Billboard-Ausgabe.

Nach einer halben Stunde fährt er wieder aus Franklin raus. Sein nächstes Ziel ist «The Factory At Franklin», ein Einkaufscenter, das früher mal eine Fabrik war. Dort sucht er nach einem Gitarrenladen, von dem er schon mehrmals gehört hat. Artisan Guitars bietet eine grosse Auswahl an Gitarren von Marken wie Ibanez, Taylor, Gibson, Epiphone, Luna, Takamine, Ovation und Martin an.

Eine Gitarre der Marke «Martin» aus dem Jahr 1939 fällt ihm besonders auf. Sie ist durch ein Sicherheitsglas geschützt und für den stolzen Preis von 40'000 Dollar erhältlich. Das ist für Joe natürlich kein Thema, aber es ist trotzdem eine wahre Freude, dieses wertvolle

Instrument zu bestaunen. Er testet ein paar günstigere Modelle und verlässt den Laden nach etwas mehr als einer Stunde wieder.

Im Coffee Shop, der genau gegenüberliegt, bestellt er sich einen Cappuccino. Der Barista zelebriert das Brauen des Kaffees, was einige Zeit in Anspruch nimmt. Das Sujet auf dem Schaum, eine Blume, ist ein wahres Meisterwerk.

Auf der Heimfahrt hört er sich einmal mehr seine Demo-CD an. Das heisst, eigentlich immer nur die Songs mit Allisons Stimme. Er weiss, dass sie wohl nicht allzu lange in der Stadt sein wird, bevor sie wieder auf Tournee geht. Laut sagt er zu sich selber: «Ich muss mit ihr reden, bevor sie Nashville wieder verlässt und zu ihrer Texas-Tour aufbricht. Ich darf jetzt nicht aufgeben.»

Kapitel 18 – Songwriting mit Ruben (Tag 14 – Sonntag)

Cracker Barrel ist seit der Gründung im Jahr 1969 für Generationen von Amerikanern eine «Institution». Mit dem Restaurant, seinem «General Store» und den berühmten Schaukelstühlen auf der Veranda ist das Restaurant überall in den USA ein beliebter Treffpunkt.

Besonders am Sonntagmorgen ist es stark frequentiert. Ohne Reservation hat man keine Chance, ohne endlos langes Warten einen Tisch zu bekommen. Joe und Ruben haben sich hier verabredet, um sich besser kennenzulernen, bevor sie ihre erste Songwriting-Session starten. Ruben, heute mit Dreitagebart, schwarzem T-Shirt mit V-Ausschnitt, schwarzen Jeans sowie Boots wirkt relaxed und easy. Vor dem Essen zieht er seine Baseball-Mütze mit dem Logo der Colorado Rockies aus: «Das ist ein Erinnerungsstück an mein Lieblings-Baseball-Team», meint er dazu mit einem Augenzwinkern.

Das Morgenessen besteht aus Rühreiern, zwei Speckstreifen, Kartoffeln, Kaffee und Orangensaft. Es schmeckt herrlich. Genau nach dem Gusto der beiden Country-Boys. Während des Essens schreiben sie ein paar Ideen für neue Songs auf. Ruben ist begeistert von Joes Vorschlägen und seiner Art, die Dinge anzupacken: «Du weisst genau, was du willst. Du bist kaum

einen Monat hier und hast schon viel erreicht.»
Joe blockt ab: «Übertreibe mal nicht! Genau genommen, habe ich noch nichts erreicht. Rein gar nichts. Keine Ahnung, ob sich die Verlage meine Demo-CD überhaupt anhören und ob ich je ein Feedback erhalten werde. Aber hey, es ist einen Versuch wert. Vielleicht habe ich mehr Glück als Verstand. Man weiss ja nie.»
Joe will mehr über Ruben wissen: «Was hat dich zum Möbelverkäufer gemacht?»
Ruben trinkt einen Schluck Kaffee, bevor er beginnt: «Ich bin 35 Jahre alt und single. Schon immer schrieb ich Songs und wollte – wie du – mein Glück hier versuchen. Als ich vor zwei Jahren aus Colorado nach Nashville kam, hatte ich ähnliche Pläne und Träume wie du.»
«Was wurde daraus?» Joe ist neugierig.
«Irgendwie habe ich nicht den Drive, den du hast. Ich spielte an einigen ‹Open Mic Nights› und schrieb Songs. Doch leider kam ich nicht vom Fleck. Schon bald wurde die Kohle knapp. Ich musste akzeptieren, dass niemand auf mich gewartet hat. Das war verdammt hart. Es blieb mir nichts anderes übrig, als mir einen Job zu suchen. Möbelverkäufer ist nicht sehr inspirierend. Mein Herz macht dafür keine Freudensprünge. Aber immerhin mache ich damit genügend Dollars, um zu überleben. Über eine Karriere als Sänger oder Songwriter mache ich mir keine Illusionen mehr. Aber wenn wir jetzt einen Millionenhit schreiben, bin ich natürlich dabei!»
Sie lachen. Der Witz ist gelungen.

Rubens Wohnung liegt an der Ostseite der Stadt, in der Nähe des Flughafens. Sie setzen sich an den Esstisch und nehmen ihre Gitarren zur Hand. Joe macht sich Notizen, um die Ideen nicht zu vergessen. Nach etwas mehr als drei Stunden steht das Gerippe von zwei neuen Songs, «Count On You» und «More Than Honey». Sie spielen die Rohversionen der beiden Lieder und machen mit ihren iPhones Aufnahmen.

Da Ruben ebenfalls mal wieder solo ist und keine Verpflichtungen hat, fahren sie zusammen zu einem Tanzschuppen mit Live Country-Music, Line-Dancern, gigantischen Hamburgern und kühlem Bier. Das ist der ideale Abschluss für den Sonntagabend.

Auf dem Heimweg schreibt Joe eine SMS-Nachricht an Allison: «Ich hoffe, es geht dir gut. Können wir uns sehen, bevor du wieder auf Tournee gehst?» Er atmet dreimal tief durch, bevor er die Nachricht abschickt. Es ist ihm klar, dass ihr Treffen im Barista Parlor nicht optimal verlaufen war. Dass Mandy, das One-Night-Stand-Girl, genau dann aufkreuzte, war ganz einfach schlechtes Timing. Unglaublich schlechtes Timing sogar. Eine filmreife Szene, wie in einem schlechten Hollywood-Streifen.

Laut sagt er zu sich selber: «Ich kann jetzt nicht aufgeben. Ich muss wissen, was es mit Mark Thompson wirklich auf sich hat. Vielleicht bilde ich mir ja nur ein, dass sie mehr als nur Songs schreiben. Ich muss herausfinden, wie meine Chancen stehen.»

Die Antwort von Allison lässt nicht lange auf sich warten: «Mein Flug geht morgen Mittag. Ich muss noch packen. Wir sehen uns, wenn ich wieder zurück bin. Ich melde mich. See you.»

Joe liest die Antwort und flucht: «Verdammt. Diese Nachricht lässt sich nur schwer deuten. Alle Möglichkeiten scheinen noch offen. Aber jetzt benötige ich Geduld und das ist nicht meine Stärke. Zum Glück dauert ihre Texas-Tour nur eine Woche. Das werde ich überleben. Irgendwie.»

Zu Hause angekommen, genehmigt er sich zum Abschluss des Wochenendes einen Drink. Jack Daniel's mit Eis. Für die kommende Woche nimmt er sich vor, die restlichen Demo-Unterlagen zu verteilen, nachzufassen und weitere Songschreiber kennenzulernen. Zudem will er neue Lieder schreiben. In den letzten Tagen hat er sich genügend neue Ideen notiert. Ein paar Melodien hat er bereits auf seinem Smartphone aufgezeichnet.

Der kreative Prozess ist nicht immer einfach. Manche Ideen sind brauchbar. Manchmal wird daraus auch nichts. Trotzdem ist es ratsam, sie aufzuzeichnen, um später darauf zurückgreifen zu können. Mit frischem Kopf und einer anderen Sichtweise.

Manchmal genügen schon nur ein paar Wörter als Basisidee. Daraus entstehen dann Titel, Strophen und Refrain.

Kapitel 19 – Mädels-Abend
(Tag 15 – Montag, 15. September 2014)

Die neue Woche startet, wie die alte aufhörte. Don Ramsey und sein Team hören sich unzählige weitere Songs an. Allmählich wird die Zeit knapp, um die CD von Jessica Sanders rechtzeitig vor dem Start des Weihnachtsgeschäfts auf den Markt zu bringen. Auch an diesem Tag verläuft die Suche erfolglos. Don Ramsey flucht lautstark: «Hat es in dieser verdammten Stadt wirklich keinen einzigen Hit-Song, der uns hilft, Jessica zu lancieren? Oder haben die Musik-Verlage ihr bestes Material allen anderen Labels zugespielt?»

Susan, die Sekretärin von Black Horse Records ist froh, dass der erste Tag der neuen Woche endlich vorbei ist. Ihr Chef, Don Ramsey, hatte während des ganzen Tages eine miese Laune.

Umso mehr freut sie sich auf einen «Mädels-Abend» mit einer ihrer besten Freundinnen. Sie trifft sich mit Pam, der Sekretärin von Steve Sharp, im Chili's, einem Tex-Mex-Restaurant an der West End Avenue.

Bei Margaritas, Nachos, Fajitas und Rotwein tauschen sie Neuigkeiten aus. Sie erzählen sich jede Menge Tratsch und Klatsch aus der Musikbranche und natürlich die neusten Modetrends und welche Boutiquen gerade «in» sind.

Pam schwärmt ihrer Freundin von Joe vor, einem Songschreiber aus San Diego, der erst kürzlich in die Stadt gekommen ist: «Er sieht entzückend aus, ist braun gebrannt, spricht mit kalifornischem Akzent und seine Songs haben das ‹gewisse Etwas›. Nicht, dass ich die absolute Spezialistin bin, aber jetzt, da ihr dringend Songmaterial benötigt, wäre das vielleicht eine Option. Bist du an einer Demo-CD interessiert?»

Susan Cramer wird hellhörig: «Ja, natürlich. Und wie! Man kann ja nie wissen!» Dann fragt sie mit einem neckischen Lächeln: «Machst du dich etwa an den California Boy ran?»

Pam antwortet lachend: «Oh, wie neugierig du bist! Aber nein. Das werde ich natürlich nicht. Er ist zwar sehr süss, aber für mich leider viel zu jung.»

Showtime im Douglas Corner Cafe

Joe freute sich schon während des ganzen Tages auf seinen Gig im Douglas Corner Cafe. Er stellte sein Programm für die 30-minütige Show zusammen. Mit dabei sind natürlich einige Songs seiner Demo-CD: «Arizona Morning», «Moon Over Your Shoulders», «Butterfly Kisses», «No More Hard Times» und «Stay Gone Or Stay Here». Diese Titel hatte er schon in San Diego immer im Programm. Sichere Werte für jedes seiner Live-Programme.

Gegen 19.00 Uhr trifft er zusammen mit Steve im Lokal ein. Emma begrüsst ihn und begleitet sie an ihren reservierten Tisch. Später stösst Ruben Taylor, der Möbelverkäufer, dazu, um Joe mental zu unterstützen. Nach der «Open Mic Session» gibt es eine kleine Pause, bevor eine Sängerin den zweiten Teil des Abends eröffnet.

Das Lokal ist bis auf den letzten Platz besetzt. Gegen 21.00 Uhr ist ihr Set fertig und Emma kündigt Joe an: «Meine Damen und Herren, es ist mir ein grosses Vergnügen, Ihnen einen neuen Sänger vorzustellen. Erst vor ein paar Wochen hat er San Diego verlassen und ist in die Music City gekommen. Kürzlich haben wir ihn bei einer ‹Open Mic Night› kennengelernt. Dabei hat er uns mit seinen Songs überzeugt. Heute Abend wollen wir mehr hören von ihm! Ich bitte um Ihre Aufmerksamkeit und einen grossen Willkommens-Applaus für Joe Baker.»

Joe beginnt mit seinem ersten Lied und geniesst die Atmosphäre und den verdienten Applaus. Am Ende seines Programms spielt er einen Song, den er noch nie live gesungen hat. Er ist brandneu. Er hat ihn eben erst in Nashville geschrieben: «Keep The Fire Burning».

Das Publikum klatscht begeistert. Steve und Ruben gratulieren ihm zur gelungenen Show. Joe lädt seine Freunde zu einem Drink an der Bar ein. Als er die zweite Runde bestellen will, spürt er, wie sein Smartphone vibriert. «Nachricht von Sandy.»

Besuch aus San Diego

Joe hat eigentlich keine Lust, ihre Nachricht zu lesen. Doch zusammen mit einem weiteren Jack wird er es überstehen. Er liest: «Hey Joe, ich bin soeben in Nashville gelandet. Können wir uns treffen? Wo bist du?» Joe blickt auf die Uhr. 22.30 Uhr. Viele Fragen gehen ihm durch den Kopf: «Was will sie hier? Gerade jetzt. Was soll das? Ist sie von allen guten Geistern verlassen?»

Joe leert das Glas, verabschiedet sich von seinen Freunden und fährt zum Flughafen. Sie steht im Bereich der Autovermietungs-Schalter von Alamo, Hertz, Dollar und Thrifty Rent A Car. Er sieht sie schon von Weitem.

Sie sieht genauso attraktiv aus wie immer – trotz des langen Fluges. Jeans, rote Bluse, Sneakers. Er nimmt sich vor, ihre Reize zu ignorieren, auch wenn ihm das nicht leichtfällt. Wie es scheint, hat sie ein paar Kilos zugenommen. Aber vielleicht täuscht er sich auch nur.

«Weshalb tauchst du so plötzlich hier auf?», fragt Joe nach einer Begrüssung, die sich seltsam und unterkühlt anfühlt.
«Ich habe mir Sorgen um dich gemacht, da du meine SMS kaum noch beantwortet hast.»
Joe erwidert: «Du fragst dich wirklich ernsthaft, weshalb ich nicht antworte? Du solltest dich besser um deinen neuen Lover kümmern statt um mich. Auf dein

Mitgefühl und deine Fürsorge kann ich gut verzichten. Mein Start in Nashville ist nahezu perfekt gelungen und ich bin auf niemanden angewiesen, der auf mich aufpasst. Du hast dich entschieden. Und zwar gegen mich.»

Sie nickt und fragt: «Kann ich trotzdem bei dir schlafen?»

Joe antwortet ohne zu überlegen: «Stopp. Halt. Easy. Eine Nacht. Maximal. Morgen bringe ich dich wieder auf den Flughafen.» Er hat ein schlechtes Gefühl dabei und fragt sich, was sie konkret im Schilde führt.

Sie fahren in seine Wohnung. Ihre Präsenz auf dem Beifahrersitz ist beklemmend. Noch immer hasst er sie für das, was sie ihm angetan hat, obwohl erst dadurch sein neues Leben in Nashville möglich wurde. Noch einen Tick mehr hasst er sich selbst dafür, dass er sich von ihrer Anwesenheit emotional aufwühlen lässt.

In der Wohnung angekommen erzählt Sandy, was in San Diego gerade so läuft. Joe hört nur halbherzig zu. Sein Leben in Südkalifornien ist Geschichte. Definitiv. Er fragt sich, warum sie ihn überfallmässig in Nashville besucht.

Es muss einen triftigen Grund haben. Nicht nur, weil er ihre SMS nicht beantwortet hatte. Doch nebst unbedeutendem Smalltalk und Erinnerungen an gemeinsame Zeiten hat sie ihm nichts zu erzählen. Auf jeden Fall keine nennenswerten Neuigkeiten.

Joe erzählt ihr von seinen neuen Freunden, der Songwriter Night, der Demo-CD und den vielen coolen Restaurants und Bars. Sandy hört interessiert zu.
Dann fragt sie: «Hast du hier interessante Frauen kennengelernt? Hast du eine Neue?»
Joe schüttelt den Kopf.
Das geht sie nun wirklich nichts an. Er erzählt ihr nichts von Allison. Oder von Mandy. Sie muss nicht alles wissen. Und schon gar nicht, dass es zwischen ihm und Allison schon damals in San Diego gewaltig knisterte.

Sandy geht einen Schritt auf Joe zu und streicht ihm durchs Haar: «Es tut mir so leid, was passiert ist ...».
Joe weicht zurück, hebt die Hand und sagt eine Spur lauter als sonst: «Du musst dich nicht entschuldigen. Es ist zu spät. Du hast unsere Beziehung weggeworfen. Hast du etwa ein schlechtes Gewissen? Was ist der wahre Grund, dass du extra von San Diego nach Nashville geflogen bist? Bereust du etwa, dass du mich verlassen hast? Willst du wieder was von mir?»
«Es braucht immer zwei, damit eine Beziehung auseinandergeht», kontert Sandy.
«Trotzdem kann ich auf deine Fürsorge verzichten. Bist du wirklich nur hier, weil du dir Sorgen machst um mich? Das kannst du dir sparen. Ich fühle mich grossartig in meinem neuen Leben. Endlich habe ich wieder Boden unter meinen Füssen. Es wird kein Comeback geben für unsere Liebe!»
Nach einer kurzen Pause antwortet Sandy: «Ob du es

glaubst oder nicht. Ich bin tatsächlich nur hier, weil ich mir Sorgen um dich machte. Du bist immer noch ein Teil von mir. Es ist mir wichtig, dass es dir gut geht, obwohl wir nicht mehr zusammen sind. Plötzlich hast du meine SMS-Nachrichten nicht mehr beantwortet. Ich habe mich gefragt, ob du vielleicht in Schwierigkeiten steckst.»
Joe lässt dies nicht gelten. So eine einfache Begründung für eine so lange Reise? Er muss sich beherrschen, um nicht laut zu werden: «Und selbst wenn ich in Schwierigkeiten stecken würde, du musst dich nie mehr um mich kümmern! Oder ist es aus und vorbei mit deinem neuen Lover? Hat er dich sitzen gelassen? Nein, ich will es gar nicht wissen. Spielt für mich keine Rolle. Wie auch immer – es ist vorbei mit uns. Definitiv. Ein für alle Mal. Ich habe keine Lust, die alten Zeiten wieder neu aufleben zu lassen. Unsere Beziehung war eingeschlafen und wir konnten sie nicht mehr zum Leben erwecken. Es gibt kein Liebes-Comeback mit dir und mir. Was wir hatten, reichte dir nicht mehr. Ich konnte dich nicht mehr glücklich machen. Ich fand kein Rezept. Im Gegensatz zu deinem neuen Lover, dem Arzt. Du schläfst auf dem Sofa – wir sehen uns morgen wieder.»

In dieser Nacht kann Joe kein Auge zumachen. Mit ihrem überfallmässigen Besuch hat er nicht gerechnet. Aber eigentlich müsste er ja wissen, dass Sandy immer für eine Überraschung gut ist.

Kapitel 20 – Nadel im Heuhaufen
(Tag 16 – Dienstag)

Schon am nächsten Morgen erhält Susan von Pam die Songs und die Texte per E-Mail. Was sie hört, gefällt ihr. Die zehn Songs klingen frisch und sind klar strukturiert. Die Melodien sind eingängig und die Lieder erzählen keine langweiligen und sinnentleerten Geschichten, die man schon tausendmal gehört hat. Im Gegenteil: Diese Songs und ihre Texte will man sich vom Anfang bis zum letzten Takt anhören.

Sie kann kaum warten, bis sie ihrem Boss das Material vorspielen kann. Sie bedankt sich bei Pam für die rasche Zustellung der MP3-Musik-Dateien und denkt: «So ein Mädels-Abend ist eben immer wertvoll. Mal abgesehen vom ganzen Klatsch und Tratsch.»

Don Ramsey kommt später ins Büro als üblich. Der Verkehr im Stadtzentrum ist mal wieder schuld. Seine Laune ist dementsprechend mies. Noch mieser als sonst. Susan hört sich gerade die Songs von Joe in voller Lautstärke auf ihrem PC an, als ihr Boss das Büro betritt.

«Was ist das für ein Song?», will Don wissen.
«Kennst du nicht. Ist was ganz Neues», antwortet sie mit einem vielsagenden Blick.
Don lässt nicht locker. Er tritt näher und sagt: «Komm

schon, ich vermute, du hast sicher wieder deine Fühler ausgestreckt und ein neues Juwel gefunden. Liege ich richtig?»

Er setzt sich auf den Rand ihres Bürotisches. Susan schenkt ihrem Chef ein keckes Lächeln und spielt ihm den ersten Song, «Start A Fire», vor. Don hört aufmerksam zu. Mit jedem weiteren Song wird seine Laune besser und er realisiert, dass sich unter diesem Material mindestens ein oder zwei Songs mit Hit-Potenzial befinden. Etwas weckt sein Interesse besonders stark: Die Frauenstimme, die bei drei der zehn Songs zu hören ist. Er blickt Susan anerkennend an: «Gratulation – und vielen Dank. Du hast wirklich wieder mal die Nadel im Heuhaufen gefunden. Wie bist du an die Songs rangekommen?»

«Eine meiner besten Freundinnen hat mir gestern von diesem unbekannten Songwriter erzählt. Heute Morgen hat sie mir die Sound-Dateien per Mail zugestellt. Wenn du einverstanden bist, werde ich sie informieren, dass wir daran interessiert sind.»

«Natürlich bin ich interessiert! Mach das bitte sofort!»

«Werde ich sofort machen, Boss», sagt Susan lachend und ergänzt: «Und übrigens, der Name der Sängerin ist Allison Monroe. Hast du schon von ihr gehört?»

«Du bist ein Schatz, Susan», antwortet Don. Dann schiebt er nach: «Nein, noch nie von ihr gehört. Wenn sie auch noch so gut aussieht, wie sie singt, muss ich sie kennenlernen. Unbedingt.»

Kapitel 21 – Shows in Austin, Texas (Tag 16 – Dienstag)

Allison wacht frühmorgens auf. Sie kann nicht mehr schlafen und geht joggen. Sie liebt die Frische des Morgens und die Ruhe, bevor die Stadt zum Leben erwacht. Beim lockeren Joggen gehen ihr unzählige Gedanken durch den Kopf: «Nach der erfolgreichen Tour an der Ostküste wollte ich mich zu Hause erholen, bevor die kurze Texas-Tour beginnt. Doch die Woche ging rasend schnell vorbei – mit einigen Überraschungen.»

Sie legt einen Stopp ein und macht ein paar Dehnungsübungen. Beim Gedanken an die Annäherungsversuche von Mark Thompson und das plötzliche Aufkreuzen von Joe Baker muss sie lachen. Ihre Gedanken kreisen um Mark: «Er ist ein lässiger Typ, mit dem ich gerne Songs schreibe. Und eigentlich verbringe ich meine wertvolle Zeit gerne mit ihm. Doch ein wirklich erotisches Funkeln und Prickeln habe ich zwischen ihm und mir noch nie so wirklich gefühlt. Hoffentlich hat er akzeptiert, dass aus uns kein Liebespaar wird.»

Sie joggt weiter und denkt dabei an Joe: «Zu ihm fühle ich mich viel stärker hingezogen. Bedeutend stärker sogar, obwohl ich ihn nur von unseren Begegnungen in San Diego her kenne.» Sie denkt zurück an die Gespräche nach ihren Konzerten. «Die Zeit ging leider immer schnell vorbei. Viel zu schnell. Jedes Mal hätten wir noch stundenlang weiterreden können. Dazu kommt dieser super heisse Flirt nach meinem letzten Konzert in San Diego. Die Prise Erotik und das Knistern muss auch er bemerkt haben. Wie es scheint, ist seine Beziehung mit ‹seiner› Sandy Geschichte und er ist jetzt frei.» Sie stoppt abrupt und macht eine Pause. Ihre Gedanken kreisen weiter um Joe: «Und jetzt? Da taucht der California Boy doch tatsächlich einfach so wie aus dem Nichts auf und klopft an meine Tür. Damit habe ich nun wirklich keine Sekunde lang gerechnet. Obwohl er mir von seinen unerfüllten Träumen erzählte. Und von seinen Songs und Gigs in den Strandbars von San Diego. Mehrmals erwähnte er auch, wie gerne er einmal einen Song mit mir schreiben würde. Und dann die Geschichte mit der Demo-CD. Einfach unglaublich. Vielleicht ein Zeichen von oben?»

Allison geht bis zur nächsten Kreuzung und nimmt dort eine Abkürzung. Genug Jogging für heute. Plötzlich sieht sie die Szene im Coffee Shop wieder vor sich: «Wer war die Frau, die von einem Moment auf den anderen aufkreuzte? Hat Joe etwa eine andere im Kopf?»

Zurück in ihrem Haus, packt sie eilig ihre sieben Sachen für den Texas-Trip. Dafür verwendet sie wie immer einen Zettel, auf dem genau draufsteht, was mit auf die «Tour» muss. So geht es schneller und sie ist sicher, dass sie nichts vergisst. Nebst den üblichen Klamotten für die Freizeit dürfen natürlich ihre beiden Gitarren, CDs für den Verkauf und die Autogrammkarten nicht fehlen. Das Bühnen-Outfit besteht aus ihrem weissen Hut, diversen Blusen und Tank-Tops, Bluejeans und ihren Boots sowie Silberschmuck. Die gesamte Technik wird vor Ort sein. Darum muss sie sich zum Glück nicht kümmern.

Sie spürt ihre Vorfreude auf die Gigs in Austin, der texanischen Hauptstadt. Eine lebhafte Metropole mit einer Universität und dementsprechend vielen Jugendlichen, welche für volle Bars und Clubs sorgen. Sie wurde für vier Gigs in einem Honky Tonk an der sechsten Strasse gebucht. Mittwoch, Donnerstag, Freitag und Samstag.

Die Texaner lieben gute Country-Music. Ein paar der grössten Country-Stars kommen aus Texas. Leute wie Willie Nelson, George Strait, Lyle Lovett, Mark Chesnutt oder Bob Wills. Die Liste ist fast endlos.

Allisons Musik kommt bestens an in Texas. Über die Jahre hat sie oft im «Lone Star State» gespielt und weiss, was sie erwartet. Wie immer will sie in der Freizeit – also während des Tages – einen Abstecher an den Lake Travis machen. Der See befindet sich nordwestlich von Austin. Er ist in einer Stunde von der Stadt aus mit dem Auto bequem erreichbar. Sie will dort baden und im Restaurant «The Oasis» mexikanisch essen und eine Margarita trinken. Es liegt hoch über dem See und bietet einen sensationellen Ausblick. Vor einigen Jahren wurde das Restaurant beinahe ein Raub des Feuers. Zum Glück traf die Feuerwehr rechtzeitig ein und konnte einen grösseren Schaden verhindern.

Bei einer Tasse Kaffee gehen ihre Gedanken zurück zu Joe. Eigentlich möchte sie nicht abreisen, ohne ihn vorher nochmals zu sehen. Sie wäre schon mit ein paar wenigen Minuten glücklich. Doch die Zeit reicht nicht. Zu knapp. Sie checkt ihr Smartphone für Flugupdates. Alles im grünen Bereich. Keine Verspätungen. Ihr Flug wird um 12.05 Uhr in Nashville starten. Nach einer Zwischenlandung in Dallas wird sie am späteren Nachmittag Austin erreichen. Damit sie keinen Stress hat, muss sie um 10.30 h am Flughafen sein. Und jetzt ist es schon 09.00 Uhr.

Plötzlich trifft eine Nachricht von Mark ein: «Liebe Allison, ich wünsche dir erfolgreiche Konzerte in Austin. Ich freue mich, dich bald wieder zu sehen. Für Songwriting und Kochabende. Melde dich bitte, wenn du zurück bist. Du fehlst mir sehr.» Sie denkt: «Männer. Er wird wohl nicht so schnell aufgeben, obwohl ich ihm klar und deutlich gesagt habe, dass ich mit ihm nur Songs schreiben will.» Sie lädt ihr Gepäck ins Auto. Sie ist startklar und macht sich auf den Weg zum Flughafen.

Am Flughafen
Gegen 10.40 Uhr stehen Joe und Sandy beim Check-in-Schalter der American Airlines für Sandys Rückflug

nach San Diego. Sie sind stumm und haben sich nicht viel zu sagen.

Zur selben Zeit checkt Allison bei Delta Airlines ein. Während sie in der Warteschlange steht, blickt sie sich im Flughafen um. Man weiss ja nie, ob man einen Megastar wie Keith Urban, Dierks Bentley oder Kenny Chesney zu sehen bekommt. Die meisten Stars haben keine Berührungsängste. Doch heute kann sie keinen Promi entdecken. Plötzlich erkennt sie Joe, der eben vom American-Airlines-Schalter weggeht und auf den Security Check zusteuert. Mit einer Frau. Sie traut ihren Augen nicht. Es sind Joe und Sandy! Allison möchte die beiden weiter beobachten, doch sie verschwinden aus ihrem Sichtfeld.

«Mist», denkt Allison. Dann erinnert sie sich, wie sie Sandy nach einem ihrer ersten Konzerte in San Diego kennenlernte. Danach kam Joe nur noch alleine an ihre Konzerte. Sie ist sich fast sicher, dass die Frau, die sie gerade mit Joe sah, seine Ex ist. Oder vielleicht nicht wirklich seine Ex? Oder eventuell eine ganz andere Frau? Eine, die fast genau gleich aussieht?

Ihr Herz bleibt fast stehen und sie fragt sich: «Was hat das alles bloss zu bedeuten?»

Für einen Moment kann sie kaum richtig atmen und versteht die Welt nicht mehr: «Sind die beiden wieder zusammen?» Unerkannt gelangt sie durch den Security Check zu ihrem Gate.

Ohne viele Worte verabschiedet sich Joe von Sandy: «Wie du gesehen hast, geht es mir blendend. Lass mich meinen Neustart durchziehen und lass mich in Ruhe. Geniess dein Leben mit deinem Arzt. Du musst dich nicht mehr um mich kümmern. Ich wünsche dir einen sicheren Rückflug. Und wenn du Nashville mal mit deinem neuen Freund besuchen möchtest, kannst du das gerne tun. Aber dann bitte ohne mich zu kontaktieren oder mir über den Weg zu laufen.»

Sandy nickt. Trotzdem berührt sie seinen Oberarm und blickt ihm in die Augen. Dann sagt sie nur noch: «Schade, aber ich habe deine Botschaft verstanden. Bye, pass auf dich auf und viel Erfolg mit deiner Musik.»

Auf dem Flug muss Allison ständig an Joe und Sandy denken. Sie kann ihre Zeit an Bord nicht geniessen. Unzählige Gedanken schiessen ihr durch den Kopf. Auf der anderen Seite muss sie sich eingestehen, dass sich Joe natürlich mit jedem und jeder treffen darf. Trotzdem: sie ist etwas eifersüchtig.

In einem Coffee Shop am Flughafen kauft sich Joe einen Cappuccino zum Mitnehmen. Er kann es immer noch nicht glauben, dass ihn Sandy ohne Ankündigung in Nashville besuchte. Er ist sich fast sicher, dass da mehr dahintersteckte und fragt sich: «Was wollte sie wirklich von mir?»

Er nimmt sein Smartphone zur Hand und löscht ihre Koordinaten. Endgültig und für immer. Er will den Kontakt abbrechen. Für immer. Kaum ist er wieder bei seinem Pickup angekommen, klingelt es. Steves Name leuchtet auf dem Display: «Joe, wie läuft es? Komm doch so rasch wie möglich in die Kanzlei. Wir haben News.»

Auf gutem Weg
Pam begrüsst ihn mit einer Umarmung – so fest, wie nie zuvor. Dabei deutet sie vielsagend zu Steve rüber, der in seinem Büro sitzt: «Joe, heute ist ein Tag zum Feiern. Komm wir stossen mit Steve an.»
Joe ahnt nicht, was der Grund für die Freude sein könnte: «Was ist denn hier los? Ich verstehe nicht ...»

Steve, der mit einem breiten Grinsen aus seinem Chefbüro kommt, sagt trocken: «Pam hat gestern Abend deinen ersten Song sozusagen verkauft. Dem Mädels-Abend sei Dank! Deshalb wird ‹Moon Over Your Shoulders› schon bald bei allen Country-Radio-Stationen im ganzen Land zu hören sein. Die Newcomerin Jessica Sanders wird den Song auf ihrer Debüt-CD aufnehmen und als Single auskoppeln.»

Joe verschlägt es die Stimme. Von diesem Moment hat er lange geträumt. Diese Art von Neuigkeiten sind ge-

nau das, wofür ein Songwriter arbeitet. Bevor er antworten kann, öffnet Steve eine Flasche Champagner und Pam füllt die Gläser. Dann hebt Steve das Glas und spricht einen Toast aus: «Ich bin geehrt, den neuen Superstar der Songwriter-Szene persönlich zu kennen!» Die drei lachen und Joe bedankt sich für die Unterstützung: «Ohne euch wäre es nie dazu gekommen. Ich bin euch zu unendlichem Dank verpflichtet! Aber wie in aller Welt hast du das geschafft, Pam?»
Pam antwortet bescheiden: «Oh, Joe, das ist doch nicht der Rede wert! Ich habe ja nicht viel dazu beigesteuert. Nur einer Freundin bei einem Mädels-Abend von dir und deinen Songs vorgeschwärmt! Danach lief alles wie von alleine.»

Joe hört aufmerksam zu und sagt dann: «Danke für den Champagner! Habt ihr Zeit und Lust, um mit mir bei einem feinen Essen zu feiern? Ich lade euch ein!»

Beide nicken. Sie fahren zu Amerigos, dem italienischen Restaurant an der West End Avenue. Joe mag das Ambiente des Restaurants mit den weiss-schwarzen viereckigen Bodenplatten, dem vielen Holz und den weiss gedeckten Tischen. Sie bestellen einen House Salad als Vorspeise und Pasta. Pam entscheidet sich für Lasagne, Steve und Joe können den Smoked Chicken Ravioli nicht widerstehen. Dazu gönnen sie sich einen Merlot aus dem Sonoma Valley. Pam erzählt alle Details von ihrem Abend mit Susan und von der Plattenfirma, die verzweifelt nach einem Song mit Hit-Potenzial für ihre Nachwuchshoffnung suchte.

Steve weist darauf hin, dass es sich erst um eine Reservation handelt: «Wir können nicht hundertprozentig sicher sein, dass der Song wirklich auf Jessicas CD erscheinen wird. Denn oft reservieren Plattenlabels mehr Songs, als sie wirklich benötigen, bis die Auswahlphase abgeschlossen ist. Während dieser Zeit darfst du deinen Song ‹Moon Over Your Shoulders› keiner anderen Plattenfirma mehr anbieten. Egal, wie lange der Song reserviert sein wird.» Mit einem Lächeln ergänzt er: «Aber keine Angst, ich bin 100% positiv, dass dein Song auf die CD kommt. Sie sind unter Zeitdruck und wären Narren, wenn sie diesen Song wieder freigeben würden.»

Zur Feier des Tages nimmt sich Steve den Nachmittag frei und spielt mit Joe eine Runde Golf auf dem 18-Loch-Golf-Platz im Norden der Stadt. Joe spielte früher oft in San Diego. Der Platz in Nashville macht Spass und verlangt das ganze Können der Spieler. Nur die Aussicht aufs Meer fehlt.

Während des Spiels philosophieren sie über das Leben, die Liebe und das Glück. Dabei erwähnt Steve, dass einige der grössten Country-Hits ihren Ursprung genau auf diesem Golfplatz hatten: «Die Stars aus den 60er- und 70er-Jahren kamen oft her, um Golf zu spielen.

Zwischen den Abschlägen notierten sie die Anzahl Schläge und ein paar Ideen für neue Lieder. Was für ein Leben! Was für eine Art, Songs zu schreiben!»

Im 19. Loch, also der Bar im Clubhaus, lassen die beiden den Nachmittag ausklingen. Sie gönnen sich ein T-Bone-Steak, Baked Potatoes mit Sauerrahm und ein paar Biere. Ein wunderbarer Tag neigt sich langsam dem Ende zu.

Zu Hause angekommen hört sich Joe seinen «Hit-Song» ein weiteres Mal an. Roger Morris, der Produzent der Demo-CD, hat ihn wirklich perfekt hingekriegt – doch Allisons Stimme setzt der Aufnahme das Sahnehäubchen auf. Er textet: «Liebe Allison, bist du sicher in Austin angekommen? Du glaubst gar nicht, was heute passiert ist. ‹Moon Over Your Shoulders› wurde von einem Plattenlabel für eine Newcomerin reserviert. Wenn du zurück bist, müssen wir unbedingt darauf anstossen. Können wir telefonieren?»

Allison sitzt gerade in einer Bar in Downtown Austin, als ihr Smartphone surrt. Sie liest Joes Nachricht. Einerseits freut sie sich für ihn, anderseits ist sie verwirrt und enttäuscht. Am liebsten würde sie eine Nachricht zurückschreiben im Sinne von «Du glaubst gar nicht, was ich heute am Flughafen in Nashville gesehen habe.» Doch sie hält sich zurück. Es bringt nichts, via Smartphone zu streiten. Telefonieren mag sie nicht mit ihm. Sie bestellt stattdessen eine zweite Erdbeer-Margarita. Sie will den freien Abend geniessen, Live-Musik hören und weitere Bars besuchen.

Sie liebt Austin, die Stadt mit dem Slogan «Live Music Capital of the World». An der 6th Avenue, mitten in Downtown Austin, nur wenige Häuserblocks vom riesigen Capitol entfernt, befinden sich unzählige Musikbars Tür an Tür. Für ein paar Dollar Eintrittsgeld bekommt man den besten Blues, den frechsten Rock und die coolste Country-Music zu hören. Und ab morgen wird sie wieder für ein paar Abende ein Teil der pulsierenden Musikszene von Austin sein. Sie freut sich auf ihre Gigs.

Kapitel 22 – Alte Verbindungen
(Tag 17 – Mittwoch)

Don Ramsey sitzt in seinem Büro an der sechzehnten Strasse und plant die Produktion von «Moon Over Your Shoulders». Schon das Demo klingt verdammt gut. Aber in der definitiven Studioversion wird der Song noch um Klassen besser klingen. Noch etwas moderner. Der eingängige Refrain soll dank den Backgroundstimmen noch kräftiger wirken. Er lehnt sich in seinem riesigen Chefsessel zurück und stellt sich die fertige Version vor. Dabei notiert er sich die Namen der Studiomusiker und der Backgroundsänger, die er für Jessicas Aufnahmesession im Castle Recording Studio buchen will.

Er will nicht unnötige Zeit verstreichen lassen. Denn bis die CD fertig produziert, abgemischt und hergestellt ist, wird es ein paar Wochen dauern.

Gerade als er den Telefonhörer in die Hand nimmt, um das Studio zu buchen, meldet Susan Cramer einen Besucher an. Es ist Mark Thompson, ein langjähriger Freund von Don. Schon einige von Marks Songs schafften es auf Alben, die Don Ramsey produzierte. Auch diesmal erscheint Mark nicht mit leeren Händen: «Sorry für meinen spontanen Besuch, aber ich muss dir unbedingt einen brandneuen Song vorspielen. Ich hörte, du suchst schon fast verzweifelt nach einem Hit für Jessica Sanders! Ich bin mir sicher, dass ich genau den ultima-

tiven Knaller habe, den du jetzt brauchst.»
Don bietet ihm einen Kaffee an und sagt: «Was heisst hier verzweifelt? Du bist zu spät! Wir haben den Song schon längst gefunden, mein Freund. Sorry! Aber zeig mal her.»

Er schiebt den USB-Stick in sein Notebook und hört sich «Even After You're Gone», den Song von Mark Thompson an. Nachdem er sich das Lied mehrmals abgespielt hat, steht er auf und flucht: «Verdammt, da ist alles drin, was es zum Hit braucht. Aber höre dir jetzt ‹Moon Over Your Shoulders› an. Dieser Titel stand bis vor fünf Minuten zuoberst auf der Liste.»

Mark ist sprachlos, denn er erkennt sofort Allisons einzigartige Stimme. Er lässt sich nichts anmerken und schweigt. Doch innerlich kocht er und denkt: «Das muss ein Song dieses Typen aus Kalifornien sein, der versucht, mir Allison auszuspannen. Ich muss unbedingt meinen Song auf diese CD bringen.»

Don Ramsey blickt Mark mit fragendem Blick an: «Der Song hat riesiges Hit-Potenzial vom ersten Ton an, oder? Genau wie deiner. Verdammt, jetzt bin ich plötzlich hin- und hergerissen. Wir können nur einen von beiden nehmen. Lass mich darüber schlafen.»
Mark gibt nicht so schnell auf und erwidert: «Du hattest mit meinen Songs immer Erfolg, oder? Der ‹Moon-Song› klingt nicht schlecht. Aber für Jessica Sanders ist mei-

ner viel besser geeignet. Don, überlege es dir nochmals. Du schuldest mir noch einen Gefallen, weil du vor zwei Jahren nur dank mir eine der erfolgreichsten Nachwuchsbands gross rausbringen konntest. Dadurch hast du viel Kohle gemacht. Danke für den Kaffee.» So schnell wie er gekommen war, verlässt er das Büro wieder.

Don Ramsey ist unschlüssig, für welchen Song er sich entscheiden soll. «Even After You're Gone» von Mark Thompson oder «Moon Over Your Shoulders» von Joe Baker. Er schliesst die Türe und hört sich die beiden Lieder mehrmals an. Er wägt die Vor- und Nachteile ab. Doch er kommt nicht weiter. Er nimmt sich vor, eine Nacht zu überschlafen, bevor er die definitive Entscheidung trifft. Beide Songs haben das «gewisse Etwas». Aber für die CD benötigt er nur noch einen. Alle anderen Lieder sind schon im Kasten. Welchen soll er nehmen? Mit welchem der beiden kann Jessica Sanders den dringend benötigten Hit landen?

Frische Ideen
Die Aussicht, schon bald mit einem Song auf der CD eines grossen Plattenlabels vertreten zu sein, ist ein unbeschreibliches Gefühl. Joe hat lange davon geträumt. Er ist selber überrascht, wie schnell es ging, bis er diese erfreuliche Nachricht erhielt. Er fühlt sich richtig wohl in Tennessees Hauptstadt.
Nach einem BLT-Sandwich mit Speck, Salat, Tomaten und Mayonnaise sowie einem kühlen Eistee setzt er

sich an den Esstisch in seiner Wohnung. Er arbeitet an einem neuen Song. Er notiert sich Textpassagen, summt eine Melodie und sucht die dazu passenden Akkorde auf der Gitarre. Die Zusage der Plattenfirma ist ein Motivationsschub, um weitere und noch bessere Lieder zu schreiben.

Der neue Song trägt den Namen «Life's Gonna Change». Die erste Strophe entsteht fast wie von alleine. Nicht so wie in den letzten Monaten, als es im schlecht ging. In jener Phase nach dem Aus mit Sandy litt er unter einer schlimmen Schreibblockade. Seine kreativen Momente waren an einer Hand abzuzählen.

Eines hat er von den grossen Songschreibern gelernt: Die meisten haben eine Schreibroutine entwickelt. Wer diese Begabung zum Beruf gemacht hat, arbeitet zu fixen Bürozeiten. Egal, wie gut oder schlecht man sich gerade fühlt. Dann werden Ideen ausgeheckt, Texte ausgearbeitet und Melodien komponiert. Entweder alleine oder mit anderen Songschreibern im Team. Je nach Vorliebe. Manchmal führen Plattenfirmen oder Musikverlage Songschreiber zusammen, wenn sie denken, sie könnten zusammen gut harmonieren.

Songschreiber erhalten von den Verlagen, für die sie schreiben, eine Art monatliches Fixum. Im Gegenzug müssen sie die festgelegte Anzahl Songs abliefern. Der Verlag entscheidet dann, welche Songs er den

Produzenten oder Künstlern zusendet bzw. «pitcht». Dies in der Hoffnung, dass der «gepitchte» Song das Interesse weckt und das Feedback positiv ausfällt. Bis es so weit ist, kann es jedoch sehr lange dauern. Die Produzenten hören sich meistens Hunderte von Songs an, bis sie das passende Songmaterial für eine neue CD zusammen haben.

Oft spielen die grossen Plattenfirmen mit ihren Stars mehr Songs ein, als sie effektiv für eine neue CD benötigen. Danach werden meistens einige Songs gestrichen. Dies ist für die betroffenen Songschreiber natürlich eine herbe Enttäuschung.

Wenn ein Song tatsächlich auf einer CD veröffentlicht wird, ist dies ein riesiger Erfolg für den oder die Songschreiber. Im besten Fall wird ein Lied als Single ausgekoppelt und von den Country-Radio-Stationen auf die Playlist gesetzt. Jedes Mal wenn ein Song am Radio gespielt wird, kann sich der Songwriter über Einnahmen freuen. Dies ist auch bei der Ausstrahlung eines Musik-Videos am TV der Fall oder wenn das Lied bei einem Live-Konzert gespielt wird. Hinzu kommen die legalen Verkäufe im Internet, z.B. im iTunes-Store. Auch die Streaming-Dienste wie Spotify, Google Play oder Apple Music zählen zu den Einnahmequellen. Tonträgerverkäufe von Singles und CDs sorgen immer noch für Einnahmen. Sie verlieren jedoch weiter an Bedeutung, da heute kaum noch jemand CDs kauft.

Nach drei Stunden intensivem Schreiben hat Joe den Grundstein für «Life's Gonna Change» gelegt. Er holt das Smartphone aus der Küche. Dort versteckt er es jeweils während des Schreibens, um nicht abgelenkt zu werden. Dann drückt er den Aufnahmeknopf, um die Idee festzuhalten.

Danach ruft er seine E-Mails ab: «Eine neue Nachricht von Sandy und eine von Allison.» Sandy schreibt: «Bin sicher in San Diego gelandet.» Allisons Message ist etwas länger: «Joe, drück mir heute Abend die Daumen. Um 21.00 Uhr beginnt meine erste Show in Austin, Texas. Ich freue mich sehr, dass dein Song aufgenommen wird. Ich melde mich, wenn ich wieder in Nashville bin.»

Kapitel 23 – Bittere Pille
(Tag 18 – Donnerstag)

Als Joe aufwacht, regnet es. Das erste Mal, seitdem er in Nashville wohnt. Nach einer Dusche, einer Tasse Kaffee, einem Toast mit Peanut Butter und einem Orangensaft hört er sich den Song nochmals an, den er gestern geschrieben hat. Dann sagt er zu sich: «Ja, das klingt vielversprechend. So muss es sein.» Er nimmt sich vor, heute Vormittag bei den Musikagenturen telefonisch nachzufassen und zu schauen, ob sie schon Zeit hatten, seine Demo-CD anzuhören.

Die Telefongespräche bleiben ohne Erfolg. Niemand hatte Zeit, sich die Songs anzuhören. Man bittet ihn freundlich, aber bestimmt um Geduld. Joe lässt sich seine Enttäuschung nicht anmerken. Er ist sich bewusst, dass das Leben eines unbekannten Songwriters in Nashville alles andere als ein Kindergeburtstag ist. Immerhin hat ihm bis jetzt niemand geraten, er solle seine Koffer packen und zurück nach Kalifornien gehen. Das lässt hoffen. So oder so: Er liesse sich nicht so schnell unterkriegen. Aufgeben ist keine Option.

Wie so oft schweifen seine Gedanken ab. Gerne wäre er in Austin. Zusammen mit Allison. Dann könnte er ihre Show geniessen und wäre in ihrer Nähe. Und später könnten sie den Abend zusammen in einer Bar ausklingen lassen. Wie damals in San Diego. Oder noch besser, vielleicht die Nacht gemeinsam verbringen? Er stellt sich vor, wie sie sich küssen und lieben – bis in die Morgenstunden.

Joes Herz schlägt plötzlich stärker. Er flucht leise: «Verdammt. Alles Wunschdenken. Alles eine Illusion. Sie lässt mich zappeln. Weshalb eigentlich? Ist sie immer noch sauer wegen des One-Night-Stand-Girls? Oder ist Mark Thompson der Grund für ihre Zurückhaltung?»

Ein weiteres Mal verflucht er das schlechte Timing im Coffee Shop. Schon oft verfolgte ihn die Szene im Schlaf wie ein Albtraum. Er hätte sich nie auf den One-Night-Stand einlassen dürfen. Aber jetzt kann er es nicht mehr ändern. Er muss trotz allem positiv bleiben. Vielleicht ist ja doch noch nicht alles verloren?

Der Klingelton seines Smartphones reisst in jäh aus seinen Tagträumen. Es ist Steve: «Joe, ich habe schlechte Nachrichten. Sitzt du? Wenn nicht, dann solltest du dich besser setzen.»

Bevor Joe irgendetwas sagen kann, fährt Steve fort: «Sie haben deinen Song ‹Moon Over Your Shoulders› gekippt. Don Ramsey, der Boss von Black Horse Records, hat sich in letzter Sekunde dagegen entschieden. Er wird mit Jessica Sanders einen anderen Titel aufnehmen. Wir haben es soeben erfahren. Es tut mir von ganzem Herzen leid.»

Im ersten Moment glaubt Joe an einen schlechten Witz. Doch rasch wird ihm klar, dass Steve keine Spässe macht. Von einer Sekunde auf die andere wird ihm schlecht. Die Regentropfen, die an seine Fensterscheiben prasseln, passen zur Situation. Er ist am Boden zerstört. Ein Traum ist geplatzt. Plötzlich. Es wäre zu schön gewesen.

Steve versucht, ihn aufzumuntern: «Ich weiss, das ist hart. Aber du darfst jetzt nicht aufgeben. Du warst so nahe dran. Dein Song ist klasse. Ein anderer Produzent wird ihn mit einer anderen Sängerin aufnehmen. Da bin ich mir zu hundert Prozent sicher. Obwohl dir das jetzt nicht weiterhilft und dich kaum tröstet: Solche Negativerlebnisse hatten die meisten der grossen Songschreiber, bevor sie den Durchbruch schafften und den ersten Hit landeten. Fast jeder in dieser Stadt kann im wahrsten Sinne des Wortes davon ein Lied singen. Lass deswegen nicht den Kopf hängen.»

Joe nimmt die tröstenden Worte seines Freundes nicht wahr. Seine Enttäuschung ist grenzenlos. Vor wenigen Stunden hing der Himmel voller Geigen – und jetzt? Jetzt sitzt er da wie ein begossener Pudel. Er ist nahe dran, alles hinzuschmeissen und die Gitarre an der Wand zu zerschmettern. Im letzten Moment hält er inne und sagt zu sich: «Das ist keine Lösung.»

Kapitel 24 – Wunden lecken
(Tag 19 – Freitag)

Schon viele Songs entstanden aus negativen Erlebnissen. Genauso wie positive Erlebnisse den Stoff für romantische Love-Songs lieferten. Joe verspürt an diesem Freitagmorgen keine Glücksgefühle. Im Gegenteil. Pech in der Liebe – und Pech im Spiel. Seine derzeitige Situation bietet im besten Fall den Stoff für einen Country-Song mit Herzschmerz, Tränen und Whiskey.

Noch vor dem Morgenessen setzt er sich ungeduscht an den Tisch und blickt zum Fenster hinaus. Das Wetter passt perfekt zu seiner Situation. Der Regen inspiriert ihn zu einem neuen Lied. Der Titel für seinen Desaster-Song lautet: «It's Rainin' All Over Me».

Nach etwas mehr als zwei Stunden hat er den Refrain, die beiden Strophen und die Melodie zusammen. Der Text schrieb sich fast wie von alleine. Und dies ohne die Hilfe von Alkohol oder Drogen. Das war nicht nötig. Die Erlebnisse der letzten Tage boten genügend Stoff. Irgendwie muss er das Erlebte verarbeiten. «Schreiben bedeutet heilen.» Wie wahr das Sprichwort ist, stellt er einmal mehr an seinem eigenen Leib fest.

Doch nur mit dem Schreiben eines Songs alleine vergeht sein Frust nicht. Er ist tief enttäuscht. Es ist im besten Fall ein erster kleiner Schritt zur Verarbeitung.

Er beschliesst, für den Rest des Tages auszuspannen, und Ruben zu fragen, ob er Lust hat, ein paar Stunden mit ihm zu verbringen. Das Wetter ist inzwischen wieder etwas besser. Kurz nach 12.00 Uhr fährt er mit seinem Pick-up an den Cumberland River.

Der Fluss hat eine Länge von mehr als 1'000 km. Seine Quelle liegt im Osten des Bundesstaates Kentucky. Von dort verläuft er nach Westen Richtung Tennessee, fliesst durch Nashville und verläuft danach weiter nach Westen, wo er in den Ohio River mündet.

Am vereinbarten Ort wartet Ruben Taylor, der Möbelverkäufer, auf ihn. Er hat sich den Freitagnachmittag ebenfalls frei genommen, um mit Joe am Ufer des Flusses abzuhängen und zu quatschen. Sie gönnen sich eine fette kubanische Zigarre und baden im Fluss. Später trinken sie kühles Bier und werfen zwei saftige Steaks auf den Grill. Dazu gibt's Brot mit Knoblauchgeschmack und einen frischen Salat aus dem Supermarkt. Joe versucht, seine Sorgen zu vergessen. Doch es gelingt ihm nicht. Immer wieder muss er daran denken, wie nahe er am ersten Song war, der von einer grossen Plattenfirma für einen zukünftigen Country-Star ausgesucht wurde. Allison geht ihm ebenfalls nicht aus dem Kopf. Sie schon gar nicht.

Klar, dass Joe und Ruben ihre Gitarren mitgebracht haben. Sie notieren sich Textideen, suchen passende

Melodien und ab und zu spielen sie alte Country-Hits. Nach ein paar Stunden am Fluss fahren sie in die Stadt und verbringen den Abend am Broadway. Sie ziehen von einer Musik-Bar in die andere und hören sich unbekannte Sängerinnen und Sänger an, die sich mehrheitlich selber nur mit ihrer Gitarre begleiteten. In einigen Lokalen sind Duos oder Trios zu hören.

Sie trinken ein Bier nach dem anderen, bevor sie sich von einem Taxi nach Hause fahren lassen. Selber zu fahren, wäre eine schlechte Idee, denn das Nashville Police Department ist am Freitagabend stets auf der Lauer und kennt kein Pardon.

Girl-Power in Austin
Die Bar ist am zweiten Abend erneut fast vollständig besetzt. Die Leute stehen vor der Türe Schlange, um sich einen Platz zu ergattern. Sie wollen Allison live sehen und hören. In Austin ist sie keine Unbekannte mehr. Der Barbesitzer hat sie schon etliche Male engagiert und langsam aber sicher ist sie zum Geheimtipp geworden, den man sich nicht entgehen lassen will.

Sie spielt wie immer drei Sets von je 45 Minuten. Die Besucher schauen bewundernd zur Bühne und geniessen ihre Songs. Sie mischt ihre Eigenkompositionen mit bekannten Hits, die beim Publikum immer gut ankommen. Zwischen den Sets verkauft sie CDs und signiert Autogrammkarten. Sogar ein Reporter der lokalen

Tageszeitung «The Austin Chronicle» macht ein paar Fotos und stellt Fragen zu ihrer Karriere: «Wie sind Sie zur Musik gekommen?»

«Oh, das ist schon sehr lange her. Ich sah eine TV-Show mit Dolly Parton, als ich etwa sechs Jahre alt war. Das hat mich völlig fasziniert. In der gleichen Woche schenkte mir meine Grossmutter die erste Gitarre und mein Vater brachte mir ein paar Akkorde bei. Seither spiele ich jeden Tag. Die ersten Konzerte waren mit der Schülerband, bevor ich das Songschreiben entdeckte. Heute spiele ich rund 100 Gigs pro Jahr und demnächst beginnt die Produktion meiner neuen CD für mein eigenes Label.»

«Für Ihr eigenes Label? Sind Sie denn bei keiner Plattenfirma unter Vertrag?», fragt der Journalist ungläubig.

«Nein, bisher nicht. Ich habe alle meine CDs selber produziert, vermarktet und verkauft. Das hat mir eine gewisse Freiheit gegeben», antwortet Allison.

Tatsache ist natürlich, dass sie schon oft mit Plattenfirmen Kontakt hatte, doch leider kam es bisher zu keinem Deal.

Kapitel 25 – Neue Perspektiven
(Tag 21 – Sonntag)

Ein Mann wie Don Ramsey ist ständig von Musik umgeben. Sei es im Büro als Inhaber und Geschäftsleiter der Plattenfirma, im Studio als Produzent oder als Scout an Konzerten. Die Musik geht ihm nie aus dem Kopf. Selbst in der spärlichen Freizeit nicht. An diesem Sonntag verfolgt ihn die Stimme dieser Frau von der Demo-CD permanent. Sogar auf dem Golfplatz. Und das heisst etwas.

Pro Woche hört er sich Dutzende von neuen Sängerinnen und Sängern an. Doch 99.9 Prozent der Stimmen vergisst er rasch wieder, da sie zu wenig speziell sind. Sie sind nicht unverwechselbar. Sie klingen wie viele andere. Deshalb werden sie kaum je in den Charts zu hören sein. Doch diese Frauenstimme hat genau das «gewisse Etwas».

Selbst bei den Abschlägen und beim Putten verfolgt ihn die grandiose Stimme im Song «Moon Over Your Shoulders». Das Lied, das er eigentlich mit Jessica Sanders aufnehmen wollte – und im letzten Moment durch die Komposition von Mark Thompson ersetzte.

Er kann sich nicht richtig konzentrieren. Dementsprechend schlecht ist sein Spiel auf dieser Runde. Die Golfbälle fliegen überall hin. Nur nicht dorthin, wo sie sollten. Er ärgert sich über sich selber. Aber er weiss genau, was ihn ablenkt. Es ist diese unverwechselbare Stimme, die ihn auf Schritt und Tritt verfolgt.

Nach einer Runde Golf mit seinen drei Kumpels verabschiedet er sich. Ohne sich den üblichen Drink im Clubhouse zu genehmigen und ohne das Spiel Revue passieren zu lassen. Gute Schläge – schlechte Schläge. An diesem Sonntag ist jedoch alles anders als sonst. Er kann unmöglich länger bleiben.

Auf dem Heimweg macht er einen Umweg über sein Büro. Dort holt er sich die Demo-CD von Joe Baker und fährt danach gemütlich nach Hause. Dabei hört er sich die Songs ein weiteres Mal an.

Er hat sich zwar entschieden, mit Jessica Sanders den Song von Mark Thompson einzuspielen. Doch je länger je mehr wird klar: Die Sängerin auf der Demo-CD hat riesiges Potenzial und die drei Songs passen perfekt zu ihrer Stimme. Auch die anderen Lieder klingen weitaus besser als das meiste Songmaterial, welches er normalerweise zu hören bekommt. Don Ramsey kann nicht genug kriegen von diesen Songs. Immer wieder spielt er sie an. Rauf und runter. Ein Plan reift in ihm, den er so schnell wie möglich umsetzen will.

Kapitel 26 – Zurück in Nashville
(Tag 22 – Montag, 22. September)

Die Konzerte in Austin waren ein voller Erfolg. Jeden Abend volles Haus und Party-Stimmung. Die Gage war ebenfalls in Ordnung und der süsse Manager des Clubs buchte sie für weitere Konzerte – noch in diesem Jahr. Doch nicht nur für weitere Gigs in Austin, sondern auch für Clubs in anderen texanischen Grossstädten wie Houston, San Antonio, Dallas, Beaumont, Corpus Christi und Fort Worth.

Auf dem Flug zurück – mit Umsteigen in Atlanta – geht sie in Gedanken ihre neue CD-Produktion durch. Sie hat die Songs schon beinahe alle beisammen und plant, demnächst das Studio und die Studiomusiker zu buchen. Auch diesmal will sie die CD selber produzieren, oder auf die Hilfe von Roger Morris zurückgreifen. Der Typ hat die Demo-CD von Joe Baker wirklich toll hingekriegt und könnte sie bei den Arrangements ebenfalls unterstützen.

Beim Gedanken an Joe schlägt ihr Herz plötzlich schneller und sie blickt auf die letzten Tage zurück: «Die geheimnisvolle Unbekannte im Coffee Shop, die wie aus dem Nichts auftauchte, und Joe und seine Ex-Freundin am Flughafen.» Sie fragt sich: «Ist Joe vielleicht ein Frauenheld und Herzensbrecher? Innert kürzester Zeit habe ich ihn in Nashville mit zwei Frauen gesehen. Klar, er sieht süss aus und es fällt schwer, seinem Charme zu widerstehen. Nach meinen Konzerten in San Diego und den Gesprächen an der Bar konnte ich jeweils kaum schlafen. Und jetzt ist er plötzlich greifbar nah. Aber was ist mit diesen anderen Frauen? Zudem will ich mich eigentlich von Musikern fernhalten und keine Beziehung mit einem Künstler eingehen. Aber Joe, der haut mich einfach um.»

Sie versucht, klar zu denken. Doch das ist unmöglich. Positiv und negativ. Dafür und dagegen. So viele offene Punkte. So viele offene Fragen!

Ihre Gedanken werden von einer Lautsprecherdurchsage unterbrochen: «Ladies and Gentlemen, in 15 Minuten werden wir in Nashville landen.» Die Ansage bringt sie zurück in die Realität und in Gedanken zu ihrer nächsten CD. Ihr Ziel ist es, die neue Scheibe vor Weihnachten mithilfe eines landesweiten Vertriebes auf den Markt zu bringen. Die entsprechenden Gespräche mit diversen Vertriebsfirmen hat sie bereits geführt. Ein definitiver Entscheid steht noch aus. Sie will ihre Karriere auf die nächste Stufe bringen. Die Präsenz in Plattenläden ist in Zeiten von iTunes und Musikdownloads nicht mehr zwingend notwendig, aber hilfreich fürs Image und für die Vermarktung.

Ein Vertrieb sorgt zudem dafür, dass die CD an alle Country-Radio-Stationen ausgeliefert wird.

Sie überprüft die Termine der nächsten Tage: Schon morgen und am Mittwoch stehen in angesagten Musiklokalen in Nashville ihre nächsten Konzerte auf dem Programm. Bei beiden spielt sie mit anderen Songschreibern an den beliebten «Writers' Nights».

Kapitel 27 – Songschreiber-Abend im Bluebird Cafe
(Tag 23 – Dienstag)

Das Bluebird Cafe ist die erste Adresse in Nashville für Songschreiber. Wer hier gebucht wird, darf von sich behaupten, einige Dinge richtig gemacht zu haben.

Das Lokal hat seit dem Start im Jahr 1982 die grössten und bekanntesten Songschreiber der Country-Szene auf der Bühne begrüsst. Die Zuhörer, die sich einen Tisch ergattern können, geniessen qualitativ hochstehende Songs. Songs, die man vielleicht im Radio schon in der Version des entsprechenden Stars gehört hat. Doch im Bluebird hören die Musikfans die Originalversion. Also die Version des Songschreibers, der den Hit getextet und komponiert hat.

An diesem Dienstagabend teilt sich Allison die Bühne mit zwei anderen Songschreiberinnen. Dies unter dem Titel «Ladies' Night». Sie sitzen zu dritt auf der Bühne und spielen ihre Lieder. Eine nach der anderen. Bis die erste von ihnen wieder an der Reihe ist. Das Publikum hört interessiert zu. Niemand sagt ein einziges Sterbenswort. Vor jedem neuen Song erzählen sie, wie sie auf die Idee für die Story kamen.

Nach der erfolgreichen Show begibt sich Allison an die Bar und wird von ein paar Konzertbesuchern angesprochen. Um 23.30 Uhr will sie sich auf den Heimweg machen. Doch auf einmal tippt ihr jemand von hinten auf die Schulter. Sie zuckt zusammen: «Nicht erschrecken – ich bin es», flüstert ihr Mark Thompson ins Ohr und fährt fort: «Deine Performance war super. Ich hätte noch stundenlang zuhören können. Darf ich dich zu einem Drink einladen? Wann hast du wieder mal Zeit, um mit mir einen neuen Song zu schreiben?»

Allison fühlt sich bedrängt. Sie hat nicht mit ihm gerechnet und antwortet: «Ich wollte gerade gehen. Ich bin müde und möchte nach Hause.»

Mark gibt sich nicht zufrieden: «Ich fahre dich.»

Sie kann es kaum glauben. Hatte sie ihm nicht vor Kurzem klar und deutlich gesagt, dass nichts aus ihnen beiden wird? Sie bleibt hart: «Hör mal, ich wäre dir dankbar, wenn ich jetzt einfach nach Hause gehen könnte. Alleine. Danke trotzdem für dein Angebot.»

Mark antwortet resigniert: «Sorry, tut mir leid. Ich will dich nicht bedrängen, nur einen Freundschaftsdienst anbieten.»

Sie blockt erneut ab: «Danke, sehr freundlich von dir, aber nicht notwendig!»

Zu Hause angekommen checkt Allison ihre E-Mails. Sie überfliegt die eingegangenen Nachrichten. Auf den ersten Blick entdeckt sie nichts Spezielles. Sie freut sich jedoch über weitere Mails von Fans, die Konzerte in Austin besucht hatten. Die Kommentare sind nur positiv. Eine Nachricht weckt ihre Aufmerksamkeit besonders und sie ist sofort wieder hellwach: «Liebe Allison, ich habe Ihre Stimme auf einer Demo-CD gehört, habe ein Konzert von Ihnen besucht und möchte Sie persönlich kennenlernen. Bitte rufen Sie mich an. Freundliche Grüsse, Don Ramsey, Inhaber Black Horse Records.

Allison atmet tief durch. Die Plattenfirma und Don Ramsey sind ihr ein Begriff. Sie hat schon viel von ihm gehört und gelesen, ihn jedoch nie persönlich kennengelernt. Diverse Stars stehen bei ihm unter Vertrag. In regelmässigen Abständen verbucht das Label Erfolge. Immer mal wieder landen diese Sängerinnen, Sänger und Bands Hits in den Top 40 der Country-Charts. Sie fragt sich: «Was das wohl bedeuten mag?»

Obwohl es schon spät ist, startet sie die Kaffeemaschine und öffnet eine Packung Oreos. Dieser Doppelkeks aus zwei gebackenen Keksteilen mit einer weissen Füllung mit Vanillegeschmack liebt sie heiss. Sie öffnet die Balkontüre und gönnt sich eine Tasse Kaffee und zwei Oreos.

Nach einem Konzert braucht sie immer etwas Ruhe, um herunterzufahren und um abzuschalten. Sie blickt in den Sternenhimmel und fragt sich, welches ihrer Konzerte Don Ramsey wohl besucht hat und welche Demo-CD auf seinem Tisch gelandet war? Sie hat in den letzten Jahren unzählige Demo-Songs gesungen. Wie aus heiterem Himmel hat jetzt jemand davon Notiz genommen. Doch was hat das genau zu bedeuten? Will er sie als Demo-Sängerin buchen oder steckt etwa mehr dahinter? Geht es vielleicht um einen Plattenvertrag? Fragen über Fragen. Es dauert länger als sonst, bis sie endlich einschlafen kann.

Kapitel 28 – Einen Schritt weiter
(Tag 24 – Mittwoch)

Motiviert vom Erfolg an der «Open Mic Night» kontaktiert Joe einmal mehr alle Musikverlage, denen er seine Demo-CD persönlich abgegeben hatte. Natürlich sind wieder alle schwer beschäftigt und niemand kann eine Antwort geben. Weder eine negative – und schon gar keine positive.

«Immer die gleichen Ausreden», denkt er. Aber aufgeben will er nicht. Auf keinen Fall. Auch wenn ihm die Absage der Plattenfirma immer noch schwer auf dem Magen liegt.

Am Nachmittag nimmt er all seinen Mut zusammen und sendet eine SMS-Nachricht an Allison: «Ich hoffe, du hattest erfolgreiche Konzerte in Texas. Wollen wir uns zum Kaffee treffen?»

Kaffee mit Allison

Allison wacht schon um 05.00 Uhr morgens wieder auf. Tausende von Gedanken gehen ihr durch den Kopf. Irgendwie schafft sie es, doch wieder einzuschlafen. Erst nach 10.00 Uhr erwacht sie wieder. Doch das ist egal. Sie hat bis am Abend keine Verpflichtungen. Sie nimmt sich Zeit für sich und für die Vorbereitung des Konzertes vom Abend. Eine weitere Songwriter Night steht auf dem Programm. Mit ihr im Spotlight.

Der erste Kaffee schmeckt wie immer herrlich. Sie checkt die News am TV. Für einmal nichts Besonderes. Sie zieht ihre Jogging-Klamotten an und dreht ein paar Runden im Quartier. Genau, was sie jetzt braucht, um ihre Batterien neu zu laden und um durchzulüften. Allison legt grossen Wert darauf, fit zu sein und gesund zu leben. Dies ist jedoch nur eines von vielen Puzzleteilen, die helfen, im Showbusiness langfristig erfolgreich zu sein. Sie hat schon von vielen Künstlern gehört, die irgendwann ihren Körper vernachlässigten. Sie ist fest davon überzeugt, dass sie nur dann regelmässig gute Leistungen abrufen kann, wenn Körper und Geist funktionieren.

Nach 45 Minuten gemütlichem Joggen gönnt sie sich eine Dusche. «Wie das erfrischt», denkt sie. Danach blickt sie auf ihr Smartphone. Eine Nachricht von Mark und eine von Joe. Sie setzt sich an den Küchentisch und liest die Nachrichten. Beide Männer erkundigen sich, wie es ihr geht. Während des Joggens hatte sie versucht, beide aus ihren Gedanken zu verdrängen. Natürlich gelang ihr dies nicht. Beide schaffen es immer wieder, in ihren Gedanken präsent zu sein. Besonders Joe.

Sie legt das Smartphone zur Seite und hört sich auf ihrem Mac Joes Demo-CD an. Während sie sich die Songs anhört, sieht sie ihn vor sich. Sie vermisst ihn. Plötzlich fühlt sie eine Leere in sich. Sie wischt sich eine

Haarsträhne aus dem Gesicht und sagt laut zu sich: «Worauf warte ich eigentlich? Was kann ich verlieren, wenn ich mich jetzt mit ihm treffe? Warum mache ich mir das Leben unnötig schwer und stehe meinem Glück selber im Weg?»

Als der letzte Song der Demo-CD zu Ende ist, schreibt sie zurück: «Lieber Joe, alles bestens bei mir. Kaffee klingt super. Ich habe News.»

Sie treffen sich an der fünften Strasse in Downtown Nashville im Frothy Monkey. Der Coffee Shop bietet eine wunderbare Auswahl an Produkten, die mit Zutaten der lokalen Bauern gefertigt werden. Die Umarmung ist innig und dauert länger als bisher. Sie bestellen zwei Cappuccinos an der Theke. Der Kaffeeduft ist raumfüllend. Allison erzählt von den Texanern, die ihre Songs liebten. Und sie beschreibt Austin, die Hauptstadt von Texas. Die dynamische Downtown mit ihrer sechsten Strasse ist ein Paradies für Musikfans, Musiker und Studenten. Das pulsierende Nachtleben würde vielen anderen Städten frische Impulse verleihen. Dazu kommt, dass Austins Lebensqualität zu den besten der amerikanischen Grossstädte zählt.

Joe ist beeindruckt. Aber nicht überrascht. Ein Konzert mit Allison ist für jeden Veranstalter eine sichere Sache. Es gelingt ihr immer, das Publikum für sich zu gewinnen. Dass ihre Musik in Texas ankommt, ist für ihn

sonnenklar. Etwas verlegen blickt sie ihm in die Augen: «Du, das ist noch nicht alles. Es gibt eine weitere Neuigkeit. Eine Plattenfirma hat mich kontaktiert. Aber ich kenne die Details nicht. Noch nicht. Das Meeting findet morgen Vormittag statt. Ich bin etwas nervös – keine Ahnung, was die von mir wollen.»
Joe entgegnet: «Wow, das klingt ja spannend. Und du hast keinen Schimmer, worum es geht?»
«Nein. Nada. Nicht die Bohne! Aber weisst du was? Ich zerbreche mir jetzt nicht den Kopf darüber. Viel lieber lasse ich mich überraschen. Heute Abend spiele ich übrigens im Listening Room Cafe. Begleitest du mich an die Show?»

Von einer Sekunde auf die andere ist Allisons völlig entspannt. Joes Anwesenheit fühlt sich angenehm an. Schon fast vertraut.

«Natürlich – und ob. Ich bin sehr gerne dabei», antwortet er und schildert seine intensiven Erlebnisse der letzten Tage.

Allison hört aufmerksam zu. Sie findet die richtigen Worte, um ihn zu trösten: «Das Musikgeschäft hat schon Millionen von Geschichten geschrieben. Man darf sich nie zu früh freuen. Ein Deal ist erst ein Deal, wenn der Vertrag unterschrieben ist. Selbst dann kann sich das Blatt jederzeit zum Schlechten wenden. Schon viele Songs oder CDs wurden nicht veröffentlicht, weil in letzter Sekunde etwas Unvorhergesehenes passierte. Plattenfirmen machten Konkurs, wurden übernommen oder Wirtschaftskrisen erschütterten die Musikbranche. Viele Projekte wurden auf Eis gelegt oder sogar nie beendet. Es gab Songs, die erst Jahre später veröffentlicht wurden. Du darfst dich von dieser Absage nicht entmutigen lassen. Das ist schon vielen anderen passiert. Und trotzdem hat immer wieder jemand den Durchbruch geschafft. Du hast immerhin bereits an einer ‹Open Mic Night› reüssiert und dein Song hat grosses Interesse geweckt. Das kann längst nicht jeder von sich behaupten.»

Joe holt eine weitere Runde Cappuccinos und sie diskutieren weiter. Er geniesst jede Sekunde mit ihr. Doch leider verstreicht die Zeit wie immer viel zu schnell. Er kann nicht wissen, dass Allisons Skepsis immer mehr weicht. Wie Schnee an der Sonne.

Die attraktive Schönheit im Coffee Shop, das war wohl einfach eine zufällige Begegnung. Ohne Bedeutung. Und Sandy und Joe am Flughafen? Allison entscheidet, ihr Geheimnis für sich zu behalten und zu schweigen. Dafür gäbe es sicher eine einfache Erklärung.

Spotlight Artist
Das Listening Room Cafe ist fast bis auf den letzten Platz besetzt, als Allison und Joe das Lokal betreten. Sie hat sich für ihren Auftritt – und vielleicht auch für Joe

– aufgehübscht. Extrem aufgehübscht sogar. Sie trägt coole leicht verblichene Wrangler Jeans, einen schwarzen Gurt, schwarze Cowboy-Boots und ein weisses Tank-Top. Eine silberne Indianerhalskette, Ohrringe und eine Armspange mit Türkiseinlagen passen perfekt zu ihrem Cowgirl-Style. Ihr Parfum verbreitet einen angenehmen Duft, der an einen Frühlingsmorgen erinnert. Joe blickt sie immer wieder verstohlen an. Lange hat er davon geträumt, sie an ein Konzert zu begleiten.

Dieses Lokal verbindet feines Essen mit Singer/Songwriter-Musik. Die Bühne befindet sich vor einer roten Backsteinmauer. Darauf steht ein Barhocker. Das ist alles. Kein doppelter Boden. Und bestimmt kein Playback. Wer hier auftritt, spielt live und ohne Band. Alles reduziert auf das Wesentliche: eine Stimme und dazu eine Gitarre.

In Nashville gilt: einen guten Song erkennt man immer. Auch wenn er nur mit einer Gitarre gespielt wird. Eine interessante Geschichte, die unter die Haut geht und dazu eine einprägsame Melodie. Das reicht, um die Fans zu begeistern. Allison verzaubert das Publikum schon mit ihren ersten paar Songs. Dazwischen gibt sie ein paar Informationen über ihre Eigenkompositionen preis.

Joe beobachtet ihren Auftritt aufmerksam. Dabei denkt er: «Kaum zu glauben, dass das alles echt ist. Allison spielt einen Gig in Nashville – und ich bin live dabei.» Er trinkt einen grossen Schluck Bier. Die «Chicken Tenders» mit Sweet Potatoes und Bohnen schmecken vorzüglich dazu.

Am anderen Ende des Lokals sitzt Mark Thompson. Er will nochmals mit Allison reden und sich für sein Drängen am Vorabend entschuldigen. Er ist sicher, dass sie ihn von der Bühne aus nicht sehen kann. Er will sie erst nach ihrem Auftritt ansprechen. Allisons Auftritt als «Spotlight Artist» dauert 60 Minuten. Gerade als Mark auf Allison zugehen will, sieht er, wie sie einen Typen an der Bar umarmt. «Das ist doch nicht möglich, verdammt», stösst er einen Fluch aus. Und: «Das ist doch der A ... aus Kalifornien. Also doch, wie ich vermutet habe. Der Scheisskerl ist hinter ihr her. Aber immerhin hat sich Don Ramsey für meinen Song entschieden. Jessica Sanders wird damit gross rauskommen, ich werde die Tantiemen einstreichen und der verdammte California-Mistkerl schaut in die Röhre.»

Joe und Allison bemerken Mark nicht. Sie lassen den Abend bei einem Drink an der Bar ausklingen und er fährt sie nach Hause. Während der Fahrt möchte er ihre Hand ergreifen oder seine Hand auf ihren Schenkel legen. Aber er hält sich zurück, obwohl ihm dies extrem schwerfällt. Er parkt seinen Pick-up in der Einfahrt vor ihrem Haus. Sie quatschen noch für ein paar Minuten. Dann bedankt sie sich für seine Begleitung und die Hin- und Rückfahrt.

Sie verspricht ihm, sich nach dem Meeting bei der Plattenfirma Black Horse Records sofort bei ihm zu melden. Joe wünscht ihr viel Glück. Er wird intensiv an sie denken.

Der Tag ist optimal verlaufen. Joe ist zufrieden. Obwohl: er hätte die Nacht gerne mit ihr verbracht. Aber er spürt, dass er jetzt nichts überstürzen darf. Er muss geduldig sein.

Kapitel 29 – Das Angebot
(Tag 25 – Donnerstag)

Allison parkt ihren Wagen einige Minuten vor dem Termin vor dem Haus der Plattenfirma. Sie hat sich wie zu einem Konzert gekleidet: Boots, Jeans, eine schwarze Bluse und ein dezentes, aber trotzdem wirkungsvolles Make-up.

Sie meldet sich bei der Empfangsdame, die sie freundlich begrüsst und um etwas Geduld bittet, da Mr. Ramsey mit einem wichtigen Telefongespräch beschäftigt sei. Allison nimmt im bequemen Sessel Platz und blättert die neuste Billboard-Ausgabe mit den aktuellen Musik-Hitparaden durch. Jason Aldean steht auf Platz 1 der Billboard Hot Country Songs Charts mit «Burnin' It Down». Die Minuten dauern ewig. Sie ist nervös. Noch mehr als vor einem Konzert.

Plötzlich geht die Türe auf. Ein grosser Mann mit grauem langem Haar und einer Baseball-Mütze der Nashville Predators betritt den Raum und lächelt sie an: «Herzlich willkommen bei Black Horse Records, Miss Monroe.»

Don Ramsey ist an diesem Mittwochvormittag aussergewöhnlich fröhlich. Er bietet Kaffee und Donuts an und kommt ohne langes Drumherum auf den Punkt: «Ich habe Ihre Stimme letzte Woche erstmals bewusst auf einer Demo-CD gehört und wahrgenommen. Songs

von Joe Baker. Vielleicht haben sie schon von diesem talentierten Songschreiber gehört. Zudem besuchte ich Ihr Konzert vom Dienstag im Bluebird. Ich führte ein paar Telefonate und hörte mich in der Branche um. Sie wissen schon, wie das so läuft.»
Allison muss zweimal leer schlucken und denkt: «Sie wissen gar nicht, wie gut ich Joe Baker kenne.»

Sie lächelt und folgt den Ausführungen von Don Ramsey, der, ohne auf eine Antwort zu warten, weiterfährt: «Die meisten Songs auf der erwähnten Baker-Demo-CD finde ich wirklich stark. Aber die drei Titel, die Sie gesungen haben, sind Extraklasse: ‹Arizona Morning›, ‹Moon Over Your Shoulders› und ‹Butterfly Kisses›. So etwas habe ich lange nicht mehr gehört. Die Melodien und Texte haben Hit-Potenzial. Das ist sicher. Aber was diesen Songs die Krone aufsetzt, ist Ihre Stimme! Deshalb möchte ich Ihnen einen Vertrag bei Black Horse Records anbieten und mit Ihnen eine CD produzieren. Ich denke, Sie haben alles, was es braucht, um Karriere zu machen. Und wir wissen, wie man Stars macht. Was halten Sie von unserem Angebot?»
Allison muss husten. Sie spürt, wie ihre Hände feucht werden. Sie hat lange auf diesen Moment hingearbeitet. Trotzdem: Sie kann kaum glauben, was sie gerade gehört hat. Sie trinkt einen Schluck Kaffee und antwortet: «Danke, Mr. Ramsey. Sir, ich fühle mich sehr geehrt. Ein Vertrag bei Ihrer Firma, ja weshalb nicht? Das kann ich mir sehr gut vorstellen.»

Don Ramsey nickt zufrieden: «Wunderbar. Sie und Ihre Musik passen perfekt zu uns. Wir werden Ihnen den Vertragsentwurf in den nächsten Tagen zustellen. Wenn wir uns einig sind, möchte ich die Produktion umgehend starten, damit Ihre CD rechtzeitig aufs Weihnachtsgeschäft hin in den Verkauf kommt.»

Kapitel 30 – Zwei Gewinner
(Tag 25 – Donnerstag)

Joe kann sich am Donnerstagvormittag kaum auf seine Arbeit konzentrieren. Ideen für neue Melodien? Fehlanzeige. Ideen für neue Texte? Genauso wenig. Punkt. Er ist zu nervös.

Er denkt pausenlos an Allison. Er kann sie beinahe fühlen und ihr Parfüm riechen. Der Abend im Listening Room Cafe und die gemeinsame Zeit im Frothy Monkey waren perfekt. So glücklich und zufrieden war er schon lange nicht mehr.

Joe zuckt zusammen. Sein Smartphone klingelt und reisst ihn aus seinen Tagträumen. Allison sagt nicht viel. Nur: «Hi, wir müssen uns treffen. Unbedingt. Jetzt. Hast du Zeit? Du glaubst gar nicht, was mir die Plattenfirma vorgeschlagen hat.»
Klar. Joe hat Zeit.

Sie treffen sich 20 Minuten später in der Bond Coffee Company, einem angesagten Coffee Shop im Gulch-Quartier. Dieser Stadtteil liegt in der Nähe des Broadways. Er ist hip und trendig. Hier trifft man sich. Es ist eine attraktive Gegend mit neuen Büros, Bars, Restaurants und vielen Möglichkeiten zum Wohnen. Zudem befinden sich das Station Inn, ein bekanntes Musiklokal, sowie das Union Station Hotel in der Nähe.

Allison wartet schon. Küsschen links. Küsschen rechts. Er setzt sich gleich an ihren Tisch. «Willst du nichts bestellen?», fragt sie.
«Nein, das kann warten.» Seine Neugierde ist grenzenlos. «Komm schon, was sind die News?»

Allison geniesst die Situation und spannt ihn extra auf die Folter. Dann endlich beginnt sie, die «Breaking News» aufreizend langsam zu erzählen: «Na ja, wie soll ich sagen? Weisst du, die Geschichte ist die ...»
Joe schenkt ihr einen strafenden Blick: «Komm, nun erzähl schon. Was sind die News?» Er hört sich die Geschichte ungläubig an: «So etwas kommt nur im Film vor», denkt er. Nachdem sie ihm alles erzählt hat, ist er sprachlos – und doch nicht ganz: «Das haut mich um!»
Ist das wirklich wahr oder ist Allison nicht bei Sinnen? Das sind fantastische Neuigkeiten. Einerseits für sie. Genauso wie für ihn. Sie sagt lachend: «Deine Songs und deine Demo-CD brachten den Stein ins Rollen. Er will, dass ich die Lieder, die ich darauf gesungen habe, aufnehme.»
Joe unterbricht sie, indem er warnend den Zeigefinger hebt: «Ja, ja. Nur nichts überstürzen. Dich und deine Stimme haben es ihm angetan. Er sieht die Dollars. Wir dürfen uns erst freuen, wenn die Tinte auf dem Vertrag getrocknet ist. Wenn es schiefläuft, findet er plötzlich bessere Songs als meine. Und ich stehe wieder am Abgrund, so wie vor Kurzem beim Projekt von Jessica Sanders. Denk einfach an unser Gespräch von gestern!»

Allison nickt: «O.K. Ja, du hast ja so recht. Lass uns nichts überstürzen.» Sie bestellen einen Chefsalat und dazu Ice Tea.

«Hast du Lust auf etwas Musikgeschichte?», fragt Allison und schlägt vor: «Das Johnny Cash Museum wäre jetzt der geeignete Ort, um ehrfürchtig des grandiosen Werks einer Legende zu gedenken. Wir müssen am Boden bleiben. Im Vergleich zu Johnny Cash haben wir nichts erreicht. Ich nehme an, du hast das Museum bis jetzt nicht besucht, oder?»

Hat er nicht. Cashs Musik und Karriere sind legendär. Er ist eine Ikone. «The Man in Black». Weltweit geachtet und geehrt. Eine Inspiration für jeden Musiker. Und zudem: Was könnte es Besseres geben, als mit Allison auf den Spuren der Country-Music-Geschichte zu wandeln?

Sie parken ihre Autos in der Nähe des Museums und kaufen sich zwei Eintrittskarten.

Eine Karriere. Unzählige Hits. «A Boy Named Sue», «Folsom Prison Blues», «Ring Of Fire» und viele andere Songs, die in die Musikgeschichte eingingen. Fasziniert studieren sie die Zeitdokumente: alte Tonaufnahmen, Bilder, Videos, Gitarren und Bühnenklamotten. Unglaublich eindrücklich und beeindruckend. Sie verbringen mehr als eine Stunde im Johnny Cash Museum. Völlig fasziniert und inspiriert.

Dabei begegnen sich ihre Blicke immer wieder. Mehrmals berühren sie sich wie zufällig, als sie ein Bild oder eine wertvolle Gitarre bestaunen. Eine elektrisierende Stimmung liegt zwischen ihnen in der Luft. Wie im Film «Walk The Line» zwischen Johnny und seiner Frau June Carter.

Joe hält es fast nicht mehr aus. Sie sind sich so nahe. Und doch noch so weit entfernt. Er fragt sich: «Wie weit kann ich gehen? Umarmen? Durchs Haar streichen? Küssen?»

Im verdunkelten Kinosaal des Johnny Cash Museums fasst er all seinen Mut zusammen und legt seine Hand langsam auf ihren Oberschenkel. Zu seinem Erstaunen wehrt sich Allison nicht. Sie legt sogar ihre Hand auf seine Hand. Sie fühlt sich wohl in seiner Nähe. Als der Kurzfilm über Johnnys Leben fertig ist, bleiben sie noch für ein paar Sekunden sitzen. Dann verlassen sie den Saal. Hand in Hand. Sie schlendern zum Ausgang des Museums und schauen sich im Souvenir-Shop kurz um. Sie kaufen nichts, denn es ist Zeit zu gehen. Sie haben genug gesehen.

Bei Ben & Jerry's kaufen sie sich ein Eis. Allison einen Becher mit einer Kugel Cookie Dough und Joe eine Kugel Cherry Garcia. Gemütlich spazieren sie den Broadway hinunter, an vielen Bars und Souvenir-Shops und am Hardrock Cafe vorbei. Dann überqueren sie die

Strasse und machen es sich am Ufer des Cumberland Rivers bequem. Sie geniessen ihr Eis und lachen. Joe legt seinen Arm um ihre Schultern. Die warmen Sonnenstrahlen passen wunderbar zur Stimmung.

Ihre Blicke treffen sich und Joe streicht mit seiner Hand über ihre Wange. Dann küssen sie sich sanft. Einmal, zweimal und dann immer wieder. Zuerst zaghaft und vorsichtig. Dann immer intensiver.

Als sich die Sonne langsam senkt, macht sich der Hunger bemerkbar. Mit einem Anflug von Schalk in der Stimme fragt sie: «Möchtest du meine CD-Sammlung sehen?»
Joe lacht: «Natürlich. Das interessiert mich jetzt wirklich brennend. Aber zuerst muss ich etwas essen. Du nicht?»

Allison schlägt vor, bei ihr zu Hause Spaghetti zu kochen oder eine Pizza zu bestellen und dazu eine Flasche Rotwein zu trinken. Joe muss nicht lange überlegen. Er wäre so oder so zu ihr gegangen. Mit oder ohne Pizza. Mit oder ohne Spaghetti. Sogar ohne Wein. Und im Notfall auch nur, um ihre CD-Sammlung anzuschauen.

Er parkt direkt neben ihrem Auto und öffnet ihre Autotür. Hand in Hand gehen sie zur Eingangstür. Ihr Haus ist ungefähr zwanzig Jahre alt. Er erinnert sich sofort an seinen ersten Besuch und an den Wohnbereich. Die farbigen Wände wirken beruhigend. Das Sofa und der Salontisch harmonieren mit dem Eichenparkettboden. Auf dem Esstisch liegen Zeitungen, Songtexte, Schreibblocks und ein paar Kugelschreiber. Allison zeigt ihm die restlichen Räume des Hauses. Das Schlafzimmer, die Küche sowie das Bad und ein Arbeitszimmer. Joe entdeckt darin mehrere Gitarren. Unter normalen Umständen hätte er sich die Instrumente näher angeschaut. Doch nicht heute.

Sie nimmt ihn bei der Hand und zieht ihn in die Küche. Sie drückt ihm eine Tüte Tortilla Chips und eine Flasche kalifornischen Rotwein in die Hand. Vorsichtig öffnet er den Cabernet Sauvignon der Cannonball Wine Company mit dem Jahrgang 2011. Er füllt ein Glas, trinkt einen Schluck und will dazu etwas sagen, doch er kommt nicht dazu.

Sie geht auf ihn zu und küsst ihn. Intensiv und lange. Nicht mehr so zaghaft wie vorher. Dann schenkt sie ihm ein Lächeln, das bei ihm alle Sicherungen durchbrennen lässt. Mit schuldigem Blick öffnet sie die Knöpfe seines Hemdes und fährt mit ihren zarten Händen über seine Brust, hinauf bis zu den Schultern. Dort stoppt sie abrupt und fragt leise: «Bist du romantisch?»
«Und wie», antwortet er ebenso leise. «Was hast du jetzt genau vor?»
«Zu viel Licht. Das stört.» Sie huscht zum Salontisch und

zündet eine Kerze an. Der feine Zimtduft erfüllt langsam den Raum. Dann löscht sie das Licht. Nur der Schein der Kerze sorgt für etwas Helligkeit.

Sie startet eine CD mit Musik von Kenny G, dem einzigartigen Saxofon-Spieler. Seine Easy-Listening-Musik sorgt für die perfekte Romantik.

Dann steht sie wieder vor ihn hin und hilft ihm, sein Hemd auszuziehen.
«Das ist aber jetzt etwas unfair. Hast du nicht zu viele Kleider an?», bemerkt Joe mit ernster Stimme.
«Ja, das stimmt. Viel zu viele. Hilfst du mir beim Ausziehen?»

Joe öffnet ihre Bluse im Zeitlupentempo. Einen Knopf nach dem anderen. Er hat keine Eile. Sein Herz pocht wie verrückt. Sie entledigt sich des störenden Teils. Dann öffnet er ihren schwarzen BH. Er fühlt ihren Herzschlag und bemerkt, dass ihre Brustwarzen schon ganz hart sind vor Erregung.

Das Kerzenlicht gibt genau so viel Licht wie nötig, damit er ihren begehrenswerten Körper erkennen und bewundern kann. Er blickt sie an und flüstert: «Du machst mich unglaublich an.» Er nimmt das Weinglas zur Hand und trinkt einen Schluck.
«Musst du dir jetzt Mut antrinken?», fragt sie neckisch.
Er schüttelt nur den Kopf.

«Aber ich.»
Wortlos reicht er ihr das Glas.

Nach einem Schluck Wein öffnet sie den Gürtel seiner Jeans. Dann den Knopf. Schliesslich zieht sie den Reissverschluss langsam nach unten. Er schlüpft aus seiner Hose.
«Jetzt du», sagt er leise.
Nachdem sie nackt vor ihm steht, nimmt sie seine Hand und fragt: «Habe ich dir eigentlich schon gezeigt, wo ich schlafe?»

Ohne auf eine Antwort zu warten, gehen sie Hand in Hand in ihr Schlafzimmer. Sie schaffen es knapp bis zum Bett, bevor sie das nachholen, wovon er schon so lange geträumt hat. Sie setzt sich auf den Bettrand und er kniet direkt vor sie hin. Mit ihrer rechten Hand umfasst sie seinen Hals und zieht ihn näher. Er küsst ihre heissen Lippen. Sie erwidert seine Küsse. Mit seiner rechten Hand streichelt er ihre Brüste. Sie geniesst seine sanften Berührungen. Dann lässt sie sich immer weiter aufs Bett zurückfallen, bis sie auf dem Rücken liegt und ihn auf sich zieht. Er lässt seine Lippen neckisch von ihrem Hals bis hinunter zu ihrer Taille und wieder zurück zu ihren Brustwarzen wandern. Sie windet sich unter ihm, als er ihre Nippel küsst.

Dann schiebt sie ihren Slip hinunter und schaut ihn herausfordernd an. Er schaut neckisch zurück, bevor

er sich intensiv mit ihrem Ohrläppchen beschäftigt. Dies entlockt ihr ein lustvolles Stöhnen. Sie spürt seine Erektion an den Innenseiten ihrer Schenkel. Ihr Verlangen steigt. «Ich möchte dich jetzt in mir spüren», flüstert sie in sein Ohr.
Zuerst bewegen sich ihre Körper vorsichtig und sachte. Dann immer heftiger und intensiver, bis sie einen gemeinsamen Rhythmus finden. Völlig angetörnt von der Begierde. Sie geniessen jeden Moment. Jede Bewegung. Schliesslich entlädt sich ihre Lust und sie ergeben sich atemlos und schweissgebadet ihrem gegenseitigen Liebesrausch.

Diesen Moment hat sich Joe lange herbeigesehnt. Die Realität fühlt sich aber noch besser an, als in seinen kühnsten Träumen. Das Warten hat sich gelohnt. Definitiv.

Aus Pizza oder Spaghetti wird nichts. Egal, es zählt nur der Moment. Sie lieben sich die ganze Nacht lang – bis in die frühen Morgenstunden.

Kapitel 31 – Kuscheln
(Tag 26 – Freitag)

Allison und Joe verbringen den Freitagmorgen im Bett. Sie verspüren keine Lust, aufzustehen. Keine Termine. Keine Verpflichtungen. Einfach nur Zeit für sich. Gegen 11.00 Uhr geht sie in die Küche und kommt mit zwei Tassen fein duftendem Kaffee zurück.

«Alles O.K. bei dir?», will er wissen.
«Ich bereue nichts, wenn du das meinst», antwortet sie verschmitzt. «Und du?»
«Ich hätte keinen Moment länger warten können. Davon habe ich schon so lange geträumt», gibt er zu.

Sie will von ihm alles wissen und ihn besser kennenlernen. Er beantwortet alle Fragen. Geduldig und mit einer Prise Humor. Dazwischen küssen sie sich immer wieder, trinken Kaffee und hin und wieder stellt er Gegenfragen. Auch er weiss noch längst nicht alles über sie.

Plötzlich wird sie ernst: «Was ist eigentlich mit Sandy? Bedeutet sie dir noch etwas?» Diese Frage muss sie stellen. Jetzt oder nie. Sie will es genau wissen.
Joe macht eine abweisende Handbewegung: «Wie kommst du gerade jetzt auf sie? Sie hat mich für einen alten Sack, einen stinkreichen Arzt verlassen. Das und der Verlust meines Jobs haben mich unzählige schlaf-

lose Nächte gekostet. Ich war wütend und enttäuscht. Ich fühlte mich mies und war verletzt. Aber das alles ist jetzt kein Thema mehr. Ich weine ihr keine Träne nach. So wie es jetzt ist, stimmt es für mich. Heute bin ich dem Arzt sogar dankbar, denn sonst wäre ich jetzt nicht hier bei dir.»
Seine Erklärungen klingen überzeugend. Aber Allison will es ganz genau wissen: «Hast du noch Kontakt mit ihr?»

Joe gefällt die Frage nicht und er setzt eine ernste Miene auf: «Bis vor Kurzem schrieb sie mir etwa einmal pro Woche eine Nachricht und wollte wissen, wie es mir geht. Sie hat wohl ein schlechtes Gewissen. Meistens ignoriere ich ihre Mails. Aber vor Kurzem hat sie einen Überraschungsbesuch hier in Nashville gemacht. Einfach so. Ohne Ankündigung. Ich liess sie in meiner Wohnung schlafen.»

Allison hatte mit allem gerechnet, aber nicht damit: Ohne zu überlegen, hakt sie nach: «Echt? Das ist jetzt ein schlechter Witz, oder? Lief was dabei? Hat sie dich verführt?»
Joe bleibt ruhig: «Keine Angst. Entspanne dich. Glaube mir, es passierte nichts zwischen uns. Ehrenwort. Ich habe sie am nächsten Tag wieder auf den Flughafen gebracht. Seither ist Funkstille. Ich habe keine Lust mehr, je wieder etwas mit ihr anzufangen. Sie hat mich unendlich gedemütigt. Sie hat jetzt ihren Arzt und ich

geniesse das Leben mit dir. Es könnte nicht schöner sein.»
Allison ist erleichtert. Dieses Statement kam ehrlich und echt rüber. Ihre Bedenken schwinden immer mehr. Dafür will Joe mehr wissen von ihr: «Und du? Wie viele Verehrer stehen bei dir Schlange? Die Cowboys da draussen sind bestimmt total scharf auf dich, oder? Du siehst bezaubernd aus, hast eine unglaubliche Ausstrahlung und eine grandiose Stimme.»
Sie kontert trocken: «Sorry. Kein Interesse. Keine Zeit. Keine Lust auf ein Abenteuer oder eine Beziehung mit irgendwem. Da kann kommen, wer will. Keine Chance.»

Wow, das ist ein Schlag ins Gesicht. Joe findet keine Antwort darauf. Allison streicht ihm mit ihrer Hand liebevoll über den Kopf: «Armer Joe. Hast du dir etwa schon Hoffnungen gemacht?»
Nach einer Kunstpause blickt sie ihn an. Sie flüstert: «Wenn du dir Mühe gibst, und mich nochmals richtig küsst, werde ich es mir vielleicht anders überlegen.»
Joe lacht und wartet mit seiner Antwort: «Na ja, das muss ich mir jetzt gründlich überlegen. Jetzt bin ich total verunsichert. Vielleicht rufe ich doch besser Sandy an und mache mit ihr ein Date in einer Strandbar in San Diego ab.»

Keine Sekunde später lachen sie laut los und vernaschen sich erneut. Ein paar Minuten später klingelt Joes Telefon. Es ist Steve. Joe ignoriert den Anruf. Er ist zu beschäftigt, um zu telefonieren. Später ruft er zurück: «Wie geht es dir, mein Freund? Bei mir ist alles in Ordnung. Ich bin zufrieden. Sehr zufrieden sogar. Gut, ich komme vorbei. Es gibt News. Breaking News sozusagen.»

Allison checkt ihre E-Mails. Neue Konzertanfragen, genauso wie eine Nachricht von Don Ramsey. Im Anhang findet sie bereits den Entwurf des Vertrages. Sie druckt ihn aus und geht das Werk zusammen mit Joe durch: «Hast du einen Anwalt, der das prüft?», will er wissen.
Sie schüttelt den Kopf.
Joe hat die Lösung: «Das macht nichts. Komm, wir besuchen meinen Freund Steve. Er ist Musikanwalt und kann dir helfen.»

Sie fahren in seinem Pick-up Truck in die Stadt. Steve erwartet sie schon: «Ah, du bist also Allison. Ich habe schon viel von dir gehört. Natürlich nur Gutes. Es wurde Zeit, dass ich dich endlich kennenlerne. Deine Stimme hat mich übrigens in letzter Zeit ständig begleitet. Joes Demo-CD habe ich mir schon unzählige Male reingezogen.»

Steve liest den Vertrag aufmerksam durch, stellt ein paar Fragen und sagt schliesslich: «Der Vertrag ist perfekt. Da gibt es nichts auszusetzen. Don Ramsey und sein Label Black Horse Records sind eine grosse Nummer in der Branche. Erfolgreich und seriös. Etwas Besseres

könnte dir gar nicht passieren. Natürlich ist es nicht eine der ganz grossen Plattenfirmen wie Universal, RCA oder Columbia. Doch das ist im Moment nicht so wichtig. Bei Ramsey bist du nicht einfach nur eine Künstlerin unter vielen. Du kannst davon ausgehen, dass er dich und deine Karriere mit allem, was ihm zur Verfügung steht, pushen wird. Wenn alles optimal läuft, wirst du in die Top 40 der Country-Hitparade kommen. Im besten Fall kannst du sogar die Top 20 knacken. In den meisten Fällen weiss man es natürlich nicht im Voraus. Ausser wenn die Hitparaden-Platzierungen von den Plattenfirmen gekauft werden. Steht das Erscheinungsdatum schon fest?»
«Nein, das genaue Datum wurde bis jetzt nicht kommuniziert. Aber wenn möglich vor Weihnachten», erwidert Allison.
«Wie sieht es mit den Songs, dem Aufnahmestudio und dem Produzenten aus? Habt ihr schon über diese wichtigen Punkte gesprochen?» Steve erkundigt sich nach weiteren Details.
Allison blickt zu Joe: «Bis jetzt sind erst die drei Songs definitiv klar, die Joe geschrieben hat. Zudem möchte ich auch einige meiner eigenen Songs veröffentlichen. Ich hatte ja so oder so eine neue CD in Planung, bevor dieses Angebot eingetroffen ist. Ich weiss noch nicht, in welchem Studio wir aufnehmen und welche Musiker für die Session gebucht werden. Aber: Don Ramsey selbst wird meine CD produzieren.»
Allison und Steve wollen auf den Plattenvertrag an-

stossen. Aber Joe mahnt zur Vorsicht: «Das letzte Mal, als wir feierten ... Na, ihr wisst schon. Wir freuten uns zu früh und ich hatte danach einen Kater. Aus Frust hätte ich beinahe meine Gitarre an die Wand geknallt.»
Steve kann die Bedenken seines Freundes nachvollziehen: «Ich verstehe dich. Wir warten mit der Feier für Allisons Deal, bis der Vertrag unterschrieben ist. Aber: wir feiern trotzdem. Denn ich habe heute einen wirklich fetten Auftrag an Land gezogen. Wie wäre es mit einem saftigen Stück Fleisch im Husk, dem Restaurant mit dem exzellenten Südstaaten-Essen? Ich lade euch ein.»

Kapitel 32 – Song Selection
(Tag 27 – Samstag)

Joe konnte sich in den letzten Tagen über einige positive Neuigkeiten freuen. Er hatte oft davon geträumt, in Nashville durchzustarten und mit Allison zusammenzukommen. Endlich ist er mit ihr mehr als nur einen Schritt weiter und ihr Produzent will, dass sie einige seiner Songs aufnimmt. Ganz zu schweigen von seiner überzeugenden Performance bei einer «Open Mic Night». Einfach unglaublich.

Sie starten den Samstag wie den Tag davor. Ausschlafen, strecken, küssen, kuscheln. Danach fahren sie zu einem Starbucks in der Nähe, trinken Kaffee und essen einen Banana Nut Muffin dazu. Sie schauen sich Allisons Tourneeplan an, suchen nach Daten für die Aufnahmen im Studio und blockieren ein paar Tage für ihre erste gemeinsame Reise in den Great Smokey Mountains Nationalpark im Osten von Tennessee. Joe war noch nie dort, hat aber schon viel davon gehört und freut sich, den Nationalpark mit Allison zu besuchen.

Gatlinburg, Tennessee, eine kleine Stadt nördlich des Parks, ist das Tor zum Nationalpark, der in den Appalachen liegt. Genau gesagt auf dem Gebiet der US-Bundesstaaten North Carolina und Tennessee. 130 verschiedene Baum- und 4000 weitere Pflanzenarten begeistern die Besucher und machen den Park zu einem einzigartigen Naturerlebnis. Jährlich besuchen über 10 Millionen Personen diesen einzigartigen Park. Damit ist er einer der meistbesuchten Nationalparks der USA.

Nebst der Planung der ersten gemeinsamen Reise steht heute vor allem die Suche nach passenden Songs für Allisons CD auf dem Programm.
«Normalerweise hören sich die Sänger und Produzenten einige Hundert Lieder an, bevor sie die definitive Auswahl treffen», sagt Allison.
«Stimmt», entgegnet Joe. «Mal schauen, welche Vorschläge Don Ramsey machen wird.»
«Ich bin schon jetzt sehr neugierig», bemerkt Allison. Dann fährt sie fort: «Nebst den drei Songs von dir möchte ich liebend gerne ein paar meiner eigenen Lieder einspielen. Wichtig ist, dass sich die Songs perfekt ergänzen. Die Mehrheit soll schnell sein, aber auch ein, zwei Balladen dürfen nicht fehlen.»

Den Sound im Kopf
Obwohl es Samstag ist, arbeitet Don Ramsey in seinem Büro konzentriert an Allisons CD. Er erstellt eine Liste mit Studios, die für die Aufnahme-Session infrage kommen.

Er legt grossen Wert auf eine zeitgemässe technische Infrastruktur, die erstklassige Aufnahmen ermöglicht. Dank seiner Erfahrung weiss er, dass alle renommierten Studios seine Vorgaben erfüllen. Ein anderes Kriterium ist für ihn aber genauso wichtig – wenn nicht sogar noch wichtiger: Nur, wenn sich die Sängerin oder der Sänger in einem Studio wohl fühlt, sind Höchstleistungen möglich. Er stellt sich vor, in welchem Studio sich Allison wie zu Hause fühlen könnte.

Don hat einen bestimmten Sound im Kopf, der perfekt zu Allisons Musikstil passt. Eine Mischung aus Alt und Neu. Eine Anlehnung an den Sound der Judds, des erfolgreichen Mutter- und Tochter-Duos der Achtziger- und Neunzigerjahre. Zur Inspiration hört er sich einige der Judds-Hits an: «Mama He's Crazy», «Why Not Me» oder «Rockin' With The Rhythm Of The Rain».

Um diesen Sound zu kreieren, benötigt er einige der besten Studiomusiker, die Nashville zu bieten hat. Musiker, die das Optimum aus ihren Instrumenten herausholen. Er will nur akustische Instrumente wie Western-Gitarren, Piano, Geige, Mandoline, Bass und Drums. Trotzdem soll das Ergebnis nicht wie reiner Bluegrass klingen, sondern wie der coole Judds-Sound, adaptiert auf die heutige Zeit.

Er will nichts überstürzen, und doch muss er zügig vorangehen. Sein Plan sieht vor, die CD rechtzeitig auf das Weihnachtsgeschäft auf den Markt zu bringen.

Während er sich diese Gedanken macht, notiert er Namen und Termine auf einen Zettel und hört sich gleichzeitig Songs aus seinem Archiv an. Neuere und ältere Lieder von bekannten und unbekannten Songschreibern. Don Ramsey ist kein Produzent, der die Auswahl der Lieder auf die leichte Schulter nimmt. Doch zum Glück hat er schon drei Lieder, die er unbedingt mit ihr einspielen will. Alle stammen aus der Feder von Joe Baker. Er kannte diesen Burschen vorher nicht, aber die Demo-CD hat es ihm angetan. Darauf befindet sich weiteres interessantes Songmaterial. Er muss mit dem Typen sprechen und ihn kennenlernen. Vielleicht hat er noch andere Songs mit Hit-Potenzial auf Lager?

Don Ramsey hört sich gegen achtzig Songs an, die er im Laufe der Zeit in sein Archiv gelegt hatte. Bei manchen genügen fünf Sekunden, um zu wissen: das wird nichts, da sie nicht zu Allison passen. Andere hört er sich länger und intensiver an. Die Texte müssen eine interessante oder überraschende Geschichte erzählen und zu Allison passen. Für Don kommen nur Lieder mit einer eingängigen Melodie infrage, die in sein Soundkonzept passen. Kein Wunder, schaffen es von den achtzig Songs nur fünf auf die Shortlist. Zusammen mit den drei von Joe sind es erst acht Lieder, die in die engere Wahl kommen. Er will sich noch die Eigenkompositionen von Allison genauer anhören. Die Suche ist längst noch nicht abgeschlossen.

Am Abend besuchen Allison und Joe ein Konzert in der Grand Ole Opry. Sie liegt etwas ausserhalb von Nashville und ist ein riesiger Zuschauermagnet. Seit 1925 werden die Radio-Shows jede Woche live aus Nashville, Tennessee, ausgestrahlt. In den Anfangsjahren wurde aus dem Studio des Radiosenders WSM gesendet. Ab 1943 aus dem Ryman Auditorium am Broadway. Das Ryman ist eine alte Kirche, die 3'000 Sitzplätze fasst und den Konzerten ein wunderbares Ambiente verlieh. Im Jahr 1974 bezog die Radio-Show im Entertainment-Park «Opryland» ein neues Zuhause. Die neue Konzerthalle fasst 4'400 Zuschauer und bietet den Zuschauern und Künstlern einen höheren Komfort. Für die Country-Stars ist es eine besondere Ehre, in die Grand Ole Opry aufgenommen zu werden. Als ständiges Mitglied sind sie verpflichtet, jedes Jahr eine bestimmte Anzahl Konzerte auf der «heiligen Bühne der Country-Music» zu absolvieren.

An diesem Abend stehen zwei bekannte Stars der 90er-Jahre auf dem Programm: Vince Gill und Steve Wariner. Dazu einige ältere Sängerinnen und Sänger wie Jean Shepard oder Connie Smith, deren erfolgreichste Zeiten in den 60er-Jahren waren.

Joes Vorfreude ist gigantisch. Nicht nur wegen der beeindruckenden Atmosphäre, sondern erst recht wegen seiner Begleitung. Allison sieht im rot-schwarzen Karo-Hemd, ihrem schwarzen Minirock, den schwarzen Strümpfen und den Boots unglaublich heiss aus. Vor der Show trinken sie im Foyer ein Bier. Dann begeben sie sich in die Konzerthalle. Joe hat Tickets in der Mitte der zehnten Reihe ergattert. Der Platz ermöglicht ihnen freie Sicht auf die Bühne. Wie immer wird jeder Künstler von einem Moderator angekündigt. Jeder Act darf nur zwei Songs spielen. Die Stimmung ist fantastisch. Sie erreicht während der beiden Lieder von Vince Gill den absoluten Höhepunkt. Schon nach den ersten drei Tönen seines Millionen-Hits «When I Call Your Name» erhält er tosenden Applaus. Nach dieser wunderschönen, aber traurigen Ballade heizt er dem Publikum mit seinem Kracher «Liza Jane» richtig ein. Joe und Allison sind begeistert. Immer wieder blicken sie sich an und können ihr Glück kaum fassen.

Kapitel 33 – Cover Songs und eigenes Material
(Tag 28 – Sonntag)

Allison und Joe wachen am Morgen glücklich auf. Noch immer trudeln die Melodien vom Vorabend in ihren Köpfen herum. Beim Frühstück – bestehend aus Kaffee, Orangenjus, Speck und Rührei – gehen sie das Konzert nochmals durch. Joe summt «Liza Jane» von Vince Gill, bis ihn Allison stoppt: «Das ist zwar ein Mega-Song, aber für meine neue CD leider nicht passend, da er über eine Frau singt. Schade, aber einen Uptempo-Hit genau dieser Art müssen wir finden!»
Joe stimmt ihr zu: «Hast du eigentlich schon eine E-Mail von Don Ramsey mit seinen Vorschlägen erhalten?»
Allison verneint, loggt sich in ihren Mac ein und ruft die Mails ab: «Super. Er hat mir heute Morgen tatsächlich ein Mail mit mehreren Songvorschlägen gesendet. Wollen wir uns die Vorschläge gleich anhören?»
«Na klar!», ruft Joe und trinkt einen grossen Schluck Kaffee.

Allison stellt ihren Mac auf den Küchentisch und sie hören sich einen Song nach dem anderen an. «Die Auswahl fällt alles andere als leicht», stellt Allison mit einem tiefen Seufzer fest.
«Das darf sie auch nicht. Nur die bestmöglichen Lieder kommen in die Auswahl,» mahnt Joe.
Nachdem sie sich die Lieder ein zweites Mal angehört

haben, nehmen sie die Songliste vom Vortag zur Hand und verbringen den Sonntag damit, sich weitere CDs anzuhören. Joe ist der Ansicht, dass ein Remake eines alten Hits eine sinnvolle Option wäre – als Ergänzung zu all den neuen Songs.

Sie hören sich CDs von Loretta Lynn, Patsy Cline, Dolly Parton, Emmylou Harris, Tanya Tucker, Tammy Wynette und weiteren Country-Ladies an. Classic Country sozusagen. Aus der jüngeren Vergangenheit sind es Lieder von Reba McEntire, Kathy Mattea, Anne Murray, Mary Chapin Carpenter, LeAnn Rimes, Faith Hill, Martina McBride, Miranda Lambert und den Dixie Chicks.

Dazwischen spielt er ihr immer wieder mal eine seiner Eigenkompositionen vor. Vor allem Lieder, die er kürzlich komponiert hat und die nicht auf seiner Demo-CD zu hören sind. Es ist ein Privatkonzert für Allison. Im Gegenzug bringt sie ihre Songs ins Spiel. Am Ende des Tages stehen 30 Namen auf der Songliste.

Allison bestätigt Don Ramseys Terminvorschlag für die nächste Besprechung und sendet ihm die Songliste zu. Don Ramsey gibt Gas. Er spielt kein Spiel. Es ist ihm ernst mit Allisons Karriere.

Kapitel 34 – Gesucht: Hit-Songs
(Tag 29 – Montag, 29. September 2014)

Das Musikgeschäft – nicht nur in Nashville – ist ein hart umkämpfter Markt. In einer Zeit, in der es immer schwieriger wird, CDs zu verkaufen, ist jeder Hit Gold wert. Die Künstler müssen die rückläufigen Verkaufszahlen – so gut es geht – mit Konzerten kompensieren. Nachwuchskünstler erhalten von den Plattenfirmen kaum Zeit, um ihre Karriere Schritt für Schritt aufzubauen. Wer nicht rasch reüssiert und einen Top-Hit landet, ist schnell wieder weg vom Fenster. So ist es keine Überraschung, dass alle Produzenten nach erstklassigem Songmaterial suchen. Dazu kommt, dass jede Plattenfirma Angst hat, einen Trend zu verschlafen und einen zukünftigen Star nicht selber zu entdecken.

Dean Potter, ein junger Nachwuchssänger, steht an der Schwelle zum Erfolg. Der Plattenvertrag wurde im Sommer unterzeichnet und die Plattenbosse seines Labels Astro Records haben ihm versprochen, alle Hebel in Bewegung zu setzen, damit er schon bald in die Top-10 kommt.

Bisher hielt er sich als Taxifahrer, Kellner und Sänger von Demo-CDs über Wasser. Er ist jung, erst 25 Jahre alt – und doch klingt seine tiefe Stimme bereits sehr reif. Er erfüllt alle Klischees: Er trägt immer einen Cowboy-Hut, Jeans, Hemd und Boots wie sein Vorbild, die Country-Legende George Strait. Mit seinem strahlenden Lachen, seinen blauen Augen, seinen schwarzen Haaren und seiner imposanten Statur von mindestens 1,85 Metern ist er der perfekte Traum jeder Schwiegermutter.

Da er single ist, lässt es sich schon jetzt erahnen, dass die Girls voll auf den zukünftigen Country-Star abfahren werden.

Der Scout einer grossen Plattenfirma entdeckte Dean Potter, als er sich Demos anhörte. Deans Stimme fiel ihm auf, da sie ihn stark an Keith Whitley erinnerte. Whitley war auf dem Weg zum absoluten Superstar, als er sich 1989 zu Tode soff. Er konnte mit seinem plötzlichen Erfolg leider nicht umgehen.

Whitleys Hits wie «Don't Close Your Eyes» oder «When You Say Nothing At All» schlugen damals ein wie eine Bombe und katapultierten ihn an die Spitze der Country-Charts. Er wird von vielen Sängern in einem Zug mit George Jones, Willie Nelson, Merle Haggard, George Strait oder Randy Travis als Vorbild genannt. Kein Wunder, zählen diese Hits zum Standard-Programm jeder Country-Band. Welch ein Jammer, dass Keith Whitley viel zu früh aus dem Leben schied.

Der Scout und mehrere Kaderleute aus der Teppichetage von Astro Records besuchten etliche Konzerte von Dean Potter, bevor sie ihm den Plattenvertrag anboten. Bei diesen Gigs konnten sie sich von seinem riesigen Talent und Potenzial überzeugen.

Deans CD ist beinahe fertig, doch nicht alle der zwölf bereits eingespielten Songs erfüllen die Erwartungen des Produzenten und des Geschäftsführers. Sie sind zwar solide, haben aber nicht das Zeug zum erhofften Hit. Mindestens ein Song mit Hit-Potenzial muss noch her. Und zwar dringend. Noch besser wären jedoch gleich zwei Alternativen. Von den zusätzlichen Vorschlägen, die man sich anhörte, wies bis jetzt keiner auch nur annähernd die benötigte Qualität auf.

Der CEO von Astro Records ist stark unter Druck geraten. Das Mutterhaus in New York übt seit Monaten grossen Druck auf ihn aus, denn die Verkaufszahlen der Nashville Division sanken in den letzten Jahren ins Bodenlose. Genauso wie bei vielen anderen Plattenfirmen. Schuld daran ist das Internet, welches die Musikbranche komplett auf den Kopf gestellt hat.

Seit Jahren kaufen immer weniger Musikfans CDs. Die illegalen Downloads haben der gesamten Musikbranche das Geschäft vermiest. Keiner hatte eine Antwort darauf – bis Apple kam und iTunes lancierte.

Dies brachte zwar eine leichte Erholung, aber die fetten Jahre sind definitiv vorbei. Und die immer beliebteren

Streaming-Dienste, wie zum Beispiel Spotify, sind auch nur ein Tropfen auf den heissen Stein.

Doch nicht nur die illegalen Downloads sind ein Problem. Die Plattenfirma hat seit einiger Zeit keinen neuen Sänger und auch keine neue Sängerin mehr gross herausgebracht. Zudem haben einige ihrer arrivierten Stars den Zenit ihrer Karriere längst überschritten. Im besten Fall klettern sie mit ihren Single-Auskoppelungen auf Platz 25 der Country-Charts. Bessere Klassierungen werden sie wohl nie mehr erreichen.

Die Stimmung ist angespannt. Ein neuer Star muss her. Und zwar so schnell wie möglich. Egal wie. Doch Wunder passieren selten. Und schon gar nicht über Nacht.

Ihre Hoffnungen ruhen auf Dean. Dean Potter soll es richten. Er hat das Zeug dazu, um richtig durchzustarten und ein neues und junges Publikum anzusprechen. Fans, die Konzerte besuchen, Fan-Artikel kaufen und die Lieder auf Spotify «streamen», Songs im Internet legal kaufen oder doch noch eine echte CD kaufen. Aber – und das ist das Problem – der ultimative Hit-Song ist nicht in Sichtweite.

Das Weihnachtsgeschäft ist ein Hoffnungsträger. Doch um Kasse zu machen, muss die erste Single gleich richtig einschlagen und von den Radio-Stationen rauf und runter gespielt werden. Intensives Airplay am Radio – während ein paar Tagen – kann den Stein ins Rollen bringen und einen Song zum Hit machen. Schlägt eine Debüt-Single richtig ein, ist vieles möglich.

Auch Dean spürt, dass von den bisher eingespielten Songs keiner das Zeug zur Debüt-Single mit Hit-Potenzial hat. Nur ein Ohrwurm oder ein Song mit einer aussergewöhnlichen Story hat gegen die Konkurrenz eine Chance. In den letzten Tagen hörte er sich unzählige Demo-Songs an, genauso wie der Produzent und der Songscout. Sogar der CEO der Plattenfirma suchte und suchte.

Alle hörten sich Dutzende von Songvorschlägen an, die ihnen zugespielt worden waren. Doch leider war ihre Suche nicht erfolgreich. Nichts, aber wirklich gar nichts Vernünftiges ist an diesem Montagmorgen dabei. Die Vorschläge sind lahm, die Melodien nicht eingängig genug und die Texte sind im besten Fall Mittelmass. Echt frustrierend!

Der Plattenboss schaut in die Runde: «Hier ist die Aufgabe, Jungs. Bis morgen Dienstag um 10.00 Uhr macht ihr nichts anderes, als alle Hebel in Bewegung zu setzen, um die besten verdammten Songs, die ihr finden könnt, anzuschleppen. Egal wie. Wenn es sein muss, arbeitet ihr durch. Jeder muss mindestens fünf Vorschläge bringen. Und jetzt an die Arbeit.»

Loyalität

Nach einer leichten Joggingrunde durchs Quartier, einer heissen Dusche und einer Tasse Kaffee blickt Joe auf die letzten Tage zurück. Das Wochenende ist vorbei. Mit Allison scheint doch noch alles gut zu kommen. Sie stehen mit ihrer Beziehung erst am Anfang. Einfach unglaublich, diese Schmetterlinge im Bauch! Er ist so glücklich wie schon lange nicht mehr. Er ist bereit für eine neue aufregende Woche.

Zwei «Open Mic Nights» stehen auf dem Programm und er will an neuen Songs arbeiten. Die positiven Erlebnisse der letzten Tage geben ihm Kraft und motivieren ihn, seinen angefangenen Weg konsequent weiterzugehen.

In Nashville leben viele Songschreiber, die es geschafft haben, dank ihrem Talent ihren Lebensunterhalt zu bestreiten. Aber noch viel grösser ist die Zahl derjenigen, die sich mit Nebenjobs über Wasser halten müssen und den Traum vom Musikerleben nur dadurch am Leben halten können. Joe will alles Notwendige unternehmen, um von der Musik alleine zu leben. Jetzt oder nie.

Ausgerüstet mit Gitarre, Block und Schreibzeug setzt er sich an seinen Tisch und arbeitet bis gegen Mittag an einem neuen Song: «Memories Fade Away». Er schafft es, konzentriert zu arbeiten und die Ideen auf seinem Smartphone festzuhalten.

Nach dem Mittagessen, einer Cola Zero und einem BLT-Sandwich checkt er seine E-Mails. Darunter befinden sich wie immer viele Spam-Mails. Immerhin eine davon sieht nicht nach Spam aus und weckt Joes Interesse. Er liest den Betreff: «Ihre Demo-CD». Sein Herz schlägt höher. Die erste Reaktion eines Verlages. «Wahrscheinlich eine Absage», denkt er. Eine negative Nachricht wäre alles andere als eine Überraschung.

Joe klickt auf die Nachricht und liest: «Sehr geehrter Herr Baker, wir haben uns Ihre Songs angehört, die Sie kürzlich bei uns abgegeben haben, und sind interessiert daran. Wir möchten Sie sobald wie möglich kennenlernen. Bitte melden Sie sich, damit wir einen Termin vereinbaren können.»

Joe traut seinen Augen nicht. «Jetzt geht es aber Schlag auf Schlag», sagt er zu sich selber. Ungläubig liest er den Text nochmals durch. Dann wählt er die Nummer des Musikverlages. Die Sekretärin teilt ihm mit, dass man ihn gerne möglichst bald persönlich sprechen möchte. Joe muss nicht lange überlegen. Obwohl es sich erst um ein unverbindliches Gespräch handelt: es scheint, als hätte er gerade eine Glückssträhne.

Das Büro liegt an der 17th Avenue. Von aussen schaut das Haus wie ein normales Wohnhaus aus. Aber offenbar ist es der Firmensitz des Musikverlags Rocky Road Songs.

Nachdem Joe von einer freundlichen Sekretärin um die fünfzig begrüsst wurde, führt sie ihn nach einer kurzen Wartezeit ins Büro von Sam Stone. Mr. Stone ist der Eigentümer und geht wohl bereits gegen die sechzig zu. Er ist etwa 1,70 Meter gross und sehr korpulent. Sein Bauch gleicht einer grossen Trommel. Die Hosen werden von zwei roten Hosenträgern, seinem Markenzeichen, gehalten. Er trägt eine runde, schwarze Brille und sein dichtes, dunkelblondes Haar ist nach hinten gekämmt und geliert.

Sam Stone begrüsst ihn mit einem kräftigen Händedruck: «Danke, dass Sie so schnell vorbeikommen konnten. Normalerweise geht alles ein bisschen länger hier im Süden und in der Musikbranche im Speziellen. Doch diesmal ist es anders. Wir haben uns Ihre Songs intensiv angehört. Sie gefallen uns sehr. Sie sind anders als das Material, das wir normalerweise erhalten. Die Demo-CD ist sauber produziert. Doch das ist nicht der Punkt. Entscheidend sind die Geschichten, also die Texte und die eingängigen Melodien.»
Joe hört aufmerksam zu, dankt für das Interesse und fragt: «Heisst das, Sie bieten mir einen Vertrag als Songschreiber an?»
Sam Stone nickt: «Wir suchen immer nach neuen Talenten, die Songs schreiben, die aussergewöhnlich sind. Auf Ihrer Demo-CD haben wir genau diese Qualität entdeckt. Die Eile für unseren Termin hat damit zu tun, dass eine grosse Plattenfirma drin-

gend Songs für einen Newcomer benötigt. Ihre Songs entsprechen genau unseren Vorstellungen.»
Joe fällt es schwer, seine Überraschung zu verbergen: «Ihr Interesse ehrt mich. Vielen Dank. An welche meiner Songs haben Sie konkret gedacht?»
Sam antwortet: «Die drei Songs mit der Frauenstimme haben Sie ausgezeichnet hinbekommen. Sie eignen sich für Sängerinnen und Sänger. Dazu kommen weitere Songs von Ihnen, die ich ‹pitchen›, das heisst an die Plattenfirma senden möchte. Meine Favoriten sind ‹Start A Fire› und ‹No More Hard Times›. Sind Sie damit einverstanden? Natürlich müssten wir uns bezüglich des Vertrags vorher noch einig werden.»
Joe denkt einen Moment lang nach. «Vielen Dank für das Angebot – ich freue mich sehr darüber. Allerdings hat eine Sängerin bereits die drei Songs mit der Frauenstimme ‹on hold› gesetzt, beziehungsweise reserviert. Allison Monroe hat einen Vertrag bei Black Horse Records erhalten und wird demnächst ihr Debüt-Album veröffentlichen.»

Sam Stone hört zu und erwidert: «Wenn die Rechte bei keinem anderen Vertrag liegen, können wir Ihren gesamten Songkatalog in unserem Verlag aufnehmen. Sie müssen sich bei diesen drei Songs allerdings überlegen, wem Sie den Vorrang geben möchten. Einer weitgehend unbekannten Sängerin bei einem mittelgrossen Plattenlabel? Oder einem Sänger, der dank einem Vertrag bei einer der grössten Plattenfirmen der Welt kurz vor dem Durchbruch steht? Ich persönlich wüsste, wen ich bevorzugen würde.»

Sie diskutieren weiter, während Sams Sekretärin den Vertrag aufsetzt und ihn zur Ansicht ins Besprechungszimmer bringt. Joe liest ihn aufmerksam durch und sagt: «Ich werde ihn mit meinem Anwalt anschauen. Sie hören am späteren Nachmittag wieder von mir. Wenn alles O.K. ist, könnten wir ihn am Abend unterzeichnen.»

Auf dem Weg zum Auto ruft Joe in Steves Büro an und bittet um einen kurzfristigen Termin. Pam freut sich, ihn zu hören. Glücklicherweise hat Steve am Nachmittag ein freies Zeitfenster. Er nimmt sich gerne Zeit für seinen Freund. Er prüft den Vertrag und gibt «grünes Licht». Diese Sache scheint geklärt – und Joe kann das Dokument unterschreiben.

Aber was soll Joe mit den drei Songs machen, die Allison schon reserviert hat? Ein ungeschriebenes Gesetz sagt, dass ein Song, der «on hold» ist, nicht an einen anderen Künstler weitergegeben werden darf, bis sich der erste Künstler definitiv dagegen ausgesprochen und ihn wieder freigegeben hat.

Steve hört sich die Geschichte an und sagt trocken: «Da gibt es nichts zu überlegen. Rein gar nichts. Du musst gegenüber Allison absolut loyal sein, sonst kriegst du Ärger. Denke nicht einmal im Traum daran, sie zu fra-

gen, ob sie auch nur einen der drei Songs freigeben würde. Das käme schlecht an. So was spricht sich rasch herum. Jeder kennt jeden in Nashville. Und du kannst es dir nicht leisten, Allison oder ihren Plattenboss zu verärgern. Loyalität ist das oberste Gebot.»
Joe nickt: «Danke, mein Freund, aber kann ich alle Songs über den Musikverlag laufen lassen und den Vertrag unterschreiben? Also auch die drei Songs für Allison?»
«Ja genau, das kannst du», gibt Steve zur Antwort und fährt fort: «Je mehr Songs von dir auf CDs erscheinen – umso besser. Das spült der Plattenfirma von Allison, dem Musikverlag und dir Dollars auf die Konti. Das macht dich für die anderen interessant und erhöht deinen Stellenwert. Sam Stone weiss genau, welcher Produzent auf der Suche nach Songs ist. Er ist bestens informiert und ist mit entscheidenden Personen bei den Plattenfirmen bestens vernetzt. Er wird deine neuen Werke an die Produzenten pitchen, beziehungsweise weiterleiten. Vorausgesetzt natürlich, die Songs überzeugen.»

Noch am selben Tag unterschreibt Joe den Vertrag und der Musikverlag sendet sieben von Joes zehn Demo-Songs an die Plattenfirma Astro Records, beziehungsweise an deren Song-Scout.

Kapitel 35 – Einen Schritt weiter
(Tag 30 – Dienstag)

Pünktlich um 10.00 Uhr beginnt die Sitzung. Der Plattenboss von Astro Records, der Produzent, der Song-Scout und Dean Potter trinken Kaffee. Dazu essen sie Banana Nut Muffins und hören sich die neuen Songvorschläge an.

Als der Scout an der Reihe ist, sitzen noch alle mit trister Miene auf ihren Stühlen und machen sich Notizen. Keiner hat bisher überzeugende Songs vorgespielt. Der Scout hebt die Hand und sagt: «Gestern Abend hat mir ein Musikverlag ein paar Songs per E-Mail zugesendet, die mich total begeistert haben. Mehr als alles, was ich in den letzten Wochen und Monaten erhalten habe. Oder was wir uns gerade angehört haben. Etwas ist mir dabei besonders aufgefallen. Passt mal genau auf!»

Die vier Männer lehnen sich zurück, malen auf ihren Notizblöcken herum und hören neugierig zu. Nach den ersten paar Takten ruft Dean Potter spontan: «Verdammt, den Song kenne ich.» Kaum hören sie die Stimme, müssen alle lachen. Der Produzent platzt heraus: «Dean, das ist ja deine Stimme auf dem Demo.»

Sie hören sich die anderen Songs ebenfalls aufmerksam an. Alle richten ihre Blicke auf Dean. Sie wollen wissen, was hinter diesen Songs steckt. Dean erklärt nach dem letzten Takt: «Erst kürzlich habe ich diese Demo-Aufnahmen gemacht. Ein Typ, für den ich hin und wieder Demos singe, hat mich gebucht. Die Lieder sind mir schon damals positiv aufgefallen – aber ich habe sie wieder vergessen.»

Sie schauen sich lachend an und der Scout will von den anderen wissen: «Na, was denkt ihr? Da ist doch mindestens ein Hit dabei, der zur Debüt-CD von Dean passen könnte, oder?»

Gesucht – gefunden
Der CEO nickt anerkennend: «Nimmst du uns auf den Arm? Dieses Material ist der Hammer! Danke, das ist genau das, wonach wir so mühsam gesucht haben. Im Studio – und mit den richtigen Musikern – werden diese Songs noch viel besser klingen. Nichts wie los. Du musst sofort mit dem Verlag sprechen, damit uns die Songs niemand vor der Nase wegnimmt. Diese Hits gehören jetzt uns. Wenn wir die Aufnahmen im Studio so hinbekommen, wie ich mir das vorstelle, werden wir einen, zwei oder sogar noch mehr von diesen Songs verwenden.»

7 Songs «on hold»
Auf dem Weg zu einer weiteren «Open Mic Night» erhält Joe einen Anruf von Sam Stone: «Es gibt unglaubliche Neuigkeiten. Die Plattenfirma hat gleich alle Ihrer sieben Songs «on hold» gesetzt. Wir müssen den Ball aber

flach halten, denn das ist noch keine Garantie dafür, dass alle auf der CD von Potter erscheinen werden.» Joe kann es kaum glauben. Das sind wirklich sensationelle Nachrichten.

Er spielt zwei der sieben Songs, welche die Plattenfirma reserviert hat: «Easy Choices» und «No More Hard Times». Der Applaus ist spärlich an diesem Abend, denn das Lokal ist nur zur Hälfte besetzt. Aber das macht ihm nichts aus. Ein Gig ist ein Gig und die positive Nachricht des Verlags gibt ihm einen riesigen Motivationsschub. Er fühlt sich wie auf Wolke sieben. Nach dem Kurzauftritt genehmigt er sich einen Whiskey sour an der Bar.

Gerne würde er jetzt zu Allison fahren und mit ihr anstossen. Doch sie ist bereits am Nachmittag für fünf Konzerte nach St. Louis, Missouri, geflogen. Er vermisst sie unendlich und wäre gerne in ihrer Nähe und hätte mit ihr angestossen. Doch sie ist meilenweit entfernt.

Kapitel 36 – Stürmische Zeiten
(Tag 31 – Mittwoch, 1. Oktober 2014)

Der Morgen beginnt mit einem Hammerschlag. Auf allen sozialen Medien und in den Nachrichten am TV und am Radio lautet die Schlagzeile: «Managementwechsel bei Astro Records – neuer CEO übernimmt.»

Joe erhält eine SMS von Steve. Er weiss innert Sekunden, was das bedeutet: Die gesamte Führungscrew muss den Sessel räumen. CEO, Produzent, Marketing und der Talent-Scout werden in die Wüste geschickt. Joe kontaktiert sofort seinen Musikverlag. Dort sind die Neuigkeiten ebenfalls ein heisses Thema. Sam Stone, der Chef, hat bereits einige brisante Gerüchte gehört, die in der Branche herumgeboten werden: «Die CD-Produktionen von Dean Potter sowie von anderen Bands, Sängerinnen und Sängern von Astro Records wurden per sofort gestoppt. Sie stehen auf der Kippe. Ein Managementwechsel dieser Grösse – angeordnet vom Mutterhaus in New York – lässt nichts Gutes erahnen. Aber lassen wir uns nicht verrückt machen. Noch ist nichts bestätigt.»

Joe startet seinen Pick-up und fährt in die Stadt. Er will Steve treffen und mit ihm die News besprechen. Beim gemeinsamen Lunch ist der Wechsel im Management von Astro Records ihr wichtigstes Thema. Steve will den Teufel nicht an die Wand malen, doch beim Kaffee erhält Joe eine SMS-Nachricht von Sam Stone, dem Chef des Musikverlages Rocky Road Songs, bei dem er eben erst einen Vertrag als Songschreiber unterschrieben hat: «Joe, die CD-Produktion von Dean Potter wird auf unbestimmte Zeit auf Eis gelegt. Auf der Website sind die Namen der neuen Geschäftsleitungsmitglieder soeben aufgeschaltet worden.»

Joe checkt mit seinem Smartphone die Website von Astro Records. Nach einem kräftigen Fluchwort blickt er Steve mit finsterem Blick an und sagt wütend: «Verdammte Misere. Es wird immer schlimmer. Weisst du, wer neu in der Geschäftsleitung sitzt?»
«Keine Ahnung.» Ausnahmsweise ist Steve nicht informiert.
«Mark Thompson, der glühende Verehrer von Allison, wird neu für das Scouting und die Talententwicklung verantwortlich sein», antwortet Joe. Und er ergänzt: «In der Medienmitteilung steht, dass sie ihn dank seinen vielen Verbindungen in Nashville und seiner Erfahrung angestellt haben. Diese News gefallen mir überhaupt nicht.»

Steve versucht, seinen Freund zu beruhigen: «Ich weiss, das sind schlechte News. Aber aufgeschoben ist nicht aufgehoben. Ich habe bei der Plattenfirma einen heissen Kontakt. Mal sehen, was sie dazu meint. Vielleicht werden sie in einer Woche alles neu organisiert haben und sie gehen ins Studio, um die Potter-CD fertigzustellen.»

Joe lässt sich von diesen Aussagen nicht beruhigen.
«Wie läuft es übrigens mit Allison?», will Steve wissen und lenkt das Gespräch gezielt in eine andere Richtung.

Beim Gedanken an Allison sieht Joes Welt schon wieder besser aus: «Danke für die Nachfrage. Bis und mit Samstag spielt sie jeden Abend in St. Louis, Missouri. Ich vermisse sie schon jetzt unglaublich. Wenigstens wird sie drei meiner Songs einspielen und auf ihrer Debüt-CD veröffentlichen.»
«Wann wird die CD erscheinen?», erkundigt sich Steve weiter.
«Gemäss den Informationen der Plattenfirma soll die CD so rasch wie möglich produziert werden, damit sie noch vor Weihnachten in die Regale kommt.»

Kapitel 37 – Die neue Crew übernimmt (Tag 32 – Donnerstag)

Barbara Jenkins geht bei ihrer ersten Sitzung als neue Geschäftsführerin mit den Mitgliedern der neu zusammengestellten Geschäftsleitung alle aktuellen CD-Projekte durch. Das Team prüft unter anderem das Dossier von Dean Potter: Zwölf Songs wurden bereits mit ihm und hochkarätigen Musikern eingespielt. Sieben weitere Titel wurden von der alten Crew «on hold» gesetzt, um die Auswahl zu vergrössern. Studio, Produzent und Musiker wurden für die zusätzlichen Aufnahmen bereits gebucht.

Man spielt die bereits eingespielten Songs kurz an, um sich eine Meinung zu bilden. Dann hören sich die Mitglieder der Geschäftsleitung die sieben Songs von Joe Baker an, welche von der alten Führungscrew als Alternativen ausgewählt wurden. Mark Thompson findet auf den Songtexten den Namen des Songwriters. Es ist Joe Baker.

Innerlich kocht er: «Verdammt, dieser California-Scheisskerl verfolgt mich auf Schritt und Tritt. Es ist Zeit, dass ich ihm nochmals eins auswische. Der Arsch hat mir Allison ausgespannt.»

Das Team diskutiert, wie man mit der Debüt-CD von Dean Potter weiter vorgehen will. Barbara Jenkins, die 45-jährige neue Geschäftsführerin, ist eine attraktive 1,76 Meter grosse, schlanke Frau und knallharte Managerin. Sie trägt meistens eine weisse Bluse und einen Hosenanzug in Beige, Schwarz oder Grau sowie dazu passende High Heels. Nur nicht am Freitag. Dann trägt sie immer Jeans und Boots. Auch bei der Arbeit. Mit ihren braunroten Haaren und der Kurzhaarfrisur versprüht sie eine forsche Dynamik.

Sie spricht stets schnell und trotzdem überlegt. Während Jahren hat sie sich im Musikgeschäft hochgearbeitet und wurde von der Konzernleitung in New York als neue Geschäftsführerin für die Niederlassung in Nashville engagiert. Vorher arbeitete sie bei verschiedenen anderen Firmen der Musikbranche äusserst erfolgreich. Dies weckte das Interesse eines Headhunters, der sie vermittelte.

Sie will die Meinung von Mark Thompson hören. Er blickt auf seine Notizen: «Weder die bereits eingespielten zwölf noch diese sieben neuen Songs überzeugen mich. Sie wecken nicht die geringsten Emotionen bei mir. Nicht mal im Traum kann ich mir vorstellen, dass wir damit Deans Karriere so lancieren können, wie wir uns das alle erhoffen! Ich schlage vor, wir suchen so lange nach besseren Songs bis wir das bestmögliche Material gefunden haben. Deshalb müssen wir die Veröffentlichung auf unbestimmte Zeit verschieben. Schade für Dean, aber es geht nicht anders. Wir können uns keine Flops leisten, sonst sind wir bald raus aus dem Geschäft und die Jungs in New York stellen uns ebenfalls vor die Türe.»

Monica Mendez, deren Vorfahren einst aus Mexiko einwanderten, wurde nach dem Rausschmiss des bisherigen Marketingleiters zur neuen Marketingverantwortlichen befördert. Sie ist nicht gleicher Meinung: «Mein Team hat schon unzählige Stunden am Marketingplan für die Veröffentlichung von Dean Potters Debüt-CD gearbeitet. Zudem haben wir ein Foto-Shooting durchgeführt, die PR-Texte vorbereitet usw. Wenn wir jetzt abbrechen, verzögert sich das Erscheinungsdatum bis in den Frühling und wir müssen von vorne beginnen. Ich bin dafür, dass wir die besten Baker-Songs auswählen und die CD in den nächsten Wochen rausbringen.»

Barbara Jenkins und die anderen Mitglieder der neuen Geschäftsleitung sind nicht Monicas Meinung. Sie wollen nichts riskieren. Für sie wäre die Fertigstellung der Debüt-CD von Dean Potter ein Schnellschuss. Vor allem Mark Thompson spricht sich vehement dagegen aus: «Die Konzernleitung in New York fordert schwarze Zahlen. Meiner Meinung nach ist dies nur mit Künstlern möglich, die rasch Dollars einspielen. Egal wie. Sei es durch CD-Verkäufe, Downloads oder Streaming-Services wie Spotify, Deezer oder Apple Musik. Wir sollten versuchen, die bereits unter Vertrag stehenden Sängerinnen und Sänger stärker zu ‹pushen›. Bei Dean Potter wissen wir nicht, ob er es packen wird, oder ob er nur kosten wird. Jetzt ist er ein zu grosser Unsicherheitsfaktor für uns. Wir können ihn später immer noch lancieren.»

Es erfolgen keine weiteren Wortmeldungen. Die Geschäftsleitung – mit Ausnahme von Monica Mendez – entscheidet sich gegen die Veröffentlichung der CD. Die Fertigstellung wird auf unbestimmte Zeit verschoben.

Dies wird Dean Potters Manager sowie den involvierten Musikverlagen unmittelbar nach der Sitzung mitgeteilt. In Windeseile werden die Neuigkeiten auf allen Online-Kanälen verbreitet.

Joe arbeitet gerade an neuen Liedern, als er einen Anruf von Sam Stone erhält: «Hi Joe. Schlechte Nachrichten. Sie haben das Veröffentlichungsdatum von Potters CD definitiv auf unbestimmte Zeit verschoben. Ich wurde soeben per E-Mail informiert. Tut mir leid. Jetzt ist Geduld angesagt. Vielleicht ändern sie ihre Meinung ja wieder und die CD wird doch noch mit unseren Songs fertiggestellt und veröffentlicht.»

Joe ist nicht überrascht. Als er realisierte, dass Mark Thompson in der neuen Geschäftsleitung sitzt, war für ihn rasch klar, dass es grössere Schwierigkeiten geben könnte.

Er ruft Steve an und informiert ihn über den aktuellen Stand der Dinge: «Ich denke, Mark hat die Produktion blockiert, damit er sich an mir rächen kann, weil ich ihm Allison ausgespannt habe.»

Steve ist gleicher Ansicht: «Du kannst jetzt nichts unternehmen, ausser zu warten und zu hoffen, dass die CD das Licht der Welt trotzdem irgendwann erblickt. Bleib cool und besaufe dich nicht. Das bringt nichts. Es wird sicher eine Lösung geben. Deine Songs sind zu gut, um ignoriert zu werden.»

Kapitel 38 – Das Angebot
(Tag 38 – Mittwoch, 8. Oktober 2014)

Don Ramsey betritt an diesem Morgen sein Büro locker und beschwingt. Er hat einen Plan. Einen Plan, den er in den letzten Tagen ausgeheckt hat und den er unbedingt umsetzen will. Er wählt die Nummer von Astro Records und bittet um ein Gespräch mit dem neuen CEO, einer Frau Namens Barbara Jenkins.

«Hi Barbara, ich hoffe, der Start in Ihrem neuen Job verlief wunschgemäss. Dank Ihrer Erfahrung werden Sie es sicher schaffen, das Steuer herumzureissen. Ich wünsche Ihnen viel Glück. Sie sind sicher sehr beschäftigt. Deshalb will ich nicht lange um den heissen Brei herumreden. Wie ich gehört habe, wurde die Produktion von Dean Potter auf unbestimmte Zeit auf Eis gelegt. Ist doch schade, oder? Wie wäre es, wenn wir Ihnen die bereits eingespielten Aufnahmen abkaufen und die CD mit einem unserer Produzenten fertigstellen und bei uns veröffentlichen würden?»

Barbara Jenkins ist vom Angebot überrascht: «Danke für die Nachfrage und das Angebot. Ja, es ist wirklich schade um ihn, doch uns sind im Moment die Hände gebunden. Wir sind derzeit so fest mit internen Aufgaben beschäftigt, dass uns die Ressourcen fehlen, um neue Talente so zu lancieren, wie sie es verdient haben. Ich werde über Ihr Angebot nachdenken und mich wieder melden.»

Don Ramsey ist zufrieden. Immerhin hat sie nicht sofort Nein gesagt. Er nimmt sich vor, bis Ende Woche zu warten und dann nachzufragen. Denn: Die Zeit drängt und der Beginn des Weihnachtsgeschäftes steht bevor. Bei einer allfälligen Zusage müsste alles rasch gehen. Die Studioaufnahmen, das Abmischen, das Mastering und die Herstellung der CDs. Alles dauert und braucht seine Zeit. Doch das ist erst der Anfang. Lange bevor die CDs versandbereit sind, beginnt die Planung und Umsetzung der Marketingmassnahmen.

Zum Glück bieten sich heute – im Gegensatz zu früher – viele Möglichkeiten an, um eine neue Single rasch – und ohne Zeitverlust – mittels digitalem Verteiler an die Radios zu senden.

Dazu kommt, dass ein neuer Künstler oder eine neue CD dank Social Media sowie Streaming-Diensten in Windeseile bekannt gemacht werden können. Früher dauerte das oft Wochen und war zudem sehr kostenintensiv.

Kapitel 39 – Die Lösung
(Tag 39 – Donnerstag)

«Guten Morgen, Allison, guten Morgen, Joe.» Don Ramsey begrüsst die beiden in seinem Büro in Downtown Nashville. Er bietet ihnen Kaffee und Donuts an. Nach ein paar Takten Smalltalk kommt er auf den Punkt: «Joe, schön, dass wir uns heute kennenlernen. Ihre Songs kenne ich bereits in- und auswendig. Ich freue mich auf die Aufnahmen im Studio für Allisons CD. Aber ich habe Sie nicht deswegen zu einem Gespräch eingeladen.»
Nach einer kleinen Pause fährt er fort. «Wie Sie, habe auch ich durch die Medien vernommen, dass die Fertigstellung und Veröffentlichung von Dean Potters CD von seiner Plattenfirma Astro Records auf unbestimmte Zeit verschoben wurde. Nun, so was ist in der Musikbranche in den letzten Jahren, aus den unterschiedlichsten Gründen, immer mal wieder vorgekommen. Das ist keine Seltenheit. Das wird auch in Zukunft wieder geschehen.»

Joe und Allison schauen sich mit einem fragenden Blick an. Dann ergreift Joe das Wort: «Gemäss meinen Informationen muss sich die neue Geschäftsleitung zuerst neu organisieren und hat deshalb die CD zurückgestellt.»
Don Ramsey nickt: «Das ist die offizielle Version. In Wirklichkeit wurde ihnen das Budget gekürzt, da die

Verkaufszahlen in den letzten Monaten massiv eingebrochen sind. Das Mutterhaus in New York hat deshalb das Management ausgetauscht. Doch das ist zum Glück nicht mein Problem. Ich bedaure dies trotzdem sehr. Einerseits für Dean, anderseits für alle beteiligten Songschreiber. Wir hatten Dean Potter ebenfalls während längerer Zeit auf dem Radar und besuchten einige seiner Konzerte. Wir wollten ihn unter Vertrag nehmen, aber die anderen machten das bessere Angebot. Ich bin von ihm überzeugt. Er hat das Potenzial für eine grosse Karriere. Es wäre schade, wenn er keine Chance kriegen würde. Er würde unser Plattenlabel ideal ergänzen.»
Allison hört gebannt zu und fragt überrascht: «Wie lautet dein Plan?»
«Ich bin von Joes Liedern begeistert, die von Astro Records für Dean Potters Debüt-CD reserviert wurden. Ich habe mir Joes Demo-CD unzählige Male angehört und denke, dass Dean mit diesem einzigartigen Songmaterial durchstarten könnte. Ich habe mir in den letzten Tagen überlegt, ob wir die Rechte an den bisherigen Aufnahmen kaufen und die CD mit Joes Songs fertigstellen könnten. Gestern habe ich mit der neuen Chefin von Astro Records telefoniert und sie gefragt, ob wir die Rechte erwerben könnten.»
«Haben Sie schon eine Antwort erhalten?», erkundigt sich Joe ungläubig.
«Nein, das geht leider nicht so schnell. Aber in einigen Tagen sollten wir mehr wissen», entgegnet Don ruhig.
«Wie hoch schätzt du die Chancen ein?», will Allison

wissen. Don lehnt sich in seinem Sessel zurück, überlegt einen Moment und schlägt dann mit seiner Faust auf den Tisch: «In dieser Stadt hat es in der Vergangenheit immer wieder solche Geschichten gegeben. Das ist nichts Neues. Weshalb sollte es nicht auch dieses Mal funktionieren?»

Kapitel 40 – Positive Neuigkeiten
(Tag 44 – Dienstag, 14. Oktober 2014)

Die Nachricht, welche an diesem Morgen die Musikbranche überrascht, ist kurz, aber umso interessanter: «Black Horse Records übernimmt Dean Potter von Astro Records. Debüt-CD erscheint noch in diesem Jahr.»

Don Ramsey schaffte es tatsächlich, durch geschicktes Verhandeln und mithilfe seiner Anwälte, mit Astro Records einen guten Deal auszuhandeln, der für alle beteiligten Parteien zu einer Win-win-Situation führt. Astro Records erhält während der nächsten fünfzehn Jahre eine Beteiligung an allen Tantiemen der bereits eingespielten Songs von Dean Potters Debüt-CD. Dazu zählen Einnahmen aus CD-Verkäufen, Musik-Downloads, Streaming, Radio- und TV-Airplay oder Live-Konzerten. Ausgeschlossen von dieser Regelung sind alle anderen Lieder, die auf dem Erstlingswerk erscheinen werden. Zusätzlich wird eine fixe einmalige Abfindung bzw. Transfersumme fällig.

Joe erfährt die Neuigkeiten von Steve via SMS. Er muss die Nachricht mehrmals lesen. Trotzdem kann er kaum glauben, was in der Kurzmitteilung steht. Sofort ruft er Allison an und erzählt ihr die «Breaking News». Sie hört ihm ungläubig zu: «Wow, das bedeutet, dass wir heute feiern werden. Wann können wir uns sehen?»

Die Zeit drängt

Während die Neuigkeiten die Runde machen, arbeitet Don Ramsey schon intensiv an der CD von Dean Potter. Er bucht ein Studio und stellt die Band für die Aufnahmesession zusammen. Susan Cramer, seine Sekretärin, koordiniert die Herstellung der CD im Presswerk sowie den Vertrieb. Auch bei der Gestaltung des CD-Covers wird nichts dem Zufall überlassen. Don Ramseys Team arbeitet seit Jahren mit jungen und äusserst kreativen und innovativen Grafikern, Designern und Fotografen zusammen.

Alles muss rasch gehen, damit die erste Single vor Weihnachten auf den Markt kommt und von Radio-Stationen gespielt werden kann. Timing kann in diesem Geschäft entscheidend sein.

Kapitel 41 – Unter Zeitdruck
(Tag 47 – Freitag)

Joe muss nicht lange suchen, bis er das Overeasy Recording Studio am West Point Drive findet. Das Musikstudio befindet sich in unmittelbarer Nähe von 100 Oaks, einem grossen Shopping-Center im Südwesten von Nashville.

Er parkt auf dem Parkplatz vor dem unauffälligen Flachdachhaus. Niemand würde darin ein Aufnahmestudio vermuten. Die Aussenfassade wurde wohl erst vor Kurzem frisch gestrichen. Der Parkplatz ist fast bis auf den letzten Platz gefüllt.

Mit etwas Glück findet er eine Parklücke. Er ist nervös, denn es ist das erste Mal, dass er in Nashville eine Studio-Session hautnah miterleben kann. Es sind nicht irgendwelche Aufnahmen. Heute werden von ihm komponierte Songs eingespielt und Don Ramsey höchstpersönlich hat ihn dazu eingeladen.

Bevor er aussteigt, hört er sich «Drunk On A Plane», den aktuellen Hit von Dierks Bentley an. Nachdem der Song fertig ist, atmet er mehrmals tief durch. Dann geht er über den Parkplatz zum Eingang des Studios.

Er öffnet die Eingangstüre und riecht sofort den Duft von frischem Kaffee. Er hört, wie die Musiker ihre Instrumente stimmen und miteinander reden. Er geht bis zum Ende des Flurs und blickt in den Aufnahmeraum.

Dort sieht er Don Ramsey, den Produzenten, der mit dem Gitarristen diskutiert. «Hey, Joe, komm nur rein, wir beissen nicht», witzelt Don. Dann stellt er ihm jeden einzelnen Musiker vor, bevor er mit ihm in den Kontrollraum geht und ihm die Details erklärt.

Darin befinden sich ein Mischpult der Marke Trident, bequeme Sessel für den Produzenten und den Tonmeister sowie Studioboxen der Marke Genelec. Im hinteren Bereich stehen zwei Sofas für Gäste. Auch die Musiker sitzen gerne hier, um sich in den Pausen zusammen mit dem Produzenten die Aufnahmen anzuhören und mögliche Optimierungen zu besprechen.

Don stellt ihm Andy, den Tonmeister, vor, der die letzten Vorbereitungen trifft und eine Mentholzigarette raucht. Gerade als sich Joe in einen der Sessel setzt, betritt Dean Potter mit einem breiten Grinsen den Raum. Er ist bestens gelaunt. Er hat allen Grund dazu. Dank Don Ramsey wird seine CD vor Weihnachten unter dem Label von Black Horse Records auf den Markt kommen. Don begrüsst Dean Potter mit einer herzhaften Umarmung. Dann zeigt er auf Joe und sagt: «Und dieser Typ ist schuld, dass wir alle heute hier sind. Darf ich dir Joe Baker, den Songwriter dieser wunderbaren Lieder vorstellen?»

Dean geht auf Joe zu und begrüsst ihn mit einem starken Händedruck: «Schön, dich endlich kennenzulernen. Du bist also der California Man, der diese tollen Songs komponiert hat. Du hast keine Ahnung, was mir dies bedeutet. Als ich die Songs für deine Demo-CD im Homerecording-Studio von Roger Morris sang, konnte ich nicht ahnen, dass sie mir schon bald mehr als nur eine Türe öffnen würden.»

Joe nimmt das Kompliment gerne entgegen und erwidert: «Dank deiner Stimme hat meine Demo-CD viel Aufmerksamkeit erhalten und mir den Start hier vereinfacht. Dass das so schnell geschehen würde, ist eine riesige Überraschung für mich. Nie im Traum konnte ich damit rechnen. Du hast mir genauso viel geholfen!»

Beim Smalltalk mustert Joe den Sänger, der wohl um die 25 Jahre alt ist. Mit seiner Grösse sieht er aus wie ein Riese. Unter dem schwarzen Cowboy-Hut sind die ebenfalls schwarzen, kurzen Haare kaum zu sehen. Erst als er den Hut abnimmt, kommt sein dichtes Haar zum Vorschein.

Plötzlich unterbricht Don ihr Gespräch: «Jungs, schaut mal zu mir, ich möchte diesen Moment mit einem Foto festhalten, bevor es losgeht. Ich denke, wir sind in wenigen Minuten bereit für den ersten Take.» Gesagt getan. Dean, Don und Joe lassen sich vom Tonmeister fotografieren und strahlen dabei um die Wette. Kurze Zeit später ist das beste Bild der spontanen «Fotosession» bereits auf Twitter, Facebook und Instagram zu bewundern und wird von den Protagonisten «gelikt».

Dann wird der Produzent ernst: «An alle, hört mal her: Kommt bitte in die Küche, damit wir uns gemeinsam die Demo-Version des ersten Songs nochmals anhören und das Arrangement im Detail besprechen können.»

Als sich alle in der Küche eingefunden haben, spielt Andy die Demo-Version von «Start A Fire» ab. Die Musiker machen sich Notizen und Don erteilt genaue Anweisungen: «Wir spielen den Song in E-Dur. Das Tempo bitte einen Tick schneller als auf dem Demo. Den Ablauf mit Intro, Strophe, Chorus usw. übernehmen wir eins zu eins. Wenn wir alle Rhythmusinstrumente im Kasten haben, besprechen wir die Soli. Hat jemand Fragen?»

Alle Musiker – inklusive Dean Potter – sind einverstanden. Dann fährt der Produzent weiter: «Dann ist ja alles klar. Let's go!»

Eine grosse Glasscheibe trennt den Kontrollraum vom Studio. Joe beobachtet die Musiker und hört, wie Don mit ihnen via Mikrofon kommuniziert. Die Session-Musiker erhalten die Anweisungen des Produzenten via Kopfhörer. Sie sind sich dies von Hunderten von Aufnahmetagen her gewöhnt und nehmen die Angaben des Produzenten ruhig zur Kenntnis.

Das Overeasy Recording Studio überzeugt durch seine technischen Einrichtungen und seinen Grundriss. Der Schlagzeugraum ist vom Rest des Studios abgetrennt, wobei der Schlagzeuger die anderen Musiker durch eine grosse Glasscheibe sehen kann. Dadurch werden die Aufnahmen der akustischen Instrumente wie Mandoline, Geige, Bluesharp oder Banjo nicht gestört. In der Regel werden sie mit externem Mikrofon aufgenommen und nicht mittels eingebautem Pick-up.

Ganz links sitzt der Pianist an einem weissen Flügel. Daneben entdeckt Joe ein original Wurlitzer Electric Piano. Auf der anderen Seite des Raumes sitzen der Bassist und zwei Gitarristen. An der gegenüberliegenden Wand steht Dean – jetzt bereits mit aufgesetztem Kopfhörer. Die Band besteht also – nebst Dean – aus dem Schlagzeuger, dem Bassisten, zwei Gitarristen und einem Pianospieler.

Gemäss Infos von Don werden später, nachdem die Rhythmusinstrumente für alle Songs im Kasten sind, weitere Musiker ihren Teil beisteuern. Je nach Lied wird Don entscheiden, ob die Soli von einer Gitarre, einem Klavier, einer Steel-Guitar, einem Banjo oder einer Geige gespielt werden.

Es ist gut möglich, dass die Gitarristen und der Pianist, die heute die Rhythmustracks legen, nochmals für die Soli gebucht werden. Es kann aber auch sein, dass Don für die Soli andere Musiker gebucht hat. Musiker, welche für die Soloparts besser geeignet sind. Dies wäre keine Ausnahme, denn in Nashville gibt es eine riesige Zahl an fantastischen Musikern. Ein ganz spezielles Solo könnte einem Song das Sahnehäubchen aufsetzen und den Unterschied ausmachen.

Heute werden vier Songs eingespielt: «Start A Fire», «Easy Choices», «No More Hard Times» und «Stay Gone Or Stay Here». Alle Lieder aus Joes Feder.

Pünktlich um 10.00 Uhr zählt der Schlagzeuger den ersten Song an: «Start A Fire». Joe lehnt sich – ganz schön nervös – in seinem Sessel zurück und hört aufmerksam zu. Don Ramsey, der Tonmeister und die Band wissen genau, was sie zu tun haben, damit die bestmöglichen Aufnahmen entstehen.

In der Mittagspause bestellt der Studiomanager für alle Sandwiches von Subway. Don nimmt Joe zur Seite: «Bist du zufrieden? Ich für meinen Teil bin es. Wenn wir es schaffen, heute und morgen alle Basisaufnahmen einzuspielen, sind wir auf Kurs. Dann folgen nächste Woche die Soli und die Backgroundstimmen. Danach werden wir alles abmischen, bevor wir entscheiden, welche Songs es definitiv auf Deans CD schaffen. Läuft alles nach Plan, können wir die erste Single Anfang November an die Radio-Stationen senden und mit der Promo beginnen.»

Joe erwidert beinahe ungläubig: «Ich hätte nicht gedacht, dass Deans CD tatsächlich auf den Markt kommen wird. Nach allem, was passiert ist, rechnete ich nicht mehr damit. Und dass ein paar meiner Songs darauf enthalten sind, grenzt schon fast an ein Wunder.» Don stellt klar: «Das ist eine absolute Ausnahme. Normalerweise nehme ich mir mehr Zeit für eine Produktion. Doch diesmal geht es nicht anders. Wir können nicht warten, sonst verpassen wir das Weihnachtsgeschäft. Je nachdem, wie die Songs rauskommen, werden mehrere deiner Titel auf Deans Debüt-CD enthalten sein.»

Teil 2

10 Tage später – Ende Oktober

Kapitel 42 – Mit Allison im Studio
(Tag 57 – Montag, 27. Oktober 2014)

Diesen Moment haben Allison und Joe lange herbeigesehnt: den Beginn der Aufnahmen zu Allisons Debüt-CD bei Don Ramseys Plattenfirma Black Horse Records.

Joe begleitet Allison ins Studio. Nachdem er eben erst bei Dean Potters CD-Session live mit dabei war, kann er innert kürzester Zeit bereits die zweite Produktion hautnah miterleben.

Das Blue Moon Recording Studio hat eine lange Geschichte und wurde von Don Ramsey ausgewählt, weil sich mit dem darin eingebauten Equipment ein warmer und ganz besonders satter Sound erzeugen lässt. In den 90er-Jahren gingen die Stars hier ein und aus, um ihre Hits zu produzieren. Trotz seines Alters verfügt es über das aktuellste technische Equipment, da die Infrastruktur regelmässig erneuert wird. Das Studio ist kompakt gebaut. Die Wege sind kurz.

Es befindet sich an der 16th Avenue South, ist also sehr zentral gelegen. Sozusagen voll im Herzen des

Music-Business. Dort, wo sich alle grossen Studios, Verlage und Plattenfirmen befinden.

Don Ramsey und der Tonmeister sind bereits mit den Vorbereitungsarbeiten für die Session beschäftigt, als Allison und Joe um 09.30 Uhr das Studio betreten. Wie in den meisten Studios, riecht es nach frisch gebrühtem Kaffee. Wie es scheint, trinken die meisten Tonmeister, Musiker und Produzenten in dieser Stadt den Kaffee gleich literweise. Auf dem Salontisch bei der Lounge liegt eine offene Kartonbox mit Donuts und Muffins. Aus dem Studio hören sie, wie jemand das Schlagzeug stimmt. Dazu wummert der Bass. Allison ist etwas nervös, doch sie versucht, sich nichts anmerken zu lassen. Sie verfügt zwar bereits über Studioerfahrung von früher, als alle Verantwortung bei ihr lag und sie alles selber entschied. Doch diesmal ist es anders. Jetzt steht sie bei einem renommierten Plattenlabel unter Vertrag, das an sie glaubt und mit ihr Geld verdienen will.

Allison kennt die Namen der Musiker, die Don Ramsey für ihre Produktion gebucht hat. Allison hat ihre Namen schon oft auf den CD-Booklets der bekanntesten Stars gelesen. Doch bis heute hatte sich noch nie eine Zusammenarbeit ergeben. Weder auf der Bühne noch bei einer Aufnahmesession.

Don begrüsst die beiden und stellt ihnen alle Musiker einzeln vor. Sie wechseln ein paar Worte und machen lockere Sprüche. Die meisten dieser Profimusiker spielten auf unzähligen bekannten Country-Alben mit, von denen viele Songs zu unvergesslichen Hits wurden. Sie wissen genau, wie eine Aufnahmesession abläuft. Nervosität kennen sie nicht. Auf ihren Instrumenten sind sie absolute Virtuosen. Ihre Ruhe wirkt beruhigend auf Allison. Sie begibt sich hinter das Mikrofon in ihrer Aufnahmebox. Der Tonmeister stellt ihr die richtige Höhe und die passende Distanz des Mikrofons ein. Sie setzt den Kopfhörer auf und singt ein paar Töne, damit der Techniker die Aufnahmeregler richtig einstellen kann.

Don Ramsey versammelt die Musiker im Regieraum und spielt ihnen die Demo-Version des ersten Songs vor, den sie an diesem Morgen einspielen werden. Es ist «Butterfly Kisses», ein Song, den Joe komponiert hat. Sie besprechen das Arrangement und machen sich Notizen dazu. Danach setzen sich die Musiker hinter ihre Instrumente. Es kann losgehen.

Joe umarmt Allison nochmals und wünscht ihr Glück. Er macht es sich auf einem freien Stuhl im Kontrollraum bequem. Die Musiker spielen locker auf ihren Instrumenten rum, bevor Don Ramsey das Kommando übernimmt: «Seid ihr bereit? Let's go Boys.»

Wenige Sekunden später zählt der Schlagzeuger den ersten Song an: «One, two, three.» Die Band legt los, als hätten die Musiker den Song «Butterfly Kisses» schon tausendmal miteinander gespielt. Doch in Tat und Wahrheit kennen sie das Lied nicht länger als 15 Minuten. Zudem haben sie in dieser Besetzung – bestehend aus Schlagzeug, Bass, Piano, Rhythmusgitarre, Geige und Mandoline – noch nie zuvor gespielt. Doch so läuft das in Nashville. Wer für eine Session gebucht wird, beherrscht sein Instrument im Schlaf. Alles klingt harmonisch und wie tausendfach einstudiert. Allison setzt nach dem Intro perfekt ein und beginnt mit der ersten Strophe.

Don Ramsey unterbricht die Aufnahme trotzdem schon vor dem Refrain: «Stopp. Allison, wie fühlst du dich? Sind Tempo und Tonlage in Ordnung für dich? Ich habe den Eindruck, die Tonlage ist zu tief.»
Joe verfolgt Allisons Antwort mit grossem Interesse: «Alles bestens. Aber ja, stimmt. Eventuell wäre höher besser. Also in E- statt in D-Dur. Und vielleicht auch einen Tick schneller?»

Don ist einverstanden. Der Schlagzeuger zählt wieder an. Diesmal lässt der Produzent die Band zu Ende spielen. Nach vier weiteren Durchgängen ist er zufrieden: «Das ist es. Genau diesen Groove wollte ich spüren. Kommt in den Kontrollraum und hört euch diese Version an. Danach spielen wir die Soloparts ein.»

Der Tonmeister spielt die letzte Version ab. Allison hört aufmerksam zu. Dann wirft sie Joe einen fragenden

Blick zu. Er ist von der Aufnahme begeistert: «Weisst du was, das klingt wie ein verdammter Hit für mich!»

Ein Lächeln huscht über Allisons Gesicht. Es unterstreicht ihre Erleichterung: «Puh, bin ich froh, haben wir den ersten Song so gut hinbekommen!»
Don Ramsey nickt kurz mit dem Kopf. Dann sagt er: «Yes – das ist es!»

Die Musiker gönnen sich – wie könnte es anders sein – eine kurze Kaffeepause oder eine Zigarette. Danach werden Intro, Soloparts und Outro eingespielt. Der Pianospieler entlockt dem Flügel ein wunderbares Solo zwischen dem ersten Refrain und der zweiten Strophe. Dann verleiht der Geigenspieler dem Lied den typischen Country-Sound, bevor der Gitarrist auf seiner Fender Telecaster ein raffiniertes Intro kreiert, das er am Ende des Songs in einer leicht abgeänderten Variante nochmals spielt. Joe mag den unverwechselbaren Klang dieser E-Gitarre. Der Gitarrist greift so locker in die Saiten, als wäre es das Einfachste der Welt. Seine Gitarrenriffs erinnern stark an die legendären Soli von Country-Superstar Vince Gill.

Don Ramsey schaut in die Runde: «Na, alle zufrieden? Ich finde die Aufnahme perfekt. Am Freitag und Samstag nehmen wir die definitive Stimme von Allison auf. Am Montag kommen die Backgroundsänger dazu, bevor wir im letzten Schritt alles abmischen und die Aufnahmen ins Mastering geben. Seid ihr bereit für den zweiten Song?»

Der erste Studiotag dauert bis kurz nach 17.00 Uhr. Allison ist glücklich – aber sehr erschöpft. Vier Songs sind bereits im Kasten: zwei Titel aus der Feder von Joe. «Butterfly Kisses» und «Arizona Morning» sowie zwei ihrer eigenen Songs: «Over Here» und «Next Monday».

Die Arbeit im Studio verlangte ihre vollste Aufmerksamkeit. Jeder Song musste mit höchster Konzentration – aber trotzdem mit einer gewissen Lockerheit – eingespielt werden. Bis Donnerstag kann sie sich nochmals Gedanken über die genauen Phrasierungen machen. Erst dann wird ihre definitive Stimme aufgenommen. Solange die Band im Studio ist, singt sie bei jedem Song nur eine provisorische Pilotstimme. Sie dient als Wegweiser für den Produzenten und die Musiker. Daran können sich alle orientieren. Wann kommt ein Solo oder wann soll ein Instrument die Freiräume füllen und vor allem, stimmt die Tonlage?

Auf dem Rückweg hören sich Allison und Joe die vier eingespielten Songs im Auto an. Der Rohmix klingt bereits ziemlich gut, obwohl die Instrumente und die Stimme noch nicht abgemischt sind. Beide sind hungrig. Zur Feier des Tages gönnen sie sich im Husk's ein feines Nachtessen. Allison wählt Hot Chicken mit BBQ-Sauce und Thymian. Joe entscheidet sich für den

Seafood Johnny Cake mit Nudeln. Dazu trinken sie einen kalifornischen Chardonnay.

Allison lehnt sich zurück und zieht Bilanz: «Ich fühlte mich wohl im Studio. Die Musiker und Don Ramsey haben ihre Arbeit mit viel Herzblut und Engagement gemacht.»

Joe ist der gleichen Ansicht: «Ich merkte sofort, dass alle perfekt miteinander harmonieren. Don Ramsey hat für die ersten vier Songs hervorragende Arrangements vorbereitet und den Musikern trotzdem die notwendigen Freiräume gegeben, um sich bei den Solos, Intros und Outros zu entfalten. Ich bin gespannt, wie es morgen weitergeht. Der Judds-Sound aus den Achtzigerjahren ist jedenfalls erkennbar und lebt neu auf. Mit modernem Touch.»

«Magst du diesen Stil?», will Allison wissen.

«Und ob – der Sound, den ihr heute kreiert habt, spricht mich total an. Er unterscheidet sich vom Einheitsbrei, den man heute leider zu häufig am Radio hört.»

Allison hakt nach: «Denkst du nicht, dass der Sound etwas zu speziell ist und den Musikchefs der Radio-Stationen nicht passen könnte?»

Joe beruhigt sie: «Nein, genau so sollte es sein. Wenn du genau gleich klingst wie alle anderen, stichst du nicht aus der grossen Masse heraus. Alle grossen Künstler zeichnen sich durch ihre Einzigartigkeit aus. Dein Sound ist unverwechselbar. Ich freue mich auf die weiteren Songs.»

Kapitel 43 – Zweiter Aufnahmetag (Tag 58 – Dienstag)

Kaum sind Allison und Joe am Mittwochmorgen im Studio eingetroffen, erscheint ein Musiker nach dem anderen. Der Tontechniker hat bereits alles vorbereitet und nach etwas Smalltalk hören sie sich die Demo-Version des nächsten Songs an. Joe ist so neugierig wie bei der ersten Session. Einerseits ist er von der Arbeit im Studio begeistert und andrerseits steht heute nochmals einer seiner Songs auf dem Programm: «Moon Over Your Shoulders». Es ist der Titel, den Don Ramsey ursprünglich mit Jessica Sanders einspielen wollte und im letzten Moment zugunsten eines Titels von Mark Thompson strich.

Don Ramsey erklärt, welche Änderungen er gegenüber der Demoversion haben will: «Jungs, ‹Moon› darf ruhig mehr Power haben. Er soll noch etwas lebendiger wirken! Schlagzeug und Bass müssen für einen perfekten Groove sorgen. Dazu möchte ich, dass wir das Intro zweimal spielen. Dies soll im Soloteil viermal gespielt werden – mit unterschiedlichen Instrumenten. Welche, das entscheiden wir, nachdem wir alle Rhythmusinstrumente aufgenommen und die Basis gelegt haben. Alle bereit? Dann los.»

Joe hört aufmerksam zu. Das Arrangement klingt sogar noch interessanter als bei seinem Demo. Don Ramsey ist mit der ersten Version grundsätzlich einverstanden. Aber als Perfektionist gibt er sich nicht sofort zufrieden damit. Immer wieder unterbricht er die Musiker und gibt neue Anweisungen. Mal soll der Song schneller oder langsamer gespielt werden – mal will er hören, wie sie den Song in einer höheren oder tieferen Tonart interpretiert. Der Produzent vertraut seinem Bauchgefühl und dieses lässt ihn nur selten im Stich.

Auch bei den Aufnahmen für die Soli motiviert er die Musiker zu Bestleistungen. «Bitte mehr Gefühl bei deinen Licks», weist er den Gitarristen an. Oder: «Nimm bitte mal eine akustische Gitarre statt der E-Gitarre. Mal schauen, wie das Solo dann rüberkommt.»

Joe verfolgt die Aufnahmen vom Kontrollraum aus aufmerksam. Dank den professionellen Studio-Boxen klingt alles glasklar. Allisons Stimme kam noch nie besser zur Geltung als jetzt. Hin und wieder holt er sich frischen Kaffee und Oreos. Die Zeit geht rasend schnell vorbei. Nach rund vier Stunden sind «Moon Over Your Shoulders» und «Smokey Barrooms», ein bluesig angehauchter Song, den Don Ramsey vorgeschlagen hatte, im Kasten. Mit allen Rhythmusinstrumenten, den Soli und Allisons Pilotstimme. Nach ein paar Sandwiches von Subway geht es um 14.00 Uhr weiter.

Gegen Ende des Aufnahmetages schaut Steve im Studio vorbei: «Ich war gerade in der Gegend und wollte mir die Session nicht entgehen lassen. Sorry, dass ich es nicht früher schaffte.»

Er hört sich die Rohmix-Versionen an und nickt anerkennend: «Allison, das habt ihr genial hinbekommen. Die Songs sind der Hammer. Und wenn sie später richtig abgemischt sind, werden sie einfach perfekt klingen. Habt ihr schon Fotos auf Facebook gepostet? Wie wäre es mit einigen Fotos vom ‹Making-of›?
«Oh nein, wie dumm von uns – das haben wir fast vergessen», sagt Allison.
«Kein Problem. Ich übernehme den Part des Fotografen», schlägt Steve vor. Er bittet Allison und Joe, sich zusammen mit Don vor dem Mischpult zu positionieren. Nach ein paar Fotos mit den Musikern schlägt Joe vor, wie der Abend weitergehen könnte: «Gehen wir nach der Session etwas trinken?»
«Ja klar, treffen wir uns doch später Downtown in der Bar Louie», antwortet Steve, ohne lange zu überlegen. Dann veröffentlicht er die Fotos in den sozialen Medien.

Auf dem Parkplatz teilt Allison den Jungs mit, dass sie zu müde sei, um nach dem anstrengenden Tag im Studio noch in einer Bar abzuhängen: «Sorry Guys, ich muss morgen wieder fit sein. Deshalb sollte ich mich jetzt zu Hause erholen.»

Joe bringt sie nach Hause. Dann fährt er zurück in die Stadt und parkt seinen Pick-up auf einem Parkplatz in der Nähe der «Bar Louie». Er setzt sich auf einen der wenigen freien Barstühle und bestellt ein Bier der Marke Coors aus Colorado. Es ist kurz nach 22.00 Uhr. Auf den Bildschirmen sind verschiedene Basketball-Spiele zu sehen. Von Steve weit und breit keine Spur. Plötzlich surrt Joes Smartphone. Eine SMS von Steve: «Sorry, ich kann nicht mehr kommen. Mir ist hundeelend. Ich liege mit Fieber im Bett. Musste erbrechen. Ein anderes Mal wieder. Gruss, Steve.»

Joe wünscht seinem Freund rasche Besserung und konzentriert sich wieder auf ein Basketball-Spiel auf einem der riesigen Bildschirme. Ein Team ist krass unterlegen – nicht gerade ein berauschendes Spiel. Er bezahlt und will gehen.

Als er auf dem Weg zur Türe ist, kommt ihm Mandy, das scharfe One-Night-Stand-Girl von neulich, entgegen. Ohne hallo zu sagen, küsst sie ihn direkt auf die Lippen, umarmt ihn und flüstert ihm ins Ohr: «Schön, dich zu sehen. Lädst du mich zu einem Drink ein?»
Joe ist völlig perplex. Er versucht, so cool wie möglich zu bleiben: «Hi. Sicher. Was trinkst du?»
«Wie wäre es mit einer Strawberry Margarita?»
Er dreht sich um und bestellt die Drinks an der Bar.
«Erinnerst du dich an diese Nacht bei Steve? Das hat richtig Spass gemacht. Das sollten wir möglichst bald wiederholen!» Dann schenkt sie ihm ein vielsagendes Lachen, ergreift seine rechte Hand und fährt, ohne auf

eine Antwort zu warten, fort: «Steve hat mir von deinen Songs erzählt. Spielst du mir heute ein Gutenachtlied zum Einschlafen vor?»

Joe muss lachen. Der Gedanke daran ist verlockend. Die heisse Nacht mit ihr – er kann sich noch genau daran erinnern. Bevor er antworten kann, legt sie ihren Kopf an seinen und flüstert ihm ins Ohr: «Komm schon, sei nicht so schüchtern, das fühlte sich doch soooo heiss an. Wir könnten das doch gleich heute Nacht wiederholen und zusammen Spass haben. Was meinst du dazu?»

Joes Herz pocht plötzlich wie wild. Natürlich hat er die aufregende Nacht mit Mandy nicht vergessen. Doch das war, bevor er mit Allison zusammengekommen ist. Er geht einen Schritt zurück und verabschiedet sich mit den Worten: «Sorry, ich kann nicht. Ich muss leider gehen.»

Er bezahlt die Drinks und beim Abschied küssen sie sich. Einmal links. Einmal rechts. Dann verlässt Joe die Bar.

Kapitel 44 – Dritter Aufnahmetag
(Tag 59 – Mittwoch)

Geschafft. Der dritte Aufnahmetag. Kurz nach 18.00 Uhr verlassen Joe und Allison das Studio. Die restlichen Songs sind ebenfalls im Kasten. Don Ramsey, der Tontechniker und die Musiker haben phänomenale Arbeit geleistet. Allison ist zufrieden. Morgen hat sie einen Ruhetag, bevor sie am Freitag zu hundert Prozent gefordert sein wird. Dann wird sie ihre definitive Stimme auf die Tracks legen – und ihre Pilotstimme wird gelöscht. Sie wird nur noch mit Don Ramsey und dem Tontechniker im Studio sein – ohne die Musiker. Sie haben ihre wertvolle Arbeit bereits erbracht und werden bereits wieder mit einem anderen Künstler Songs einspielen. Irgendwo in einem Studio in Nashville.

Zur Feier des Tages gehen Allison, Joe und Don im Restaurant «Puckett's Grocery & Restaurant» an der Church Street zum Nachtessen. Das Restaurant bietet eine Karte an, die einem das Wasser im Mund zusammenlaufen lässt, wenn man schon nur daran denkt: «Strawberry Fields Salad», «Cherry Smoked Baby Back Ribs», «Southern Chicken», «Deep Fried Brownie Sundae» oder «Shrimp & Grits».

Dabei besprechen sie die drei Aufnahmetage nochmals: «Ich bin sicher, dass wir mit diesen Songs ein kompaktes Album veröffentlichen werden. Den Sound haben wir ziemlich so hingekriegt, wie ich mir das vorgestellt habe», stellt Don fest und stösst mit den beiden an.

Und zu Joe gewandt sagt er: «Deinen Erfolg feiern wir ebenfalls! Kaum in der Stadt, und schon erscheint dein Name als Songwriter auf zwei neuen CDs. Darauf kannst du stolz sein. Ich hoffe, du wirst noch unzählige weitere Songs in dieser Qualität schreiben. Wir haben viele andere Künstler, die genau wie Allison und Dean aussergewöhnliches Material benötigen, um ihre Ziele zu erreichen und um ihre Rechnungen bezahlen zu können.»
Joe fühlt sich geschmeichelt: «Danke für das Kompliment. Ich bin sehr glücklich, dass sich alles so wunderbar entwickelt hat. Das ist keine Selbstverständlichkeit. Im Fall von Dean Potter war viel Glück dabei. Wenn du die Rechte nicht von Astro Records übernommen hättest ... na, du weisst schon.»
Allison ergreift das Wort: «Joe, ich kann nicht warten, bis du von deinen neusten Songs eine Demo-CD machst. Seitdem du hier bist, hast du ja ständig neue Melodien und Texte kreiert.»
Don unterstützt sie: «Ja genau, wann kann ich mir deine neuen Arbeiten anhören? Ich bin laufend auf überdurchschnittlich gute Songs angewiesen.» Alle drei lachen und heben die Gläser: «Auf die neuen Lieder von Joe!»
Kurze Zeit später blickt Don Ramsey auf seine Uhr und signalisiert damit, dass es Zeit ist, sich zu verabschieden: «Hört mal, ihr beiden Turteltäubchen, ich muss

jetzt nach Hause gehen und mich erholen. Auch dir würde etwas Ruhe nicht schaden, Allison. Am Freitag und Samstag geht die Arbeit im Studio weiter, wenn wir deine definitive Stimme aufnehmen. Bis dann solltest du dich erholen!»

Belastendes Fotomaterial
Nach drei intensiven Tagen ist Allison froh, dass sie sich kurz nach 21.00 Uhr zu Hause aufs Sofa fallen lassen kann. Joe umarmt sie und sagt: «Ich bin unglaublich stolz auf dich. Die Aufnahmen klingen genial – obwohl es erst die Rohversionen sind.»

Allison ist sich nicht so sicher: «Was werden die Fans, die Medien und die Radio-Stationen sagen? Werden die Radios die Songs spielen und werden die Fans die CD kaufen und die Songs am Radio wünschen? Was, wenn die CD floppt?»
Joe beruhigt sie: «Mach dir jetzt darüber keine Gedanken. Ich habe ein ausgezeichnetes Gefühl und Don Ramsey weiss genau, was er tun muss, damit die CD ein Erfolg wird. Du brauchst nur etwas Selbstvertrauen. Mach dich nicht selber verrückt.»

Auf einmal vibriert Allisons Smartphone. Eine neue SMS-Nachricht. Sie nimmt das Telefon aus ihrer Handtasche und liest die Nachricht. Auf einmal ist ihr Blick wie versteinert. Joe schaut sie an und ahnt sofort Schlimmes. Noch bevor er eine Frage stellen kann,

erwidert sie seinen Blick mit eiskalten Augen. Sie schreit ihn ohne Vorwarnung an: «Du verdammter Betrüger und Frauenheld. Du hast mich angelogen, hintergangen und betrogen. Verlasse sofort mein Haus. Ich will dich nie mehr sehen.»
Joe zuckt zusammen und antwortet mit gespielter Coolness: «Hey Baby, bleib ruhig. Worum geht es? Was ist das Problem?»
«Du weisst es ganz genau. Gestern Abend hast du dich nicht mit Steve, sondern mit diesem Flittchen vom Coffee Shop in der Stadt getroffen und mit ihr rumgemacht. Ich habe soeben ein verdammt eindeutiges Bild davon erhalten. Ich hatte schon damals das Gefühl, dass zwischen euch etwas läuft.»
«Von wem hast du das Bild erhalten?»
«Das geht dich nichts an – und jetzt raus hier.»

Joe versucht ruhig zu bleiben. Doch es gelingt ihm nicht. Er hat jegliche Coolness verloren. Lauter als sonst gibt er zurück: «Wer dir auch immer solche Fotos sendet, versucht einen Keil zwischen uns zu schieben. Nichts ist passiert. Ich habe nichts zu verbergen und war dir immer treu. Aber bitte: wenn du das unbedingt glauben willst? Möchtest du meine Sicht der Dinge nicht hören?»

Allison lässt nicht mit sich reden: «Vergiss es! Ich will deine Ausreden nicht hören. Dieses Bild sagt mehr als tausend Worte. Wie konntest du nur ...? Morgen rufe ich Don Ramsey an und sage ihm, dass wir deine drei

Songs von meiner CD streichen werden. Ich will dich nicht mehr sehen. Nie mehr.»

Joe erhebt sich widerwillig. Wie in Trance. Er geht auf Allison zu. Doch sie hebt die Hand und macht eine Bewegung, die unmissverständlich zur Tür zeigt. Es bleibt ihm nichts anderes übrig, als das Haus zu verlassen. Auf der Fahrt in seine Wohnung überlegt er sich eine Million Mal, wer das Bild gemacht und an Allison gesendet haben könnte. Er versetzt sich gedanklich in die Bar zurück und versucht sich vorzustellen, wer dort war und das Foto gemacht haben könnte. Doch er kann sich an nichts Aussergewöhnliches erinnern. Er sieht kein Gesicht, das ihm bekannt vorkommt. Obwohl es nichts an der Situation ändert: Es gibt nichts, was er sich vorwerfen müsste. Und doch, jemand in der Bar muss sie beobachtet und fotografiert haben.

Er ärgert sich über sich selber. «Wie konnte das nur passieren? Einen Moment lang war ich nicht aufmerksam. Verdammt. Ich muss einen Weg finden, die Beziehung mit Allison zu retten. Und alles nur wegen dieser Szene mit Mandy? Wenn ich nur wüsste, wer mich in dieser verfänglichen, aber harmlosen Situation fotografiert hat. Wer will mich in die Pfanne hauen?»

Wer hat das Bild gemacht?
Joe kann in dieser Nacht kein Auge zumachen. Er fühlt sich miserabel und vermisst Allison so sehr, dass es

einfach nur schmerzt. Aber es ist ihm klar, dass nur er selber die Schuld an dieser Situation trägt.

Normalerweise würde er in einer solchen Situation einen Song schreiben. Doch diesmal nicht. Er liegt einfach nur mit dem Rücken auf dem Fussboden und starrt an die Decke. Alles fühlte sich so harmonisch an. Nichts schien zwischen ihnen zu stehen.

Stundenlang liegt er auf dem harten und kalten Boden und zermartert sich das Hirn. Wie, was, wo, weshalb? Er ist nicht bereit, aufzugeben. Er will alles unternehmen, um Allison zurückzugewinnen. Egal wie. Und er muss herausfinden, wer ihr das Foto gesendet hat. Er hat einen Verdacht. Kurz nach 05.00 Uhr morgens schläft er ein. Endlich.

Kapitel 45 – Alles war ein Set-up
(Tag 59 – Mittwoch)

Nach einer beinahe schlaflosen Nacht auf dem harten Boden steht Joe kurz nach 07.00 Uhr – mit Rückenschmerzen und Brummschädel – auf. Zuerst leert er zwei Tassen starken Kaffee in sich rein. Ohne Milch. Schwarz. Dafür mit viel Zucker. Dann fährt er mit seinem Pick-up während mehr als einer Stunde planlos durch die Stadt. Wut, Trauer, Enttäuschung. Passend dazu der Song «Set' em Up Joe» von Vern Gosdin. Auch der Mann in diesem Hit aus dem Jahr 1988 wusste nicht mehr weiter. Die negativen Gefühle begleiten ihn permanent. Er kann immer noch nicht glauben, was passiert ist. Er fragt sich, wer dieses unheilvolle Bild gemacht und Allison zugespielt haben könnte. Ein Foto, das ihn offenbar in einer heiklen Situation mit dem One-Night-Stand-Girl zeigt. Dabei war da nichts.

Wieder zu Hause angekommen, trinkt er einen weiteren Kaffee, duscht und ruft seinen Freund Steve an. Der Anwalt ist nicht im Büro. Die vertraute Stimme von Pam zu hören, tut richtig gut. Sie gibt ihm einen Termin vor Mittag – mit nachfolgendem Mittagessen mit Steve.

Pünktlich um 11.00 Uhr betritt Joe die Anwaltskanzlei und nimmt im Sitzungszimmer Platz. Pam serviert ihm einen Kaffee und Wasser und bringt ihm die neuste Billboard-Ausgabe. Sie merkt sofort, dass ihn etwas bedrückt. Sie verzichtet deshalb auf den sonst üblichen Smalltalk.

Wenige Minuten später trifft Steve ein und Joe erzählt ihm die Neuigkeiten. Sein Freund hört ihm aufmerksam zu und stellt fest: «Wenn du mich fragst, ist da ein Nebenbuhler am Werk, dem jedes Mittel recht ist. Ich denke, wir wissen beide, wer dahinterstecken könnte. Ich schlage vor, du rufst mal Mandy an. Vielleicht weiss sie was.»

CD-Erscheinung ist gefährdet
Allison schaut sich am neuen Tag das Foto mit Joe und Mandy immer wieder an. Die Situation ist unmissverständlich. Die beiden sehen vertraut aus. Viel zu vertraut. Sie stehen nahe beisammen und Mandy küsst Joe. Das ist trotz der Nachtaufnahme deutlich zu sehen. Allison fragt sich immer wieder, weshalb sie ihrem Bauchgefühl nicht vertraute. Sie ruft Mark Thompson an: «Danke für das Bild. Ich hatte von Anfang an ein komisches Gefühl. Zum Glück hast du mir das Bild gesendet. Joe ist ein verdammter Frauenheld. Ich habe ihn gleich gestern Abend vor die Tür gestellt. Nur wenige Sekunden nachdem du mir das Bild zugesendet hast.»
Mark grinst innerlich und antwortet aufmunternd: «Gern geschehen. Da hast du ja gerade nochmals Glück gehabt. Gut, habe ich die beiden erwischt. Wollen wir uns sehen? Ich würde dich gerne etwas trösten und deinen Blues vertreiben.»

Doch Allison wehrt ab: «Nein, ich bin überhaupt nicht in Stimmung für einen Besuch. Ich habe genug von euch Männern. Ich rufe jetzt Don an und streiche Joes Songs von der CD.»

Obwohl Don Ramsey an diesem Donnerstag eigentlich keine freie Minute hat, nimmt er sich für Allison Zeit. Ihr Telefonanruf ist klar und eindeutig. Doch so einfach ist die Sache nicht. Er lädt sie zu einem Gespräch ein.

Um 16.00 Uhr betritt sie sein Büro. Immer noch ganz aufgewühlt und mit Tränen in den Augen. Don bietet ihr einen Tee an und sagt: «Das tut mir sehr leid für dich. Das sind ja unglaubliche News. Ich habe Joe nicht so eingeschätzt. Aber weisst du, wir haben gerade drei erfolgreiche Studiotage hinter uns und Joes Lieder machen den Unterschied aus. Seine Songs haben den Ausschlag für den Plattenvertrag gegeben.»
Allison entgegnet: «Ich weiss, dass es drei ausserordentliche Kompositionen sind. Aber ich habe keine Lust, jedes Mal an ihn erinnert zu werden, wenn ich sie für den Rest meines Lebens singe.»

Don Ramsey bleibt hart: «Als Chef von Black Horse Records muss ich auf diesen Liedern beharren. Sie werden definitiv auf deiner CD erscheinen. Egal, wie sich eure Beziehung präsentiert. Nur mit diesen Songs haben wir eine Chance, deine CD erfolgreich auf den Markt zu bringen. Sie sind das Herzstück. Kommt dazu, dass wir erstens einen Vertrag haben, der klar regelt, dass wir als Plattenfirma das letzte Wort bei der Auswahl der Lieder haben, und zweitens haben wir schon viel Geld in die Miete des Studios investiert. Die Kosten für die Musiker schlagen ebenfalls zu Buche und wenn wir vom Weihnachtsgeschäft profitieren wollen, dürfen wir keine Zeit mehr verlieren mit der erneuten Suche nach Songs und zusätzlichen Studiotagen.»

Allison gelingt es nicht, ihre Wut und Enttäuschung zu zügeln: «Können wir das Projekt nicht stoppen? Mir ist es sogar egal, wenn die CD nicht erscheint. Hauptsache, ich kann seine Songs aus meinem Leben streichen.»

«Sorry, meine Liebe. Aber das geht wirklich nicht. Wir haben bereits sehr viel Zeit und Geld in dieses Projekt investiert. Es gibt keinen Weg mehr zurück! Weisst du eigentlich, wie viele Sängerinnen alles dafür geben würden, eine CD bei uns zu veröffentlichen? Nein, vergiss es, wir haben einen Deal und deine CD werden wir wie geplant in den nächsten Tagen fertigstellen. Ob es dir gefällt oder nicht. Und schon bald wird Gras über die Sache wachsen. Du wirst mir noch dankbar dafür sein, dass ich nicht nachgebe. Spätestens dann, wenn die CD auf dem Markt erscheint und dein Name in allen Medien steht und du mit deiner Musik deinen Lebensunterhalt ohne Sorgen bestreiten kannst. Als echter Profi musst du über der Sache stehen und mir vertrauen.»

Nach einigem Murren und vielen Tränen gibt Allison auf. Sie realisiert, dass Don Ramsey den Takt angibt und sie sich fügen muss. Ob sie will oder nicht.

Das Treffen mit Mandy

Wenige Stunden später trifft sich Joe mit Mandy in einem Starbucks an der West End Avenue in der Nähe des Vanderbilt-Stadions. Er kommt rasch auf den Punkt und erklärt ihr seine Schwierigkeiten.

Sie lacht bloss und sagt: «Ah, dehalb hast du mich an jenem Abend so rasch stehen gelassen. Aber es war ja so oder so alles nur ein Fake. Ein Typ, Mark Thompson ist sein Name, hat mich angerufen und mich gebeten, rasch in die Bar zu kommen, um dich anzumachen. Ich war gerade in der Gegend und habe mir nichts dabei gedacht.»
Joe schaut sie entsetzt an: «Sag mal, spinnst du? Weshalb in aller Welt hast du das bloss gemacht? Und woher kennst du überhaupt diesen Scheisskerl?»
Sie antwortet cool: «Mark Thompson ist ein alter Freund von mir. Ich habe ihm von unserem One-Night-Stand erzählt und er meinte, dass er dich ebenfalls eben erst kennengelernt hat. Ich schuldete ihm einen Gefallen. Ich wusste nicht, was er vorhat. Das hat mich nicht wirklich interessiert. Aber jetzt macht alles Sinn. Sorry. Es tut mir leid für dich. Aber unser Sex war doch so heiss, dass wir dies am besten schon heute Nacht wiederholen sollten, oder etwa nicht?»

Joe verschlägt es die Sprache. Dann war also alles geplant und Mark wollte ihn bei Allison schlecht machen. Er vergräbt sein Gesicht in seinen Händen, um sich zu beruhigen.
Mandy legt ihre Hand auf seine Schultern: «Dann war das also wirklich eine ernste Sache zwischen dir und dieser Allison?»
Nach ein paar Sekunden blickt Joe wieder auf und weist sie an, ihre Hand von seiner Schulter zu nehmen. Dann stellt er klar: «Natürlich war es mir sehr ernst mit ihr. Sie ist verdammt sauer auf mich und hat Schluss gemacht. Sie denkt, wir beide hätten was zusammen. Sie hat mir das Bild nicht gezeigt, auf dem wir beide zu sehen sind. Aber was auch immer das Bild von uns zeigt: Es ist ihr voll eingefahren – und dies, obwohl in der Bar nichts Gravierendes passiert ist.»
Mandy nickt und denkt nach. Dann bemerkt sie ironisch: «Schade, dass wir nicht wirklich etwas hatten an diesem Abend. Dann wäre ihre Wut wenigstens begründet gewesen. Aber so? Weisst du was? Ich denke, Mark ist eine eifersüchtige Ratte. Mich dafür zu missbrauchen, war nicht die feine Art. Aber ich könnte dich jetzt etwas trösten. Was meinst du dazu?»
Joe lächelt gequält und lehnt ab: «Nein, danke. Ich habe keine Lust. Du verstehst das sicher. Ich muss jetzt gehen. Danke für die Infos.»

Joe nimmt den schnellsten Weg nach Hause, setzt sich hin und schreibt Allison einen Brief. Darin bringt er seine

Sicht der Dinge auf den Punkt. Am gleichen Abend fährt er zu Allisons Haus und wirft den Brief in ihren Briefkasten. Dann sendet er ihr eine SMS: «Liebe Allison, glaube mir, es ist alles ein riesiges Missverständnis. Bitte lies den Brief, den ich dir geschrieben habe. Du findest den Briefumschlag in deinem Briefkasten. Ich vermisse dich unendlich.»

Beim Senden der SMS-Nachricht schlägt sein Herz wie wild, denn er hofft auf eine rasche Antwort. Doch nichts passiert. Immer wieder blickt er auf sein Smartphone, doch sie antwortet nicht. Es ist zum Verzweifeln.

Kapitel 46 – Insider-Wissen
(Tag 61 – Freitag)

Steve denkt permanent an Joes Situation. Er macht sich grosse Vorwürfe: «Wäre ich an diesem Abend bloss nicht krank geworden und hätte ich mich mit ihm in der Bar getroffen, wären sie jetzt noch zusammen.»

Der Anwalt arbeitet an einem interessanten Fall, als ihm plötzlich ein Name einfällt. Es ist immer hilfreich, gut informierte Leute zu kennen. Er wählt die Nummer der Plattenfirma, in der Mark Thompson seit einigen Tagen arbeitet. Er verlangt Monica Mendez. Nach etwas Smalltalk bittet er sie um absolute Diskretion: «Du bist sicher froh, dass du deinen Job trotz des Managementwechsels behalten konntest. Die Situation ist wohl nicht gerade einfach, oder?»
Monica antwortet seufzend: «Wir wussten schon länger, dass etwas im Busch ist. Aber dass die komplette Führungsetage gehen musste, übertraf die schlimmsten Befürchtungen. Aber so ist das heute eben: ‹Hire and Fire›. Aber für mich war es nicht nur schlecht. Sie haben mich zur Marketingleiterin befördert ...»
«Herzliche Gratulation zu diesem Karriereschritt! Das müssen wir feiern. Am besten sofort. Hast du Zeit?»
«Ich nehme mir immer Zeit für dich. Das weisst du doch, lieber Steve! Aber nun rücke schon raus. Was möchtest du wissen?»
«Das erzähle ich dir gerne persönlich!»

Eine Stunde später sitzen Steve und Monica, mit der er hin und wieder ein paar intime Stunden verbringt, im Bongo Java, einem Coffee Shop, in der Nähe der Belmont University. Beide sind ungebunden und kennen sich seit längerer Zeit.

Sie suchen keine feste Beziehung und verstehen sich auch im Bett blendend. Monica, mit ihren mexikanischen Wurzeln und ihrem Temperament, versprüht stets einen Hauch von Sonne, Meer, heissen Nächten, Mexican Amor und Margaritas. Eine Kombination, auf die Steve voll abfährt.

Sie erzählt ihm mehr, als er sich erhofft hat: «Weisst du, es gibt so ein Gerücht im Haus ... Mark Thompson und die neue Geschäftsführerin, Barbara Jenkins ... Sie sollen ein Verhältnis miteinander haben und er hat den Job offenbar nur deshalb erhalten. Man hat die beiden schon mehrmals ungeniert flirten gesehen. Aber wie gesagt, das ist nur ein Gerücht. Wir wissen nicht, ob es wirklich stimmt.»

Steve ist zufrieden. Monica hat ihm weitergeholfen. Mehr als er sich erhofft hat. Keine dreissig Minuten später erhält er von ihr eine Kopie eines Protokolls, das beweist, dass vor allem Mark die Veröffentlichung der CD von Dean Potter verhindert hat. Natürlich ist dies nichts Illegales, aber es zeigt, dass Mark Thompson alles unternommen hat, um Joe Steine in den Weg zu legen.

Diese News muss Steve mit Joe diskutieren. Bei einem kühlen Corona in der Cantina Larado an der 12th Avenue South besprechen sie, was Steve gerade eben erfahren hat. Dann macht Steve einen überraschenden Vorschlag: «Wir müssen jetzt zurückschlagen und neue Mittel einsetzen. Was er kann, können wir schon längst. Wir müssen kämpfen. Ich habe eine Idee!»

Zurückschlagen

Während sie an der Bar Bier trinken und Nachos essen, wählt Steve die Nummer eines Privatdetektivs, den er immer wieder mal für Nachforschungen engagiert. Er beauftragt ihn, Mark Thompson ab sofort zu beschatten, und gibt ihm alle relevanten Informationen über diesen Typen. Dann schlägt er mit der Faust auf die Theke und sagt zu Joe: «Wir müssen herausfinden, ob an diesem Gerücht was dran ist. Wenn wir Beweismaterial haben, kriegen wir ihn dran. Wenn tatsächlich etwas läuft zwischen ihm und Barbara Jenkins, machen wir ihn fertig. Was du wahrscheinlich noch nicht weisst: Sie ist die Ehefrau eines bekannten Politikers. Ihr Mann dürfte kaum Freude haben, wenn sie es mit einem anderen treibt.»

Gegen 21.00 Uhr klingelt Steve an Monicas Türe. Sie hat ihn schon erwartet. In ihrem dunkelroten Seidentop, ihrem schwarzen Mini, den schwarzen Strümpfen und den schwarzen High Heels sieht sie messerscharf aus. Bei einem kühlen Campari

Orange feiern sie Monicas Beförderung. Dann machen sie es sich bei Kerzenlicht und leichtem Barroom-Jazz auf dem Sofa bequem und vergessen beim Kuscheln den Alltagsstress. Nach ein paar heissen Küssen und Berührungen an erogenen Zonen ziehen sie sich gegenseitig die Kleider aus, um ihre Lust zu stillen.

Frust pur
Während des Weekends und der folgenden Tage hängt Joe nur noch unmotiviert zu Hause rum. Dieses miese Gefühl kennt er. Als Sandy ihn für den verdammten Arzt verliess, fühlte er sich genauso elend. Er hat keinen Appetit und keine Lust, um etwas zu unternehmen. Für neue Songs hat er erst recht keine Ideen. Er ist völlig von der Rolle und total uninspiriert. Er vermisst Allison unglaublich.

Er liegt tagelang in seiner Wohnung herum, trinkt Bier um Bier und schläft. Ab und zu stopft er Junkfood in sich rein und ein paarmal schaut Steve vorbei und versucht, ihn aufzubauen: «Ich weiss, dass du sie sehr liebst und total in sie verknallt bist. Aber mach jetzt nicht auf Panik. Du kennst ja die Frauen! Sie neigen häufig zu Überreaktionen. Tröste dich damit, dass du mit deinen Songs schon bald Erfolge feiern kannst.»
«Ohne sie macht nichts Spass», erwidert Joe trotzig.
«Du darfst dich jetzt nicht hängen lassen!»
«Doch, das darf ich – und wie», bemerkt Joe. Noch viel trotziger als vorher.

«Sorry, so kann ich dir nicht helfen», stellt Steve fest. Dann verabschiedet er sich.

Während der nächsten Tage hofft Joe innigst, dass der Privatdetektiv belastendes Material über Mark finden wird. Ja, er betet sogar – und dies ist für ihn eine grosse Ausnahme. Er klammert sich an einen Strohhalm. Jeden Tag fragt er bei Steve nach, ob er Neuigkeiten erhalten habe. Doch der Detektiv findet nichts. Die Tage vergehen und immer mehr leere Bierflaschen und Pizzakartons stapeln sich in Joes Wohnung.

Eine Frage plagt ihn fast rund um die Uhr: Gerne hätte er gewusst, ob Allison die CD mit oder ohne seine Lieder veröffentlichen wird. Doch sie ignoriert ihn und zeigt ihm die kalte Schulter. Sie retourniert keine seiner SMS-Nachrichten und Don Ramsey will er nicht fragen. Er hat Angst, die Wahrheit zu hören.

Kapitel 47 – Im Park
(Tag 66 – Mittwoch)

Steve erhält vom Privatdetektiv täglich einen Bericht. Doch weder am Wochenende noch an den Tagen danach passiert etwas von Bedeutung. Mark Thompson geht jeden Morgen um 09.00 Uhr zur Arbeit, macht von 12.30 Uhr bis 13.15 Uhr Mittagspause. Um 17.00 Uhr verlässt er seinen Arbeitsort. An den Abenden treibt er sich meistens in den Musikbars rum, trifft sich mit Musikern oder spielt selber den einen oder anderen Gig. Ausser, dass er ziemlich von der Musik besessen ist, führt der Kerl ein ziemlich unscheinbares Leben. Trotz intensiver Überwachung kann der Detektiv nichts feststellen, was weiterhelfen würde. Bis am Mittwoch. Um 19.30 Uhr klingelt Steves Smartphone: «Sir, wir müssen uns sehen. Ich denke, ich habe einen Volltreffer gelandet.»

Sie treffen sich um 21.00 Uhr in der Holiday Inn Hotelbar an der West End Avenue. Nach der Begrüssung legt der Detektiv, ohne viel zu sagen, sein iPad auf den Tresen und zeigt ein paar Fotos: «Das war heute Nachmittag. Unsere Leute verliessen das Büro gegen 14.00 Uhr und fuhren getrennt zum Parthenon im Centennial Park. Dort verbrachten sie mehr als eine Stunde händchenhaltend. Sie waren sehr unvorsichtig und küssten sich mehrmals intensiv. Es war keine Hexerei, gute Fotos zu schiessen. Meine Aufnahmen lassen als Beweismittel keine Fragen

und keine Zweifel offen. Es ist genau so, wie es aussieht.»
Steve schaut sich die Aufnahmen genau an: «Aber hallo! Diese Bilder zeigen genau das, wonach ich gesucht habe! Gut gemacht! Die Frau ist deutlich älter als er. Ich nehme an, dass er dank dieser Affäre zum Job in der Geschäftsleitung von Astro Records gekommen ist. Ihr Ehemann wird keine Freude an diesen Fotos haben.»

Der Detektiv sagt lachend: «Sie glauben gar nicht, was ich schon alles gesehen habe in meinem Job. Der kleine Altersunterschied ist noch das Wenigste. Das ist geradezu harmlos. Sie sieht wenigstens sehr attraktiv aus für ihr Alter. Soll ich an ihnen dranbleiben oder ist mein Auftrag damit erledigt?» Steve überlegt kurz und bittet ihn, zwei weitere Aufträge auszuführen.

Keine andere Wahl

Am nächsten Morgen erhält Barbara Jenkins, die Geschäftsführerin von Astro Records, einen Telefonanruf. Sie wird um einen wichtigen Termin gebeten, der nicht warten kann. Sie willigt ein. Kurz nach 11.00 Uhr wird der Privatdetektiv von der Empfangsdame ins Sitzungszimmer geführt. Dort wartet er auf Barbara Jenkins.

Nach fünf Minuten geht die Türe auf und die Geschäftsführerin tritt ein. Nach einer kurzen Begrüssung und etwas Smalltalk kommt der Privatdetektiv auf den Punkt: «Ich möchte Ihnen einige Bilder zeigen, die wir gestern

von Ihnen und Ihrem Mitarbeiter, oder soll ich sagen, von Ihrem Geliebten, gemacht haben.» Schweigend legt er einen Ausdruck der brisanten Bilder auf den imposanten rechteckigen Besprechungstisch aus edlem Mahagony-Holz.
«Sie verdammter Schuft», fährt ihn die Geschäftsleiterin an. «Was zum Teufel wollen Sie von mir?»

Der Detektiv blickt sich im riesigen Sitzungszimmer um. Nach einer künstlichen Pause antwortet er ruhig: «Ihr Ehemann ist ein bekannter Politiker in Nashville. Es wäre schade, wenn wir ihm – oder der Presse – diese Fotos zeigen müssten. Werfen Sie einfach Ihren Lover, ich glaube, Mark Thompson ist sein Name, raus. Kündigen Sie ihm noch heute die Stelle hier bei Astro Records. Dann lässt Sie mein Auftraggeber wieder in Ruhe.»
«Wer ist Ihr Auftraggeber?», zischt sie ihn an.

Der Privatdetektiv ignoriert die Frage und fährt weiter: «Er will kein Geld. Er ist sehr bescheiden. Aber Thompson muss weg. Und zwar noch heute. Am besten sofort. Passiert das nicht, werden wir diese sehr eindeutigen Bilder Ihrem Ehemann und der Presse zuspielen. Und das wollen Sie bestimmt nicht. Rufen Sie mich einfach an, wenn Sie die Kündigung ausgesprochen haben. Dann passiert nichts. Ihren Anruf erwarte ich übrigens bis 17.00 Uhr. Melden Sie sich bis dann nicht, sehe ich mich leider gezwungen, die soeben erwähnten Schritte unverzüglich auszuführen. Habe ich mich klar ausgedrückt? Ich denke schon, oder? Die Fotos und meine Visitenkarte mit meiner Nummer lasse ich Ihnen als Andenken hier.»

Wortlos – und mit einem Lächeln im Gesicht – verlässt der Privatdetektiv den Raum, um seine nächste Mission zu erfüllen.

In seiner Mappe trägt er ein zweites Kuvert, beschriftet mit dem Namen «Allison». Kurz nach seinem Besuch bei der Plattenfirma fährt er zu Allisons Haus und wirft das Kuvert in ihren Briefkasten. Dann schreibt er ihr mit seinem Prepaid Smartphone eine SMS: «Post ist da. Bitte leeren Sie Ihren Briefkasten heute nochmals. Eine dringende Nachricht wurde soeben für Sie abgegeben. Ein Freund.»

Als ob die Kündigung nicht schon schlimm genug gewesen wäre für Mark, trifft ihn die nächste Nachricht noch mit viel grösserer Wucht: Nur kurze Zeit nachdem er – per sofort – freigestellt wurde, surrt sein Smartphone. Gerade als er zu Hause ankommt und den Schock verarbeiten will. Zuerst ist er erleichtert, Allisons Namen auf dem Display zu sehen. Ein Lächeln huscht über sein Gesicht.

Doch seine Stimmung sinkt ins Bodenlose, als er ihre Nachricht liest: «Ich hätte nicht gedacht, dass du es mit deiner Chefin treibst. Noch gestern hast du mir schöne

Augen gemacht und versucht, mich rumzukriegen. Du bist nicht besser als alle anderen Typen auf dieser Welt. Lass mich ab sofort in Ruhe und schau zu, dass du mir nicht mehr über den Weg läufst. Nie mehr.»

Mark kann nicht glauben, was sie geschrieben hat. Sofort wählt er Allisons Nummer. Zu seiner Überraschung geht sie ran: «Allison, ich bin es, Mark – wie kommst du nur auf so was? Ich bin überrascht, dass ...»
Ohne eine Begrüssung entgegnet Allison: «Ich kenne die Frau. Sie ist die Ehefrau eines bekannten Politikers und zudem dein Boss bei der Plattenfirma. Ihren Namen habe ich gerade vergessen. Das spielt aber keine Rolle. Die Fotos, die ich heute in meinem Briefkasten gefunden habe, sagen alles. Mehr als tausend Worte. Ihr küsst euch hemmungslos in aller Öffentlichkeit. Wie lange läuft das schon? Etwa schon die ganze Zeit, während du mich angebaggert hast? Ich bin so unglaublich enttäuscht von dir. Ich will dich nicht mehr sehen. Nie mehr.»

Gerade als Mark darauf antworten will, bricht die Verbindung ab. Allison hat aufgelegt. Mark sackt in seinem Sofa zusammen – total fassungslos.

Kapitel 48 – CD Release Party
(Tag 73 – Mittwoch, 12. November 2014)

Unter grossem Zeitdruck hat Don Ramsey die CDs seiner neuen Hoffnungsträger, Dean Potter und Allison Monroe, mit seinem Team fertiggestellt. Nach den Aufnahmen mit der Band spielte er die definitive Stimme von Dean im Studio ein. Dann sangen zwei Sängerinnen die Background-Vocals dazu, bevor die Aufnahmen gemixt wurden und davon ein Mastertape erstellt wurde. Ein paar Tage später war Allison an der Reihe. Der Aufwand lohnte sich bei beiden Projekten: Alle notwendigen Arbeiten konnten rechtzeitig abgeschlossen werden. Don Ramsey ist mit beiden CD-Produktionen zufrieden. Mehr als zufrieden sogar.

Die Marketingabteilung von Black Horse Records arbeitete beinahe Tag und Nacht an den CD-Covers, den Pressetexten und an den Websites. Zudem plante sie die digitale Marketing-Strategie, sowie den Vertrieb in den Online-Shops und den traditionellen Verkaufskanälen.

Don und sein Team machten Umfragen, welche Songs am besten für die Single-Auskoppelung infrage kommen. Schliesslich wählte das Team für Dean Potter und Allison Monroe je einen Song aus. Don Ramsey und seine Marketing-Crew entschieden sich zudem, die beiden neuen CD-Produktionen am gleichen Tag mit einer grossen Party, mit VIP-Gästen aus der Musikbranche sowie den Medien, zu lancieren.

Dies ist normalerweise nicht der Fall, doch Don Ramsey war der Ansicht, dass dies unter den gegebenen Umständen eine optimale Lösung sei. Das Weihnachtsgeschäft naht und wenn die geladenen Gäste an einem Termin gleich zwei Newcomer kennenlernen können – umso besser.

Pünktlich um 19.30 Uhr öffnen die Türen des Bluebird Cafes für diese «Special Night». Alle Gäste erscheinen fein herausgeputzt. Nur bei der Vorweisung ihres personalisierten Tickets erhalten sie Einlass.

Langsam füllt sich der Raum. Die Gäste sind neugierig, denn der Bekanntheitsgrad der beiden Newcomer ist noch nicht so gross. Vor Konzertbeginn tauschen die Gäste die aktuellsten Neuigkeiten aus der Country-Music-Szene untereinander aus.

Das Musiklokal ist bis auf den letzten Platz gefüllt, als Don Ramsey die Gäste begrüsst: «Meine Damen und Herren, herzlich willkommen zu diesem speziellen Abend. Gerne präsentiere ich Ihnen im Namen von Black Horse Records heute Abend gleich zwei neue Künstler mit ihren brandneuen CDs. Wir sind sicher, dass sie Ihnen grosse Freude bereiten werden. Den Anfang machen wir mit – Ladies first – Allison Monroe.»

Allison betritt die Bühne und erhält dabei einen warmen Applaus. Sie wird von zwei Musikern begleitet, einem Bassisten und einem Gitarristen.

Auch Joe wurde von der Plattenfirma eingeladen. Er sitzt mit Steve, dessen Sekretärin Pam Collins, Susan Cramer von Black Horse Records, Roger Morris, seinem Demo-CD-Produzenten, und Sam Stone vom Musikverlag Rocky Road Songs an einem Sechsertisch.

Er versucht, die Show ruhig zu geniessen. Aber es gelingt ihm nicht. Er ist angespannt und nervös. Seit jenem Abend, als ihn Allison rausschmiss, hat er sie nicht mehr gesehen. Wird es heute Abend eine Begegnung geben und wird sie seine Songs überhaupt spielen?

Als die Show beginnt, lässt seine Nervosität etwas nach. Er beobachtet Allison und er studiert die Leute im Musiklokal. Wie immer gelingt es Allison, das Publikum vom ersten Takt an zu begeistern.

Sie erntet für ihre Performance riesigen Applaus und erhält anerkennende Blicke. Nach etwa fünf Liedern kündigt sie zu seiner grossen Überraschung einen seiner Songs an: «Liebe Gäste, der nächste Song wurde von einem Songschreiber komponiert, der erst vor ein paar Wochen Nashville zu seinem Lebensmittelpunkt machte. Sein Name ist Joe Baker. Ich wünsche Ihnen viel Vergnügen mit ‹Moon Over Your Shoulders›.»

Joes Herz pocht noch intensiver als vorher. Er schliesst die Augen und konzentriert sich zu hundert Prozent auf den Songtext, die Musik und Allisons wunderbare Stimme. Die Nackenhaare stehen ihm zu Berge. Schweiss bildet sich auf seiner Stirn. Nach dem ersten Refrain öffnet er die Augen und blickt in die Runde: Alle hören intensiv zu. Zum Schluss des Sets präsentiert Allison ihre erste Single «Over Here». Es ist zugleich der Titelsong ihrer CD. Es ist ein Song, den sie selber komponiert und getextet hat. Danach verlangt das Publikum eine Zugabe, die Allison natürlich gerne gibt. Sie spielt «Butterfly Kisses», einen weiteren Song aus Joes Feder.

Nach einer kurzen Umbaupause betritt Don Ramsey erneut die Bühne und stellt Dean Potter vor. Er erwähnt dabei, wie stolz er sei, dass es Black Horse Records gelungen ist, die Karriere dieses hoffnungsvollen Newcomers zu lancieren, nachdem eine andere Plattenfirma die Veröffentlichung der CD gestoppt hatte: «Begrüssen Sie mit mir einen Sänger, der Tausende von Demo-Aufnahmen gesungen hat. Dadurch sind wir auf ihn aufmerksam geworden und haben ihn im zweiten Anlauf unter Vertrag genommen.»

Dean bringt seine Songs mit viel Überzeugung und Gefühl rüber. Die Gäste hören wie gebannt zu. Seine Bühnenpräsenz und seine tiefe Stimme sind sehr eindrücklich. Dies ist bei einem 25-Jährigen nicht selbstverständlich.

Genau wie Allison stellt er seine Songs mit kurzen Erklärungen vor. In der Mitte seines Sets spielt er «Easy Choices», den Titelsong seiner CD. Dann folgen weitere Kostproben, bevor er zum Abschluss die erste Single ankündigt: «Morgen wird ‹Stay Gone Or Stay Here› bei allen Country-Radio-Stationen in den USA und Kanada eintreffen. Wie der Titelsong wurde auch die Single von Joe Baker komponiert. So wie es aussieht, steht der Kerl am Anfang einer grossen Karriere als Songschreiber. Ich hoffe natürlich, dass die Radios meine erste Single wohlwollend aufnehmen werden. Vielen Dank für eure Aufmerksamkeit und eure Anwesenheit am heutigen Abend.»

Das Publikum klatscht frenetisch. Joe lehnt sich entspannt zurück und geniesst den Moment. Seine Tischnachbarn heben ihre Gläser und stossen mit ihm an.

Nachdem Dean sein Set erfolgreich beendet hat, kehren Allison und ihre Begleitmusiker auf die Bühne zurück. Zum Abschluss spielen sie zusammen mit Dean einige alte Country-Klassiker von Merle Haggard, Dolly Parton, George Jones und Johnny Cash. Kaum ist die Show zu Ende, kommt Don Ramsey an Joes Tisch: «Weshalb sitzt ihr zuhinterst? Habt ihr keinen besseren Tisch gekriegt? Ich habe euch fast nicht gefunden. Joe, bitte folge mir zur Bühne. Die Fotografen wollen ein Foto von Dean, Allison, dir und mir machen.»

Joe stockt der Atem. Wie in Trance folgt er Don bis zur Bühne, wo Allison und Dean bereits mit ein paar Fotografen warten. Mit einem Lächeln stellt er sich dazu und lässt das Fotoshooting über sich ergehen.

Sein Lächeln wirkt etwas unsicher, denn plötzlich ist er sehr nervös. Der Grund: Allison steht nur wenige Zentimeter von ihm entfernt. Er beantwortet die Fragen der Journalisten und gratuliert Dean zur CD und zum erfolgreichen Gig.

Bevor Allison etwas sagen kann, geht er zurück zu seinem Platz, wo ihn Steve bereits wieder erwartet: «Gratuliere! Dein Bild wird morgen in allen Zeitungen und auf allen Social-Media-Kanälen sein und die Radio-Stationen werden Deans Single, also deinen Song, ins Programm aufnehmen.»

Die beiden Freunde verabschieden sich von ihren Tischnachbarn und fahren in die Stadt, um den Abend in der Bar City Fire im Gulch-Quartier ausklingen zu lassen. Und dies in aller Ruhe. Steve zückt sein Smartphone und zeigt Joe die ersten Bilder aus dem Bluebird Cafe, die bereits auf den Websites und den sozialen Medien kursieren.

Nach einem Bier und einem Whiskey von George Dickel, der in Cascade Hollow, Tennessee, hergestellt wird, ist es Zeit, nach Hause zu gehen. Joe ist zufrieden.

Auf halbem Weg kommt eine SMS-Nachricht rein, doch er ignoriert sie. Er hat keine Lust, mit irgend jemandem auf dieser Welt zu kommunizieren. Nicht jetzt. Er will seine Ruhe und einfach nur den Moment geniessen.

Scheinbar über Nacht ist Joe so richtig in Nashville angekommen. Gleich zwei Alben enthalten Songs, die er komponiert hat und einer dieser Song wird morgen sogar als Single an die Country-Radio-Stationen im ganzen Land versendet. Mit etwas Glück wird «Stay Gone Or Stay Here», die Single von Dean Potter, auf die Playlists der Radios gesetzt. Und wer weiss: vielleicht wird Don Ramsey in einigen Wochen einen seiner Songs als Allisons zweite Single auswählen. Welch ein grossartiges Gefühl! In dieser Nacht schläft er so tief und ruhig wie schon lange nicht mehr.

Kapitel 49 – Nachricht von Allison
(Tag 73 – Donnerstag)

Kurz nach 06.00 Uhr morgens wacht Joe auf. Eine neue Melodie dreht in seinem Kopf fröhlich ihre Runden. Er geht in die Küche, schaltet die Kaffeemaschine ein und greift zur Gitarre. Leicht verschlafen summt er die Melodie und sucht, ohne laut zu spielen, nach den dazu passenden Akkorden. Mit einem Stift notiert er sich ein paar Textideen.

Inzwischen ist die Kaffeemaschine betriebsbereit. Gedankenverloren steht er da und lässt seinen Blick durch die Wohnung streifen. Plötzlich sieht er sein Smartphone auf dem Salontisch. «War da nicht eine Nachricht, die ich gestern Abend ignoriert habe?», fragt er sich. Mit der Kaffeetasse in der Hand geht er langsam zum Sofa rüber und nimmt das Gerät zur Hand: Auf dem Display steht: «3 Nachrichten in Abwesenheit von Allison». Er fragt sich: «Verdammt, weshalb habe ich das Smartphone gestern Abend ignoriert?» Als er die Nachrichten liest, stockt sein Atem: «Joe, wo bist du, können wir uns sehen?». Die zweite Nachricht: «Joe, weshalb bist du nicht geblieben und hast mit uns gefeiert?» Und die dritte: «Es ist schon spät, kann ich dich besuchen?»

Jetzt benötigt Joe dringend einen zweiten Kaffee – einen doppelten Espresso ohne Milch, dafür mit viel Zucker. Er setzt sich an den Küchentisch und überlegt, was jetzt am besten zu tun ist. Seine Hände sind feucht. In seinem Kopf pocht es wie verrückt. Nach fünf Minuten – ohne konkreten Plan – schreibt er zurück: «Liebe Allison, guten Morgen. Sorry, dass du mich gestern nicht mehr erreicht hast. Wollen wir uns heute sehen?»

Sein letzter Satz gefällt ihm und inspiriert ihn zu einem neuen Songtitel «See You Again». Wie von Zauberhand – und ohne lange nachzudenken – schreibt er die erste Strophe und den Refrain seines neuen Liedes in weniger als 15 Minuten. Während er fest an Allison denkt, spielt er ein paar Melodien auf der Gitarre. Nach einer Stunde ist es geschafft: Text und Melodie zu «See You Again» sind getextet und komponiert.

Kurz vor Mittag kommt eine SMS von Allison rein. Joes Smartphone surrt. Ein Blick darauf genügt und sein Herz schlägt im Rock-'n'-Roll-Rhythmus: «Wie wäre es um 13.00 Uhr im Biscuit Love?»

Das Wiedersehen
Joe fährt kurz nach 12.30 Uhr in seinem Pick-up in die Stadt. Er schiebt die neue CD von Dean rein. Es ist eine Promo-Version für die Medien.

Er geniesst den satten und vollen Sound. Er muss sich zwingen, nicht zu schnell zu fahren. Er singt laut mit – die Texte seiner Lieder kennt er natürlich auswendig. Im

Parkhaus neben dem Café findet er einen freien Platz. Auf dem Weg zum Biscuit Love bestaunt er die moderne Architektur des Gulch-Quartiers und die neuen Wohnblöcke. Am Tresen bestellt er einen Cappuccino. Er wählt einen ruhigen Tisch hinten links im Restaurant und wartet aufgeregt auf Allison.

Allison betritt ein paar Minuten später das Restaurant. Sie geht direkt auf ihn zu. Kaum erblickt er sie, steht er auf. Sie umarmen sich. Wie sehr sie seine Nähe vermisst hat. Nach einer gefühlten Ewigkeit setzen sie sich an den Tisch und schauen sich schweigend an. Dann bestellt er für sie ebenfalls einen Cappuccino. Als er zurückkommt, ergreift sie seine Hand: «Erzähl mir bitte genau, was an diesem Abend in der Bar passierte, als dieses unsägliche Bild gemacht wurde.»

Joe erzählt alle Details und schliesst mit den Worten: «Du siehst, es war nichts dabei. Ich dachte immer nur an dich. Mandy interessierte mich keine Sekunde!»
«Oh, mein Gott. Ich hatte ja keine Ahnung, dass Mark Thompson hinter all dem steckte und versuchte, uns auseinanderzubringen. Es tut mir unendlich leid, dass ich derart überreagiert habe. Ich war so enttäuscht von dir, als ich das Bild von dir und dieser Frau sah. Zum Glück hast du nicht aufgegeben.»
Joe senkt seinen Kopf und erwidert: «Ich fühlte mich total elend und leer, als du mich rausgeschmissen hast. Ich war so hilflos und konnte mir nicht vorstellen, wie

das Bild zu dir kam und wer so etwas tun konnte. Eine Welt brach für mich zusammen. Aber ich war nicht bereit aufzugeben, denn du bedeutest mir alles. Es war nur diese eine Nacht mit Mandy – und das war, bevor wir zusammengekommen sind.»

«Und danach lief nie mehr was zwischen euch?»

«Nein, nie mehr. Ich schwöre!«

Allison will weitere Details hören: «Wie hast du herausgefunden, dass Mark dahintersteckte?»

«Nachdem du das Bild erhalten hast, habe ich Mandy nochmals kontaktiert. Für mich war klar, dass es etwas mit ihr zu tun haben musste. Sie hat sofort zugegeben, dass sie von Mark gebeten wurde, mich anzumachen. Sie schuldete ihm noch einen Gefallen.»

«Das ist ja krank!» Allison schüttelt ungläubig den Kopf.

Joe erzählt weiter: «Der Kerl war so in dich verknallt, dass er mit seiner Eifersucht fast alles zwischen uns kaputt machte. Beinahe wäre sein Plan aufgegangen. Und dies obwohl er es mit Barbara Jenkins, seiner Chefin, trieb.»

«Das hätte ich ihm nie zugetraut», sagt Allison mit einer riesigen Portion Wut in der Stimme.

Das alles ist zu viel für Allison. Plötzlich kullern ihr Tränen über ihre geröteten Wangen. Joe reicht ihr ein Taschentuch.

Nach einer gefühlten Ewigkeit bricht er das Schweigen: «Und jetzt? Was machen wir jetzt mit uns beiden?»

Allison schaut mit leerem Blick zum Fenster hinaus. Dann schlägt sie vor: «Lass uns zu dir fahren. Ich möchte dir etwas zeigen.»

Die Versöhnung

Sie fahren zu Joes Wohnung und setzen sich aufs Sofa. Allison hat sich wieder beruhigt: «Darf ich auf deiner Gitarre spielen?»
«Natürlich – hier ist sie.»
Allison legt ein Blatt mit einem Songtext und Akkorden auf den Salontisch. «Nicht nur du hattest schlaflose Nächte – auch ich weinte immer wieder. Dass du bei der CD-Release-Party nicht mal richtig ‹Hallo› sagtest und nach dem Fotoshooting einfach gegangen bist, machte mich unendlich traurig.»
«Du kannst dir nicht vorstellen, wie gerne ich geblieben wäre und mit dir gefeiert hätte! Aber ich wusste nicht, wie ich mich verhalten sollte», gesteht Joe traurig.
«Das ist wirklich schade. Dieser Moment lässt sich nie mehr wiederholen. Aber unsere Geschichte hat mich zu einem neuen Song inspiriert. Er soll uns für immer an unsere Liebe erinnern. Er heisst ‹No More Sad Times›.»

Joe lehnt sich auf dem Sofa zurück, hört ihr aufmerksam zu und schliesst seine Augen. Ihre Stimme klingt noch faszinierender als sonst. Sie singt das Lied mit viel Blues in der Stimme – passend zum traurigen Text. Nach dem ersten Refrain öffnet er seine Augen wieder und beobachtet jede ihrer Bewegungen.

Nachdem das Lied fertig ist, legt sie die Gitarre zur Seite und steht direkt vor ihn hin. Sie streicht ihm über sein Haar. Er legt seinen Kopf an ihren Bauch. Dann zieht er ihre Bluse langsam aus ihren Jeans und öffnet die Knöpfe. Sie zieht ihre schwarze Bluse aus und wirft sie wortlos auf den Boden. Schweigend zieht er sein T-Shirt aus. Er geniesst ihren Anblick und streicht mit seiner rechten Hand über ihren perfekten Oberkörper, bevor er ihre Jeans öffnet. Dann steht er auf und entledigt sich ebenfalls seiner Jeans und öffnet vorsichtig ihren BH.

Sie stösst ihn auf das Sofa zurück und setzt sich auf ihn. Sie übernimmt das Kommando und küsst ihn sanft. Sie streichelt seine Schultern. Ihre Berührungen senden einen heftigen Schauer durch seinen Körper. Sie spürt, wie sein bestes Stück hart wird und reibt sich daran. Sie wird heiss und feucht. Er zieht sie noch näher an sich heran. Sie atmet lustvoll ein und aus. Sie beginnen, sich noch heftiger aneinander zu reiben und treiben sich gegenseitig zur Ekstase.

Sie vergessen dabei, was in den letzten Tagen passiert ist und lassen sich von der Lust treiben. Die Versöhnung fühlt sich perfekt an. Als wäre nie etwas zwischen ihnen gestanden.

Dreissig Minuten später klingelt Allisons Smartphone. Sie kann sich kaum von Joe trennen. Trotzdem wirft sie einen Blick auf die Nummer und nimmt den Anruf entgegen. Es ist der PR-Leiter ihrer Plattenfirma: «Hallo Allison, ich hoffe, du hast heute um 17.00 Uhr spontan Zeit für ein paar Telefoninterviews mit Radio-Stationen aus Boise, Idaho, aus Tulsa, Oklahoma, aus Austin, Texas, aus Charleston, South Carolina und aus San Diego, Kalifornien. Wenn es dein Zeitplan zulässt, werde ich die Anfragen bestätigen, und du könntest mit ihnen sprechen. Ideal wäre es, wenn du schon um 16.00 Uhr in der Plattenfirma sein könntest, damit wir die Fragen und Antworten miteinander durchgehen könnten. Passt dir dieser Termin oder sollen wir auf morgen verschieben?»

Allison ist für einige Sekunden sprachlos, sagt dann aber zu: «Wow, ich kann es kaum glauben. Die Single ist doch eben erst heute bei den Radio-Stationen eingetroffen.» Der PR-Manager meint lachend: «Es gibt immer wieder Überraschungen im Showgeschäft. Ich bin sicher, dass unzählige weitere Interviewanfragen folgen werden.»

Allison kann sich kaum von Joe lösen. Sie küssen sich immer wieder. Dann steht sie trotzdem auf, duscht und fährt für die Interviews in die Stadt.

Am Abend, nach den Interviews, kehrt Allison zu Joes Wohnung zurück. «Wie ist es gelaufen?», will er wissen. «Alles klappte ohne Probleme. Die Journalisten fragten zum Beispiel, seit wann ich Songs schreibe, wie lan-

ge ich schon im Geschäft bin, wo ich meine nächsten Konzerte gebe und wann ich für Shows in ihre Stadt komme. Zudem wollten sie wissen, wie die neue CD entstanden ist.»
Joe lächelt und schlägt vor: «Ich bin so stolz auf dich. Diesen Moment sollten wir feiern. Magst du kalifornischen Merlot?»
«Sehr gerne!»

Er öffnet den Wein und bestellt eine Pizza Hawaii bei der DeSano Pizza Bakery. Dann besprechen sie ihre nächsten Konzertdaten und schauen sich die Dossiers der Musiker an, die sich für einen Job in ihrer neuen Band beworben haben. Bisher tourte sie immer alleine, doch damit ist jetzt Schluss. Als Künstlerin, die bei einer grossen Plattenfirma unter Vertrag ist, benötigt sie eine Live-Band, um ihre Debüt-CD effizient zu promoten und um ihre Karriere zu lancieren. Auch wenn sie oft nur im Vorprogramm eines bekannteren Acts stehen wird.

Nach dem Essen machen sie es sich auf dem Sofa bequem und geniessen den Abend. Immer wieder küssen sie sich. Dann schiebt Joe «Love Is Everything», eine neuere CD von George Strait, in den CD-Player. Er dimmt das Licht und sorgt mit Kerzen für eine romantische Stimmung.

Für die nächsten paar Stunden vergessen sie die Welt um sich herum. Keine Songideen, keine Tourneedaten und keine Plattenverkäufe. Nur sie beide. Sie machen dort weiter, wo sie am Nachmittag aufgehört hatten. Nach und nach ziehen sie ein Kleidungsstück nach dem anderen aus und geniessen die Nähe, die Küsse und die Streicheleinheiten. Sie lieben sich auf dem Sofa, auf dem Parkettboden und in der Küche. Erst gegen Morgen schlafen sie erschöpft, aber glücklich, ein.

Kapitel 50 – Zweiter Besuch von Sandy (Tag 75 – Freitag)

Erst gegen 09.00 Uhr wachen sie auf. Immer noch müde. Joe steht auf und wirft die Kaffeemaschine an. Dann bringt er Allison eine Tasse ans Bett. Der Kaffee duftet herrlich.

Als Belohnung schenkt sie ihm ein süsses Lächeln. Später nimmt er sie bei der Hand und führt sie ins Badezimmer. Er dreht das Wasser der Dusche an und sie begeben sich unter den warmen Wasserstrahl. Joe fährt mit einer fein duftenden Seife über ihren Körper und sie beginnen sich erneut intensiv zu lieben. Welch wunderbare Art, einen neuen Tag zu beginnen. Das fühlt sich so verdammt gut an. Ein echter Aufsteller!

Noch immer stehen die beiden Weingläser, ein leerer Pizzakarton, eine leere Weinflasche, zwei Teller und ein paar Papierservietten auf dem Esstisch. Ihre Kleider liegen neben dem Sofa auf dem Boden. Sie sind in der Nacht nicht mehr dazugekommen, alles wegzuräumen.

Nach einem zweiten Kaffee und einer Scheibe Toast mit Peanutbutter checken sie ihre Smartphones. Allison lächelt. Der PR-Manager hat sie bereits wieder gesucht. Auf der Combox hinterliess er eine Nachricht mit neuen Terminvorschlägen für weitere Interviews mit Zeitungen, Bloggern und Radio-Stationen.

Auf Joes Smartphone sind ebenfalls Nachrichten reingekommen. Nach längerer Zeit wieder mal eine von Sandy: «Joe, ich weiss, du willst mich nicht mehr sehen, aber ich habe Neuigkeiten, die ich dir unbedingt mitteilen muss. Ich bin in Nashville. Kann ich mit dir reden?»

Dean hat ebenfalls geschrieben: «Einige Radios haben die Single bereits auf die Playlist gesetzt. Danke nochmals für die grossartigen Songs.»

Bevor er etwas sagen kann, klingelt es an der Tür. Verdutzt, es ist ja schliesslich erst einige Minuten nach 10.00 Uhr morgens, und sie erwarten niemanden, schauen sie sich an. Er geht zur Tür und öffnet. Seine Vorahnung bestätigt sich. Sandy steht vor der Tür.

Sandy und das Baby
«Entschuldige bitte, dass ich so hereinplatze», sagt sie zögernd.
Joe versucht, nett zu antworten: «Hey, guten Morgen. Was um Himmels willen machst du denn schon wieder hier? Und dies erst noch um diese Zeit! Ich habe deine SMS-Nachricht eben erst gelesen.»
Dann fällt sein Blick auf das Baby im Maxi-Cosi. Sie sieht seine Überraschung und sagt: «Dürfen wir reinkommen?»
Joe weicht zur Seite und öffnet die Tür. Komplett überrascht. Sandy betritt die Wohnung, sieht Allison, die Weingläser und die Kleider am Boden. Sie lässt sich

nichts anmerken und fragt bloss: «Oh, komme ich etwa ungelegen?»

Die Situation ist für alle unangenehm. Besonders für Joe. Er macht die beiden Frauen miteinander bekannt: «Sandy, das ist Allison, meine neue Freundin. Und Allison, das ist Sandy. Ich habe dir ja schon von ihr erzählt. Darf ich etwas zu trinken anbieten?»
Allison winkt ab: «Nein, danke, ich möchte nichts. Aber es ist wohl besser, wenn ich jetzt gehe. Ihr habt einander sicher jede Menge zu erzählen.»
Joe möchte nicht, dass sie ihn mit Sandy alleine lässt. Er nimmt Allisons Hand und sagt: «Sandy, sage doch uns beiden, weshalb du wieder in der Stadt bist und ein Baby mitgebracht hast.»

Sandy stellt den Maxi-Cosi auf den Boden und alle drei nehmen auf dem Sofa Platz. Dann zeigt Sandy auf das Kind und beginnt zu erzählen: «Das ist jetzt schwierig, zu verstehen. Aber ich bin seit dem 1. November Mutter. Das ist mein Baby. Sein Name ist Blake. Ich dachte, es sei das Baby von mir und dem Arzt, den du, Joe, so hasst. Aber das stimmt nicht. Es ist nicht sein Kind.»

Joe und Allison hören überrascht zu und schauen sich verstohlen an. Sandy fährt weiter: «Nach der Geburt wollte er unbedingt einen Vaterschaftstest machen. Das hat mich sehr verletzt. Der Test bewies, dass er nicht der Vater von Blake ist. Doch das ist noch nicht alles.

Nach dem Test hat er mich und das Baby vor die Tür gesetzt und unsere Beziehung beendet. Vorübergehend haben wir bei einer Freundin in San Diego gewohnt.»
«Was willst du uns damit sagen?» Joe hat plötzlich ein komisches Gefühl in der Magengegend.

Sandy macht eine Pause. Dann blickt sie ihn mit ihren heidelbeerblauen Augen direkt an und lässt die Katze aus dem Sack: «So wie es aussieht, bist du, Joe, der Vater von Blake!»

Joe erstarrt zur Salzsäule. Er schnappt nach Luft und sein Puls rast in Besorgnis erregende Höhen. Allison findet als Erste wieder Worte: «Ist das dein Ernst? Ihr seid doch seit Monaten schon nicht mehr zusammen!»

Nach ein paar Sekunden will Joe wissen: «Hast du es schriftlich, dass dein Neuer nicht der Vater ist? Und was genau erwartest du jetzt von mir? Weshalb hast du mir das nicht schon verraten, als du mich das erste Mal – wie aus heiterem Himmel – in Nashville besucht hast?»
Sandy antwortet leise: «Als ich das erste Mal hier war, wollte ich es dir schon sagen, aber der Mut hat mich plötzlich verlassen. Es war einfach alles zu viel für mich. Und du warst so kalt und abweisend. Diesmal bin ich hier, weil ich unbedingt Klarheit haben muss. Ich will wissen, von wem das Kind wirklich ist. Deshalb bitte ich dich, ebenfalls einen Test zu machen. Ausser dem Arzt – meinem Ex – kommst nur du als Vater in Frage.»

Allison kann ihre Neugier nicht zurückhalten: «Und wenn er der Vater ist, was hast du dann vor?» Sie ist inzwischen kreideweiss im Gesicht. Fast genauso weiss wie Joe.
«Ich möchte, dass Blake in der Nähe seines Vaters aufwächst. Dazu würde ich sogar San Diego verlassen und nach Nashville ziehen.»
Joe platzt heraus: «Bist du verrückt? Es ist doch alles andere als sicher, dass ich der Vater bin. Und überhaupt ... du kennst nur mich in dieser Stadt. Wie stellst du dir das vor? Wovon willst du leben? Hast du einen Job? Und wenn du arbeitest, was machst du dann mit dem Kind? Und sowieso ... Ich weiss nicht. Ich muss mir überlegen, ob ich diesen Test machen will.»
Sandy schaut ihn bittend an und versichert: «Ich werde eurem Glück nicht im Weg stehen, aber ich möchte, dass du in der Nähe von Blake bist, wenn er aufwächst. Wenn du der Vater bist, hoffe ich, dass du unser Kind anerkennst und ihn als deinen Sohn akzeptierst. Ich werde euch jetzt wieder in Ruhe lassen. Aber bevor ich gehe, wäre es schön, wenn du Blake für ein paar Momente in den Arm nehmen würdest.»

Joe nimmt das Baby etwas unbeholfen entgegen und streicht ihm über den Kopf. Blake lächelt zufrieden und Sandy meint: «Siehst du? Er mag dich.»

Nachdem Sandy und Blake die Wohnung verlassen haben, braucht Joe ein paar Minuten, um sich zu fassen.

Allison ist ebenfalls alles andere als locker: «Bist du sicher, dass du wirklich mit mir zusammen sein möchtest und nicht mit deiner Familie? Du musst dich entscheiden! Du, sie und das Kind – oder wir beide? Sage mir, was du willst, damit ich weiss, woran ich bin.»
Joe blickt sie an und erwidert: «Das Kind ändert nichts an unserer Liebe. Allison, sie hat mich für diesen Typen verlassen und mich sitzen gelassen. Das kann und will ich nicht vergessen. Dieser Schmerz sass tief – und tut es bis zum heutigen Tag. Sollte ich wirklich der Vater sein, bleibt mir nichts anderes übrig, als das Kind anzuerkennen.»
«Sie will doch nur nach Nashville kommen, um dich zurückzugewinnen!»

Joe versucht, sie zu besänftigen: «Ich kann ihr nicht verbieten, in Nashville zu leben. Sie ist ein freier Mensch. Du musst jedoch wissen, dass ich mich zu hundert Prozent für dich entschieden habe. Das Baby ändert nichts an meinen Gefühlen für dich. Ich will mit dir zusammen sein – ganz unabhängig von der neuen Situation.»

Allison lässt sich nicht so leicht beruhigen: «Nicht auszudenken, was wäre, wenn sie unser Glück zerstören und dich anbaggern würde, bis du weich wirst. Eure gemeinsame Zeit verbindet euch, obwohl du dies nicht wahrhaben willst! Erst recht, wenn ein gemeinsames Kind im Spiel ist. Ich will eine unmissverständliche und eindeutige Stellungnahme von dir. Ich würde es nicht

aushalten, wenn du dich in einigen Monaten plötzlich für sie entscheiden und mich fallen lassen würdest. Es ist schlimm genug, dass sie in Nashville leben möchte und in deiner Nähe sein will ...»
Joe antwortet verständnisvoll: «Ich kann deine Ängste gut verstehen. Aber sie sind völlig unbegründet. Vorbei ist vorbei!»
Allison lässt nicht locker: «Nochmals: Das Kind könnte ein Mittel sein, um dich zurückzugewinnen. Jetzt, wo sie wieder alleine ist – ohne diesen Arzt.»
Joe umarmt sie vorsichtig, ohne etwas zu sagen. Dann lehnt Allison ihren Kopf an seine starken Schultern: «Sorry, das ist jetzt alles gerade etwas viel für mich. Zu viel. Ich muss mich etwas sammeln, zur Plattenfirma fahren und Interviews geben. Ich rufe dich an, wenn ich damit durch bin. Das wird etwa in drei Stunden der Fall sein.»

Einmal mehr wird Joes Leben von einer Sekunde auf die andere auf den Kopf gestellt. Er nimmt die Gitarre zur Hand, spielt ein paar Akkorde und überlegt dabei, was dieses Baby – sollte er wirklich der Vater sein – für ihn und Allison bedeutet: «Selbst wenn ich der Vater des Kindes sein sollte, will ich nie wieder mit Sandy zusammen sein. Auch dann nicht, wenn sie nach Nashville zieht und das Kind hier aufwächst. Ich werde die Konsequenzen – soweit möglich – tragen. Aber meine Liebe zu Allison wird dies nicht tangieren. Am besten regle ich alles sofort und schaffe klare Verhältnisse.»

Gegen Abend trifft sich Joe mit Steve in der Stadt in einer belebten Bar. Sie tauschen Neuigkeiten aus. Steve hört sich die Baby-Geschichte ungläubig an und fragt: «Hattet ihr bis zum Ende eurer Beziehung Sex? Dann müsste es ja, kurz bevor Sie dich sitzen gelassen hat, eingeschlagen haben.»

Joe nickt: «Diese Berechnung könnte ziemlich genau aufgehen. Und wenn du es genau wissen willst: ja, wir haben bis zuletzt miteinander geschlafen – bis sie mich verlassen hat.»

Kapitel 51 – Trip nach Chattanooga (Tag 76 – Samstag)

Am Samstagmorgen steht Joe früh auf, geht joggen und versucht, den Kopf zu lüften. Er hat schlecht geschlafen. Kein Wunder! Die Baby-Geschichte verfolgt ihn ununterbrochen. Was soll er davon halten? Während Jahren wollte Sandy ein Kind mit ihm. Nie klappte es. Doch weshalb gerade, kurz bevor sie ihn verlassen hatte? Auf diese Frage wird er mit Sicherheit niemals eine Antwort erhalten.

Wieder zu Hause textet er eine Nachricht an Sandy: «OK, ich werde den Vaterschaftstest machen.» Dann checkt er die News, schreibt ein paar Titel für neue Lieder auf und packt seinen Koffer für das Wochenende mit Allison. Sie haben sich entschieden, ihr erstes Liebes-Wochenende in Chattanooga zu verbringen. Und nicht, wie ursprünglich geplant, in den Smokey Mountains. Gegen Mittag holt er sie ab und sie fahren in seinem Pick-up auf der Interstate 24 nach Süden. In die Stadt, die auf der Grenze der Bundesstaaten Tennessee und Georgia liegt.

Nach einer rund zweistündigen Fahrt kommen sie in Chattanooga an und besuchen die «Ruby Falls». Der unterirdische Wasserfall befindet sich im «Lookout Mountain» – also in unmittelbarer Nähe der Stadt. Danach checken sie im Hotel «The Chattanoogan» ein.

Im Einkaufszentrum an der Historic Warehouse Row gehen sie shoppen und geniessen später ein feines Nachtessen im Restaurant «Tupelo Honey». Joe fällt die wunderbare Architektur auf. Das alte Fabrikgebäude wurde komplett saniert. Der alte Charme blieb zum Glück erhalten. Die roten Backsteinwände, die grossen Fenster und der dunkle Parkettboden versprühen ein Ambiente, in dem er sich sofort wohl fühlt. Auf der Karte stehen viele leckere Südstaaten-Speisen. Joe wählt «Fried Green Tomatoes» zur Vorspeise und zum Hauptgang «Carolina Mountain Trout». Allison gönnt sich einen «Chef Salad», gefolgt von «gegrilltem Lachs» mit Spinat und Reis. Dazu trinken sie Bier aus der Hausbrauerei. Zum krönenden Abschluss teilen sie sich einen leckeren «Cheesecake mit Erdbeersauce».

Nach dem Dessert schlägt Allison vor, durch den Park zu schlendern: «Schau mal, wie schön der Mond scheint! Ich hätte Lust, etwas frische Luft zu schnappen. Bist du dabei?»

Keine Frage. Joe lässt sich gerne von Allison in den Park entführen. Hand in Hand folgen sie dem gepflasterten Weg, vorbei an kleinen Sträuchern, Büschen und Bäumen. Auf einer Parkbank machen sie es sich gemütlich und schauen den Mond an. Dann fragt Joe: «Kennst du den Conway Twitty Hit ‹I Don't Know A Thing About Love›? Er fängt mit der Linie an: I talked to the man in the moon ... »

Allison lächelt, presst ihren Zeigefinger auf seine Lippen und flüstert: «Natürlich, ein absolutes Meisterwerk. Aber was möchtest du denn mit dem Mann im Mond besprechen? Ich bin doch hier. Du kannst doch mir alles anvertrauen.»
«Das werde ich gerne tun», flüstert Joe.

Ohne weitere Worte beginnen sie sich zu küssen. Sie lassen sich vom Chattanooga-Moon verzaubern. Nach ein paar Minuten wird es kühler. Sie gehen zurück ins Hotel. An der Bar bestellen sie sich einen Whiskey sour und stossen auf ihre erste gemeinsame Hotelnacht an. Dabei hören sie dem versierten Pianospieler zu, der Evergreens wie «Please Come To Boston» von Dave Loogins, «Take It Easy» von den Eagles oder «Time In A Bottle» von Jim Croce spielt. Nach ein paar Songs bestellt Joe die Rechnung und legt den fälligen Betrag mit Trinkgeld auf den Tresen, bevor sie Hand in Hand die Bar verlassen.

Schlechte Neuigkeiten
Kurz vor Mitternacht, gerade als sie die Türe zu ihrem Hotelzimmer öffnen, surrt Joes Handy. Schon bevor er die Nachricht liest, ahnt er Böses und er sagt zu Allison: «Wollen wir wetten, Sandy terrorisiert uns schon wieder?»

Doch diesmal irrt er sich. Stattdessen sieht er Steves Namen als Absender. Er klickt auf die Message. Sein

Atem stockt: «Joe, Dean Potter ist nach einem Konzert in einem Musikclub in Atlanta auf dem Weg ins Hotel angeschossen worden, als er in einem Tankstellenshop einkaufen wollte.»

Sofort ist Joe hellwach. Allison ist genauso schockiert wie er: «Baby, lebt er noch? Spinnt die Welt jetzt komplett? Nichts ist mehr sicher. Ruf Steve an, vielleicht hat er Einzelheiten.»

Steve weiss ebenfalls nichts Näheres – nur was er in den Nachrichten am TV gesehen hat. Joe versucht sein Glück bei Don Ramsey. Aber auch der Boss von Deans Plattenfirma verfügt über keine detaillierten Informationen. Joe und Allison schlafen erst weit nach Mitternacht mit einem mulmigen Gefühl ein. Den Beginn ihrer ersten Hotelnacht hatten sie sich anders vorgestellt.

Kapitel 52 – Die Hoffnung lebt
(Tag 77 – Sonntag)

Die News, die sie von Steve erhalten hatten, sind nicht leicht zu verdauen. Joe und Allison können das imposante Brunch-Buffet am Sonntagmorgen nicht so richtig geniessen. Trotzdem essen sie Rührei mit Speck, Hash browns und Toast. Dazu trinken sie Kaffee und Orangensaft.

Offenbar wurde Dean Potter von einer Kugel im rechten Arm getroffen. Nur wenige Zentimeter vom Herz entfernt. Wie es scheint, ist er nur ganz knapp dem Tod entronnen. Glück im Unglück für den Newcomer.

Joe loggt sich im Internet ein. Die News klingen sehr dramatisch: «Aufstrebender Country Star in Lebensgefahr – angeschossen und schwer verletzt. Dean Potters noch junge Karriere steht auf dem Spiel. Seine Debüt-CD wurde eben erst veröffentlicht und die Single wurde erst letzte Woche an die Radio-Stationen im ganzen Land verschickt.»

Joe muss dreimal leer schlucken und Allison wird kreideweiss. Als sie sich wieder gefangen hat, schlägt sie vor: «Wir sollten nach Atlanta, Georgia, fahren, und Dean im Spital besuchen. Die Fahrt auf der Interstate 75 von Chattanooga nach Atlanta dauert nur knapp zwei Stunden.»

Auf dem Weg in die Südstaatenmetropole ist Dean Potter ihr Dauerthema. In regelmässigen Abständen werden sie von Steve und Don mit Neuigkeiten versorgt. Dazwischen checkt Allison die Online-Medien mit ihrem Smartphone. Diese stellen laufend neue Vermutungen über den Gesundheitszustand des Newcomers an. Die Anteilnahme der Fans auf Facebook und Twitter ist riesig.

Dass Atlanta zu den grössten Metropolen der USA zählt, sieht man schon daran, dass die Zahl der Fahrspuren einige Meilen vor der Stadt von zwei auf sechs zunimmt. Die Wolkenkratzer im Zentrum der Stadt sind schon von Weitem sichtbar.

Spitalbesuch
Von Don Ramsey haben sie in der Zwischenzeit erfahren, dass sich Dean Potter im Atlanta Medical Center befindet. Mithilfe ihres Navigationssystems finden sie den Weg dorthin ohne Probleme. Am Empfang erkundigen sie sich nach der Zimmernummer.

Aus Diskretionsgründen erhalten sie keine Informationen. Stattdessen wird Allison von einem Reporter erkannt, der bereits seit einigen Stunden auf der Lauer liegt, um Recherchen zum Potter-Fall zu machen. Er ist «heiss» auf «Breaking News». Immerhin ist er freundlich und fragt zuerst, ob er ein Bild von ihr machen könne. Sie ist einverstanden. Da sie keinen Zutritt erhalten, entscheiden sie sich, zu warten. Gemäss Don Ramsey wird sein PR-Chef schon bald in Atlanta eintreffen und ihnen weiterhelfen.

Nach einer Stunde ist es so weit: Dick, ein etwa 40-jähriger leicht übergewichtiger Typ mit Baseball-Mütze, randloser Brille, weissem Polo-Shirt, Jeans und schwarzen Turnschuhen betritt den Eingangsbereich des Spitals. Er erkennt Allison sofort, da er eben erst ihre Radio-Interviews koordiniert hat.

Er weiss bereits, dass sie vor Ort sind: «Sorry, dass ihr warten musstet. Aber ich kriegte keinen früheren Flug von Nashville nach Atlanta. Ich schätze es sehr, dass ihr hier seid.»

Sie werden von der leitenden Stationsschwester abgeholt und dürfen – ohne den Journalisten – mit dem Fahrstuhl in die vierte Etage hochfahren. Dean schaut müde und mitgenommen aus, ist aber ansprechbar. Leider kann er sich nur schemenhaft an die Details erinnern: «Was gestern Abend genau passierte, weiss ich nicht mehr. Alle Erinnerungen sind komplett ausgelöscht. Offenbar spielte ich in diesem Club an der Ostseite der Stadt ... es waren – glaube ich – viele Leute dort. Nach dem Konzert wollte ich – auf dem Weg zum Hotel – in einem Tankstellenshop etwas kaufen. Mehr weiss ich nicht mehr. Alles weg. Ich habe einen kompletten Filmriss.»

Allison schaut ihn besorgt an. Dann greift sie nach seiner Hand und sagt tröstend: «Alle Schutzengel waren bei dir. Etwas mehr links – und die Kugel hätte dich womöglich lebensbedrohend mitten ins Herz getroffen.»
Joe versucht die beiden aufzuheitern: «Ab sofort benötigst du einen Bodyguard. Wie wäre es, wenn wir Mike Tyson für diesen Job anstellen würden?»

Dick, der Manager, denkt schon wieder ans Geschäft: «Wir sollten den Journalisten rufen und ein paar Bilder schiessen! Für die Vermarktung deiner CD wäre das bestimmt sehr hilfreich. Ich finde, wir sollten das Maximum aus dieser Situation herausholen. Seid ihr dabei?»

Gesagt, getan. Nach wenigen Minuten betritt der neugierige Journalist das Spitalzimmer, stellt ein paar Fragen und macht Bilder von Dean, Allison und Joe.

Schon kurze Zeit später sind die Fotos auf Facebook, Twitter, Instagram und der Online-Ausgabe von «Country Now» zu sehen. Dann verabschieden sich alle von Dean. Er braucht Ruhe. Seine Besucher sind erleichtert. Alles ist zum Glück nur halb so schlimm wie befürchtet. So wie es aussieht, wird Dean keine bleibenden Schäden davontragen und schon bald wieder auf der Bühne stehen.

Es ist Sonntagnachmittag. In Atlanta geht es im Vergleich zu einem Werktag ruhig zu und her. Allison und

Joe beschliessen, in der Stadt zu bleiben und erst am Montagmorgen nach Nashville zurückzufahren.

Sie nutzen die Zeit für einen Abstecher in den nahe gelegenen Stone Mountain Park, nordöstlich der Stadt. Sie parken beim Visitor Center, schauen sich die Scenic Railroad und die Souvenir Shops an und bestaunen den imposanten Berg. Der Stone Mountain ist ein riesiger Koloss, der zu den grössten freiliegenden Granitfelsen der Welt zählt. Das Relief an der Nordseite des Felsens zeigt drei Persönlichkeiten der amerikanischen Geschichte: Präsident Jefferson Davis und die Generäle Thomas «Stonewall» Jackson und Robert E. Lee. Das Relief befindet sich etwa 130 Meter über dem Erdboden. Seine Fläche ist ungefähr so gross wie ein Fussballfeld.

Joe und Allison verzichten darauf, mit der Luftseilbahn bis hinauf auf den Berg zu fahren. Stattdessen starten sie den Pick-up und fahren um den See herum, der ebenfalls zum Stone Mountain Park zählt. Im Golf-Club machen sie eine Pause und geniessen ein Club-Sandwich mit Chips. Den Durst löschen sie mit ungesüsstem Ice Tea mit viel Eis und Zitrone.

In einem neueren Hotel in Norcross checken sie ein und schlendern danach durch die Norcross Mall, bevor sie im Lonestar Steakhouse zu Abend essen. Sie bewundern die Einrichtung des Restaurants mit typischen Dekorelementen aus dem Wilden Westen: Wagenräder,

Sättel, Lassos, Laternen, Hufeisen, Cowboy-Hüte usw. Das Filet mignon, die Sweet Potatoes, der Broccoli und der Syrah aus dem Napa Valley schmecken hervorragend. Den Abschluss machen je eine Kugel Vanilleeis mit Erdbeertopping, Sahne und eine Tasse Kaffee.

Bevor das Dessert serviert wird, checkt Joe sein Smartphone ein weiteres Mal. Er schaut sich die News an und kann seinen Augen nicht trauen. Die Überschrift des Artikels lautet: «Dean Potter schwer angeschossen. Wird er je wieder auf der Bühne stehen?»

Er stösst ein Fluchwort aus. Kann das wirklich wahr sein? Allison schimpft: «Dieser verdammte Boulevard-Journalist! Er war doch selber dort und hat gesehen, dass Dean nicht so schlecht dran ist. Wie in aller Welt kam er bloss auf die bescheuerte Idee, so einen Schwachsinn zu schreiben?»

Joe ärgert sich ebenfalls masslos: «Die Medien jagen jeder Story hinterher, schreiben fette und reisserische Überschriften und hoffen, dass sie dadurch die Auflage steigern können. Es ist eine verdammte Frechheit.»
«Stimmt», meint Allison genervt und ergänzt: «Und auf der anderen Seite können genau solche News helfen, die Verkaufszahlen von Joes CD zu steigern. Warten wir mal ab.»

Kapitel 53 – Der Test
(Tag 80 – Mittwoch)

Die Neuigkeiten um Dean Potter beherrschen die Schlagzeilen. Sogar USA Today und die Radio- und TV-Stationen berichten darüber. Überall erscheinen die Fotos von Dean, Allison und Joe. Anscheinend haben alle in Nashville die Story mitgekriegt und sind gerührt vom Spitalbesuch des neuen Country-Traumpaars «Allison und Joe».

Die Folge davon sind immer neue Interview-Termine für Allison. Ihre Bekanntheit steigt von Tag zu Tag. Viele Country-Radio-Stationen haben ihre Single auf die Playlist gesetzt und spielen sie mehrmals täglich ab. Dazu werden Interviews mit ihr eingespielt, in denen sie über ihre Karriere und ihren Spitalbesuch bei Dean Potter spricht.

Der Erfolg von Allisons Debüt-Single «Over Here» ist bemerkenswert, aber nicht annähernd zu vergleichen mit dem Hype um Dean Potters Debüt-Single. «Stay Gone Or Stay Here» wird fast ununterbrochen im ganzen Land rauf- und runtergespielt.

Joe staunt immer mehr über den Medienhype, der sich rund um Dean entwickelt. Doch eigentlich ist es nicht überraschend, denn die Medien sind dankbar für genau solche Geschichten. Unglücksfälle und Verbrechen sorgen für fette Schlagzeilen. Täglich werden neue Fotos von Dean – wie er im Spitalbett liegt – in den Print- und Onlinemedien publiziert. Zudem berichten Radio- und TV-Stationen über den Vorfall in Atlanta und den Heilungsprozess. Seine Bekanntheit wächst und wächst.

Die Story enthält alles, was es braucht, um für die Fans interessant zu sein: ein neuer, sympathischer und aufstrebender Star, der eben erst seine Debüt-CD veröffentlicht hat, wird angeschossen – und niemand weiss, wie die Geschichte ausgehen wird. Zudem tappt die Polizei im Dunkeln.

Joe geniesst den Erfolg von «Stay Gone Or Stay Here». Schneller als erwartet, hat es Dean Potter damit auf die Playlists der Radios geschafft. Damit war nicht zu rechnen.

Die involvierten Personen können die Veröffentlichung der nächsten Billboard-Ausgabe kaum erwarten. Schon dann könnte der Song in die Billboard Hot Country Songs Charts einsteigen. Doch dieser Meilenstein in Joes Leben ist nichts im Vergleich zu einem Ereignis von weitaus grösserer Tragweite.

Joe sitzt zusammen mit Allison in seiner Wohnung und wartet auf die E-Mail des Labors, welches den Vaterschaftstest ausgewertet hat. Er ist nervös. Noch nervöser als Allison. Sie hatten auf dem Rückweg von Atlanta genügend Zeit, um intensiv zu diskutieren, wie sie im Falle des Falles mit der neuen Situation umgehen werden. Joe wollte den Test so rasch als möglich hinter sich bringen, um nicht unnötig lange in Ungewissheit zu sein.

Während dieser Tage, seitdem Sandy mit dem Baby unter dem Arm aufkreuzte, musste er oft an die Zeit denken, in der sie unbedingt ein Kind wollte – und er nicht.

Doch aus Gründen, die man nie erfahrenen wird, hat das Schicksal im falschen Moment zugeschlagen. Weshalb auch immer. Und zwar kurz bevor sie mit dem verdammten Arzt durchbrannte. Wann hatten sie das letzte Mal Sex? Er kann sich nicht mehr daran erinnern. Zu viel ist seither passiert.

Joe ist immer noch sauer auf Sandy. Nach dem Ende ihrer Beziehung hoffte er, dass er sie nie mehr sehen würde. Und jetzt? Jetzt bestand die Möglichkeit, dass sie durch ein gemeinsames Kind für immer verbunden sein würden.

Schwarz auf weiss – der Vaterschaftstest
Die Mail trifft kurz nach Mittag ein und die Botschaft ist klar und deutlich: Joe ist der Vater. Ohne Wenn und Aber. Er druckt das Beweispapier aus und legt es wortlos auf den Tisch. Allison steht auf und legt ihre Hand auf seine Schulter. Dann sagt sie – schon beinahe beruhigend: «Keine Angst. Wir gehen da durch. Gemeinsam.

Ich bin an deiner Seite, so wie ich es dir versprochen habe. Und jetzt solltest du Sandy informieren.»

Sandy ist noch immer in Nashville. Auf der Suche nach einer Wohnung. Sie ist sich bewusst, dass Joe und Allison nicht begeistert sind von ihrer Idee. Doch sie hat entschieden, welchen Weg sie gehen will. Sie will sich nicht davon abbringen lassen. Auch wenn das Resultat des Vaterschaftstests noch nicht schriftlich vorliegt: Sie weiss genau, dass ausser dem Arzt nur Joe als Vater in Frage kommt.

Im Nachhinein schlauer

Sie war ihm immer treu gewesen, bis zu jenem Moment, in dem sie sich wie aus heiterem Himmel in den Arzt verknallte. Es war Liebe auf den ersten Blick. Im Nachhinein ein Fehler. Doch diesen Fehler kann sie jetzt nicht mehr korrigieren, und die Zeit lässt sich auch nicht mehr zurückdrehen. Die Karten sind neu gemischt und sie muss die Konsequenzen tragen!

Joe zu verlassen und mit dem Arzt eine Beziehung einzugehen, schien richtig. Damals. Dieser Mann verstand es, sie auf Händen zu tragen. Er schenkte ihr die sehnlichst vermisste Aufmerksamkeit.

Aber er war nicht bereit, der Ersatzvater für ein Kind zu sein, welches er nicht selber gezeugt hatte. Kaum war sie schwanger, fing er an, sich von ihr zu distanzieren.

Zu allem Elend setzte er sie erst noch vor die Tür. Wie konnte sie nur auf diesen Typen reinfallen und Joe für diesen Arsch verlassen?

Joe mit Allison zu sehen, schmerzt Sandy jedes Mal. Jedes Mal ein Stich ins Herz. In den letzten Tagen fragte sie sich sogar, ob Joe und Allison vielleicht schon während ihrer gemeinsamen Zeit etwas zusammen hatten. Lief da was zwischen den beiden, von dem sie nichts wusste? Weshalb sonst besuchte er jede ihrer Shows in San Diego? Doch das spielte jetzt auch keine Rolle mehr. Sie hatte leider die falsche Entscheidung getroffen. Punkt. Ende.

Gerade als sie mit Blake in einem Burger Shop eine Pause macht, surrt ihr Handy. Nachricht von Joe: «Das Resultat ist da. Ich bin der Vater. Ich wünsche dir einen schönen Tag.»

Ein Lächeln huscht über ihr Gesicht und sie denkt: «Na also! Ich habe es immer gewusst!» Dann bedankt sie sich bei Joe für die Bestätigung des Resultats, blickt Blake an und flüstert: «Wir bleiben hier in Nashville. So kannst du in der Nähe deines Vaters aufwachsen. Was meinst du dazu? Du wirst mit Country-Music im Blut aufwachsen, mein Baby.»

Am Abend erhält Joe eine SMS-Nachricht von Sandy: «Ich habe ein paar interessante Wohnungen im Netz gesehen, die ich mir gerne am Freitag in Nashville anschauen würde. Dürfte ich deinen Pick-up Truck ausleihen? Es ist eine Ausnahme. Danach fliege ich mit Blake zurück nach San Diego, um alles zu regeln. Bitte maile mir noch das Resultat des Vaterschaftstests.»

Joe ist nicht begeistert, denn er will so wenig wie möglich mit seiner Ex zu tun haben. Auch Allison findet die Idee alles andere als gut: «Joe, ich möchte nicht, dass sich Sandy in unser Leben einmischt. Für einmal ist es OK, aber nachher müssen wir sie auf Distanz halten. Sie muss sich ein eigenes Auto kaufen, sollte sie ebenfalls nach Nashville ziehen.»
«Das sehe ich genauso», pflichtet ihr Joe bei.
Allison nennt weitere Bedenken: «Wenn Sandy mit Blake in Nashville wohnt, wird sie bestimmt deine Nähe suchen. Da bin ich mir sicher. Ich befürchte, sie wird versuchen, sich zwischen uns zu schieben, um deine Aufmerksamkeit zu gewinnen.»
Joe nimmt ihre Bedenken ernst: «Ich verstehe deine Angst sehr gut. Ich werde Sandy – wenn immer möglich – abblocken. Gemeinsam werden wir einen Weg finden. Irgendwie. Versprochen.»

Mit einem ungutem Gefühl im Bauch sagt er Sandy per SMS-Nachricht zu: «O.K., du kannst den Pick-up am Freitag haben. Aber nur bis am Abend.»

Kapitel 54 – Sandy sucht eine Wohnung (Tag 82 – Freitag)

Kurz nach 10.00 Uhr trifft Sandy – wie abgemacht – zusammen mit Blake in einem Taxi bei Joe ein. Allison ist an diesem Morgen nicht da. Sie trinken Kaffee und essen die Banana Nut Muffins, die Sandy mitgebracht hat.

Sie ist erleichtert, als Joe ihr das Dokument aushändigt, das seine Vaterschaft bestätigt: «Ich weiss, dies alles entspricht nicht deinen Zukunftsplänen. Aber wir müssen das Beste daraus machen – im Interesse unseres Kindes.»
Joe teilt ihre Meinung: «Ich bin nach Nashville gekommen, um neu zu starten und um meine Träume zu verwirklichen. Ich wollte meine Vergangenheit mit dir in San Diego abhaken und meine Karriere in der Musikbranche starten. Die Geburt von Blake kommt völlig überraschend. Wie ich dir schon sagte, will ich meine Zukunft mit Allison gestalten. Es gibt also kein ‹uns› mehr. Aber ich werde meinen Pflichten gegenüber Blake nachkommen.»
Sandy nickt und sagt kurz und knapp: «Ich verstehe.»

Danach zeigt sie ihm auf ihrem iPad die Wohnungen, die sie sich anschauen will. Je nach Verfügbarkeit will sie schon im Dezember ihr neues Zuhause in Nashville beziehen.

Nach etwas Smalltalk erhebt sich Sandy und nimmt den Maxi-Cosi mit Blake drin unter den Arm. Joe zückt sein Smartphone und macht ein paar Fotos von Blake und Sandy. Dann reicht er ihr den Autoschlüssel und fragt: «Bist du sicher, dass du Blake wirklich mit auf die Wohnungsbesichtigung nehmen möchtest?»
Sie antwortet lachend: «Ja, sicher. Ich denke nicht, dass du schon bereit bist, einen Tag lang alleine auf ihn aufzupassen!»
Joe ist erleichtert: «Das stimmt. Passt auf euch auf und fahr vorsichtig. Lass mich wissen, wenn ich etwas für euch tun kann.»

An diesem Tag arbeitet er intensiv an neuen Songs. Ab und zu erhält er von der Plattenfirma Updates über den Gesundheitszustand von Dean Potter. Dazu wird er informiert, welche Radio-Stationen Deans Single auf die Playlist gesetzt haben. Zu seiner Freude werden es täglich mehr. Inzwischen läuft «Stay Gone Or Stay Here» bei allen wichtigen Stationen in Kalifornien, Texas, Idaho, Florida, Kentucky, Colorado, South Carolina, Tennessee usw. Ein überraschender Erfolg bahnt sich an, der in dieser Dimension nicht zu erwarten war. Erfreulicherweise verbessert sich der Gesundheitszustand von Dean von Tag zu Tag.

Joe telefoniert mit Allison. Er vermisst sie bereits wieder unendlich. Sie tauschen die neusten Informationen aus. Er erzählt von Sandys und Blakes kurzem Besuch und sie nennt die Namen einiger Zeitungen und Radio-Stationen, die mit ihr am Morgen Telefoninterviews geführt haben. Ihre Single «Over Here» hat das Interesse der Radio-Stationen geweckt und wird von den Fans häufig gewünscht. Deshalb darf sie keine Zeit verlieren, um ihre Live-Band zusammenzustellen. Ab Januar wird sie als Opening-Act verschiedener etablierter Stars unterwegs sein. Alles dank Don Ramsey, ihrer neuen CD und natürlich einem Booking-Agent, der über ein enormes Beziehungsnetz verfügt. Am Nachmittag wird sie zusammen mit Don Ramsey weitere Musiker interviewen, die sich um einen Job in ihrer Band bewerben.

Nach einem einfachen Mittagessen – Spaghetti, Tomatensauce und Reibkäse – erhält Joe Besuch von Ruben Taylor. Gemeinsam arbeiten sie bis kurz vor 18.00 Uhr an neuen Songideen. Da Sandy mit Joes Auto unterwegs ist, fahren sie in Rubens Auto in ein nahe gelegenes Steakhouse.

Ruben ist tief beeindruckt von Joes raschem Erfolg: «Mann, ich bewundere deine Energie, dein Wille, deine Ideen und wie du dich hier in dieser kurzen Zeit durchsetzen konntest.»
Joe relativiert: «Dass schon zwei Songs auf den Playlists stehen, verdanke ich vielen Zufällen. Hätte ich nicht so viele wertvolle Menschen wie Steve, dich, Allison oder Don Ramsey kennengelernt, wäre das nie in dieser Geschwindigkeit passiert. Und dass Dean Potter

in Atlanta angeschossen wurde, und die Medien daraus einen Hype machen, ist ganz einfach nur Schicksal. Da sind ein paar Dinge zusammengekommen, für die ich nicht verantwortlich bin.»
«Jetzt untertreibst du aber», erwidert Ruben und schiebt ein weiteres Kompliment nach: «Deine Songs überzeugen vom ersten Ton an. Wenn das so weitergeht, wirst du schon bald die ersten Awards gewinnen!»
Joe hebt warnend den Zeigefinger: «Nur schön langsam. Ich bleibe auf dem Boden. Es ist eine schöne Momentaufnahme. Das Blatt kann sich rasch wieder wenden. Wie du weisst, wird es nicht unbedingt leichter. In dieser Stadt wimmelt es nur so von exzellenten Songschreibern. Mal schauen, wie es weitergeht.»

Sie bestellen je ein T-Bone-Steak mit Süsskartoffeln, Karotten und Broccoli. Dazu trinken sie ein eiskaltes Bier.

Wo bleibt Sandy?
Hin und wieder schaut Joe auf sein Smartphone. Weder Allison noch Sandy haben sich gemeldet. Nach 20.00 Uhr schreibt er Sandy eine SMS: «Wie geht es dir? Hast du eine passende Wohnung gefunden?» Kurze Zeit später klingelt Joes Smartphone. Es ist Allison: «Wir haben die Vorstellungsgespräche abgeschlossen. Da waren erstklassige Musiker dabei. Wir werden ein paar von ihnen in den nächsten Tagen nochmals zum Vorspielen einladen. Wo bist du?»

Joe gibt ihr die Adresse durch. Rund 30 Minuten später holt sie ihn im Steakhouse ab. Sie verabschieden sich von Ruben und fahren zu Joes Wohnung. Von Sandy immer noch weit und breit keine Spur. Keine SMS und kein Telefonanruf. Um 23.00 Uhr wird Joe immer unruhiger. Mit besorgter Stimme sagt er zu Allison: «Um diese Zeit führt niemand mehr Wohnungsbesichtigungen durch. Wo bleibt sie nur?»

Allison schlägt vor, Sandy anzurufen. Joe wählt ihre Nummer, doch statt ihrer Stimme hört er nur eine automatische Nachricht: «Diese Nummer ist vorübergehend nicht erreichbar. Versuchen Sie es später wieder.» Er schaut Allison mit grossen Sorgenfalten an: «Ich glaube, da stimmt etwas nicht. Ich kontaktiere die Polizei.»

Gesagt, getan. Er meldet Sandy und Blake als vermisst und gibt alle relevanten Angaben an. Die Polizistin nimmt die Informationen auf und sagt beschwichtigend: «Sir, wir werden unsere Streifenwagen umgehend informieren. Sobald wir etwas wissen, melden wir uns bei Ihnen. Rufen Sie uns wieder an, wenn sie sich wieder bei Ihnen einfindet. Machen Sie sich keine Sorgen. Meistens klärt sich alles von alleine auf und die vermissten Personen kehren unversehrt zu ihrer Familie zurück.»

Joe nimmt die Worte der Polizistin zur Kenntnis, ohne sich davon beruhigen zu lassen. Weitere Minuten und Stunden verstreichen. Nichts passiert. Keine Nachricht von Sandy. Keine Nachricht der Polizei. Joe und Allison bleiben bis lange nach Mitternacht auf und warten auf Neuigkeiten. Sie gehen erst nach 02.00 Uhr ins Bett, können aber nicht einschlafen. Sie sind besorgt. Schliesslich schlafen sie gegen 04.00 Uhr morgens endlich ein.

Kapitel 55 – Besuch der Polizei
(Tag 83 – Samstag)

Um 07.15 Uhr werden Joe und Allison aus dem Schlaf gerissen. An der Tür stehen zwei Polizisten. Joe befürchtet sofort das Schlimmste. Er hat solche Szenen schon oft in Filmen gesehen. Ungekämmt, nur im T-Shirt, in Jeans und barfuss öffnet er die Tür und bittet die Beamten hinein. Der etwas grössere, ein drahtiger, schlanker, ungefähr 40-jähriger Polizist mit Brille, spricht langsam: «Guten Morgen Sir, entschuldigen Sie bitte, dass wir Sie so früh aus dem Bett holen. Sind Sie Joe Baker?»

Joe nickt schlaftrunken. Dann stellt sich der Polizist vor, zeigt seine Marke und nimmt die Polizeimütze vom Kopf: «Ich bin Officer Ed Stratton, das ist mein Kollege, Officer Al Hutchinson. Mr. Baker, wir müssen Ihnen leider eine traurige Nachricht überbringen. Wir haben Ihren Truck heute früh, kurz vor 06.00 Uhr, gefunden. Aufgrund des Nummernschildes konnten wir Sie als Eigentümer ausfindig machen. Der Pick-up ist in den Cumberland River gestürzt. Wir konnten die Fahrerin leider nur noch tot bergen. Das Baby überlebte und liegt jetzt im Krankenhaus. Haben Sie eine Ahnung, wer mit Ihrem Pick-up Truck unterwegs war?»

Joe möchte etwas sagen. Aber seine Stimme versagt. Er blickt zu Allison, die inzwischen ebenfalls ins Wohnzimmer gekommen ist. Ohne die schrecklichen Neuigkeiten selber gehört zu haben, ist ihr schlagartig klar, dass ein Unglück geschehen sein muss.

Joe und Allison setzen sich – zusammen mit den Polizisten – an den Esstisch. Joe ergreift Allisons Hand. Unter Tränen erzählt er, dass er wisse, wer die beiden Personen sind, in welcher Beziehung er zu Sandy und Blake steht und dass sie seinen Pick-up auslieh, um sich Mietwohnungen anzusehen. Er schliesst mit den Worten: «Ich hatte ein schlechtes Gefühl in der Magengegend, als sie losgefahren sind. Das ist einfach ganz schrecklich – ich kann es nicht glauben. Wie, wann und wo ist das Unglück geschehen?»

Ed Stratton erzählt die Fakten, die der Polizei bis jetzt bekannt sind: «Der Unfall geschah im Nordosten der Stadt. Möglicherweise ist sie mit übersetzter Geschwindigkeit eine lange Strasse hinuntergefahren und fuhr in einer Rechtskurve geradeaus. Dann ist sie durch die Bäume hindurch gedonnert und in den Cumberland River gestürzt. Der genaue Unfallzeitpunkt ist zurzeit noch völlig unklar. Heute Morgen hat ein Jogger das Auto im Fluss entdeckt und die Polizei alarmiert. Zum Glück schaute noch ein Teil davon aus dem Wasser heraus. Unsere Leute sind sofort ausgerückt. Leider konnten sie nur noch den Tod der Frau feststellen. Jede Hilfe kam zu spät. Das Baby hat den Unfall überlebt und wurde mit der Ambulanz ins Spital gefahren. Über den genauen Gesundheitszustand des Kindes können wir im Moment keine näheren Aussagen machen. Ich spreche Ihnen von Herzen mein Beileid aus.»

Für eine Weile bleiben alle stumm. Die Polizisten wissen, dass jetzt Ruhe geboten ist. Nach einiger Zeit fragt Officer Al Hutchinson: «Wäre es möglich, am Abend bei uns vorbeizukommen, um die verunglückte Frau zu identifizieren?»
Joe nickt nur und fragt nach ein paar Sekunden: «Wohin haben Sie das Baby gebracht?»
Officer Stratton blickt auf seine Notizen: «Das Kind wurde in das Vanderbilt Kinderspital eingeliefert. Vergessen Sie nicht, Ihren Vaterschaftstest mitzunehmen, falls Sie das Baby dort besuchen möchten. Wir werden die Ärzte dementsprechend informieren.»

Beim Abschied sagt Joe mit leerem Blick und leiser Stimme: «Ich kann nicht glauben, dass Sandy zu schnell fuhr oder das Fahrzeug nicht beherrschte. Sie war eine hervorragende Fahrerin. Immer vorsichtig unterwegs. Etwas stimmt hier nicht.»

Als sie wieder alleine sind, setzen sich Joe und Allison auf das Sofa. Joe vergräbt sein Gesicht in seinen Händen. Ihm wird übel. Allison bringt ihm ein Glas Wasser. Es fällt ihnen schwer, zu überlegen, was sie als Nächstes tun müssen. Da Sandys Eltern schon lange tot sind und sie keine Verwandten mehr hat, müssen sie niemanden benachrichtigen – ausser vielleicht den Arzt. Doch Sandys Ex-Lover zu informieren, ist nicht erste Priorität. Sie haben keine Adresse, keine Smartphone-Nummer – einfach nichts. Joe kann sich nur noch an seinen Namen erinnern: Lester Dunbar. Er tippt den Namen in die Google-Suchmaschine ein und findet seine Koordinaten. Joe entscheidet sich, später ein paar Freunde in San Diego anzurufen. Jetzt hat er nicht die Kraft dazu.

Obwohl Joe das Baby, seinen Sohn, nur wenige Momente auf dem Arm getragen hatte, möchte er Blake im Spital besuchen. Er wählt die Nummer des Kinderspitals und schafft es nach diversen Versuchen, mit dem zuständigen Arzt zu sprechen. Dieser teilt ihm mit, dass er das Kind jederzeit sehen könne, das wie durch ein Wunder überlebt habe.

Joe und Allison fahren in ihrem Auto zum Vanderbilt Kinderspital und melden sich am Empfang. Nach einer Wartezeit von dreissig endlos scheinenden Minuten werden sie von einem verständnisvollen Arzt begrüsst. Er ist über alles Im Bilde und weiss, dass die Mutter des Kindes den Unfall nicht überlebte. Er findet tröstende Worte und führt sie ans Bett von Blake: «Ihr Sohn hatte unglaubliches Glück. Die Röntgenaufnahmen zeigen, dass er keine Knochenbrüche erlitten hat. Trotzdem werden wir ihn noch mindestens eine Woche hier behalten, ihn weiter untersuchen und beobachten.»

Joe steht neben dem Kinderbett, völlig übermannt von den Ereignissen und seinen Gefühlen. Allison hält seine Hand. Die Realität scheint unwirklich. «Weshalb muss er so lange hier bleiben?», will er wissen.
«Nun, da das Baby sehr klein ist, müssen wir prüfen, ob es beim Unfall Verletzungen erlitten hat, die auf den ersten Blick nicht zu erkennen sind. Es ist wichtig, diese Abklärungen genau zu machen. Unsere Kinderärzte verfügen über das notwendige Know-how. Ihr Kind ist bei uns bestens aufgehoben. Während der Besuchszeiten sind Sie jederzeit herzlich willkommen. Selbstverständlich werden wir Sie über alle Ergebnisse der Tests detailliert informieren.»

Am späteren Nachmittag fahren sie zum Police Department und melden sich bei Officer Al Hutchinson und Officer Ed Stratton. Die beiden Polizisten erkundigen sich nach ihrem Befinden. Joe hat ein mulmiges Gefühl im Bauch. In seinem ganzen Leben hat er noch nie eine Leiche gesehen – geschweige denn eine identifiziert. Allison fühlt sich ebenfalls sehr unwohl. Sie erzählen den Polizisten vom Besuch im Kinderspital. Diese hören ihnen aufmerksam zu und machen ihnen Mut.

Dann begleitet sie Officer Stratton ins gerichtsmedizinische Institut. Es sieht von aussen wie ein ganz normales Bürogebäude aus. Das komische Gefühl in Joes Magengegend verstärkt sich, als sie eintreten. Ein junger Gerichtsmediziner mit Glatze, Hornbrille und fahler Haut begrüsst sie mit leiser Stimme und schwachem Händedruck. Er führt sie schweigend in einen fensterlosen, kühlen Raum. Sandys lebloser Körper ist bereits in der Mitte des Raumes aufgebahrt. Allison und Joe stockt der Atem. Der Gerichtsmediziner schlägt das Tuch zurück. Ein Blick auf das Gesicht genügt, um zu erkennen, dass es sich um Sandy handelt. Beim Anblick ihrer friedlichen Gesichtszüge könnte man meinen, sie schlafe. Joe und Allison nehmen still Abschied von ihr, während der Gerichtsmediziner und Officer Stratton einige Schritte zurücktreten, um sie nicht zu stören.

Zurück im Büro des Nashville Police Departments nimmt Officer Ed Stratton den Gesprächsfaden wieder auf: «Mr. Baker, Sie erwähnten, dass Sie der Ansicht sind, etwas stimme nicht. Haben Sie einen Verdacht?»
«Ja, aber nichts Konkretes. Nur eine Vermutung. Ich bin mir jedoch fast zu 100% sicher, dass es kein Unfall gewesen ist. Haben Sie das Auto untersucht und die Obduktion der Leiche vorgenommen?»

Die Officers schauen sich an und Hutchinson, der wieder zu ihnen gestossen ist, meint: «Wir sind leider noch nicht so weit. Unsere Kollegen werden alles gewissenhaft untersuchen. Sie hören wieder von uns.»

Auf dem Weg zum Auto will Allison von Joe wissen: «Wenn du keinen Verdacht hast, woran denkst du dann?»

Joe antwortet, ohne sie anzusehen: «Ich glaube, jemand hatte es auf mich abgesehen. Ich verdächtige Mark Thompson.»
«Das ist nicht dein Ernst, oder?», entgegnet Allison.
«Doch. Ist es. Nur habe ich keine Beweise. Noch keine», antwortet Joe. Seine Stimme ist leiser als sonst.

Auf dem Rückweg erhält Joe einen Anruf von Steve: «Wenn du zu Hause ankommst, solltest du dir die Website des Nashville Banners anschauen. Dort findest du einen Artikel und ein Bild des Unfalls. Und schau dir die Billboard Charts an.»

Zu Hause lesen Joe und Allison die Online-Ausgabe. Der Titel lautet: «Mutter mit Kind im Cumberland River verunfallt. Nur Baby überlebte.» Im Text wird erwähnt, dass die Polizei von einem Unfall ausgehe, Abklärungen mache und Zeugen suche, die etwas beobachtet hätten. Auf dem Bild ist Joes defekter Pick-up zu sehen. Es ist leicht zu erahnen, dass Sandy keine Chance hatte.

Joe wird schlecht beim Anblick des Bildes. Er muss sich übergeben. Danach legt er sich aufs Sofa, trinkt etwas Wasser und stellt sich zum tausendsten Mal vor, wie der Unfall passierte. Seit der Todesnachricht fühlt er sich matt, lustlos und kraftlos, obwohl ihn Allison immer wieder tröstet und moralisch unterstützt. Er blickt sie an und fragt: «Dass Blake überlebte, grenzt an ein Wunder. Gut, dass er im Spital unter Beobachtung steht. Aber wie soll es danach mit ihm weitergehen? Ich bin gerade etwas überfordert mit dieser Situation.»

«Das Baby ist dein Sohn», antwortet Allison mit leiser Stimme und ergänzt: «Somit bist du verantwortlich für ihn. Wir werden gemeinsam einen Weg finden.»

«Wirst du auch unter diesen Umständen an meiner Seite bleiben?», fragt Joe unsicher.

«Es ist eine spezielle Situation, die durch diesen tragischen Unfall und die Verstrickung unglücklicher Zufälle entstanden ist», sagt Allison. Dann überlegt sie kurz und fährt nach einer kleinen Pause fort: «Unsere Beziehung hat gerade erst begonnen und ich kann mir nicht vorstellen, dass Joe Junior unserem Glück im Wege stehen kann! Ganz davon abgesehen, ist es ein grosses Geschenk, dass das Baby überlebt hat. Zerbrich dir jetzt nicht den Kopf. Es gibt für alles eine Lösung! Auch wenn wir sie jetzt noch nicht sehen können!»

Joe umarmt Allison zärtlich. Ihre Nähe gibt ihm Kraft und ihre Unterstützung macht ihm Mut. Er sinkt ins Sofa zurück und seine Gedanken beginnen sich wieder im Kreis zu drehen.

Halblaut sagt er: «Obwohl ich keine Beweise habe, sagt mir mein Bauchgefühl, dass es kein Unfall war. Ich hoffe, dass sich mein Verdacht bestätigt und die Polizei den Täter findet, der meinen Pick-up manipulierte. Hätte ich ihr meinen Truck nur nicht ausgeliehen!»

«Vergiss diese Gedanken. Du kannst nichts dafür. Es ist

nicht deine Schuld», tröstet ihn Allison.
«Ich hoffe, dass die Polizei den Täter findet und bestraft – auch wenn dies nichts ungeschehen machen kann!»

Nach einem Glas Wasser und einer Kopfwehtablette erinnert sich Joe an Steves Worte und schaut sich im Internet die Billboard Charts an. Unter normalen Umständen hätte er einen Freudenschrei ausgestossen, denn Dean Potter ist an diesem Wochenende mit «Stay Gone Or Stay Here» von null auf Platz 33 eingestiegen. Auch Allison schaffte es erstmals in die Hitparade. Ihre Single «Over Here» belegt Platz 55 der Billboard Hot Country Songs Charts. Eigentlich wären das zwei wunderbare Gründe zum Feiern. Doch ihnen ist nicht danach.

Kapitel 56 – Telefongespräch mit Dunbar (Tag 84 – Sonntag)

Auch am Sonntagmorgen fühlt sich Joe wie benommen. Alles ist grau in grau. Zusammen mit Allison besucht er Blake im Krankenhaus. An seinem Bett blicken sie sich für eine Weile stumm an. Dann bricht Joe das Schweigen: «Ich kann nicht glauben, wie brutal das Leben ist. Blake wird seine Mutter nie kennenlernen und ich kann kaum beides für ihn sein, ein perfekter Vater und zugleich der Ersatz für seine Mutter.»
«Mach dir jetzt keine Gedanken darüber», antwortet Allison in ihrer ruhigen Art. Dann fährt sie weiter: «Das Wichtigste ist, dass die Ärzte keine bleibenden Schäden entdecken bei ihm und dass er überlebt. Für alles andere werden wir eine Lösung finden. Vertraue mir!»
Joe umarmt sie etwas fester. Ihre Unterstützung ist Gold wert.

Am Abend wählt Joe die Nummer von Mr. Dunbar in San Diego und informiert ihn über den Tod von Sandy. Der Typ ist ihm sehr unsympathisch. Aber was sein muss, das muss sein. Er hat Lester Dunbar nie persönlich kennengelernt. «Mr. Dunbar, wir kennen uns nicht. Mein Name ist Joe Baker. Sie haben meinen Namen bestimmt schon von Sandy Stewart gehört. Ich muss Sie leider informieren, dass sie bei einem schrecklichen Autounfall hier in Nashville ums Leben gekommen ist. Nur das Baby überlebte.»

Für eine Weile bleibt es still in der Leitung. Dunbar schweigt. Dann fasst er sich: «Das ist eine schreckliche Nachricht. Wann, wie und wo ist es passiert?»

Joe erzählt ihm die Geschichte, aber er nennt nicht alle Details. Der Typ muss nicht alles wissen. Erneut bleibt es ruhig, bevor sich Dunbar wieder meldet: «Das ist unfassbar. Benötigen Sie Unterstützung?»

Joe denkt für sich: Dieser Arsch muss mir sicher nicht helfen. Er blockt ab: «Nein, das ist nicht nötig. Ich komme sehr gut alleine klar und werde alle notwendigen Schritte für die Beerdigung in Nashville unternehmen.»

Kapitel 57 – Der Verdacht
(Tag 85 – Montag, 24. November 2014)

Am Montagmorgen um 09.00 Uhr meldet sich Officer Al Hutchinson: «Mr. Baker, wäre es möglich, Sie um 11.00 Uhr bei uns auf der Police Station zu sehen? Wir haben etwas gefunden, das wir gerne mit Ihnen besprechen würden.»

Joe ruft Steve an, der ihm anbietet, ihn zu begleiten. «Die Unterstützung eines Anwalts kann nie schaden», meint er. Die Besprechung findet in einem spärlich eingerichteten Sitzungszimmer des Nashville Police Departments statt. Vier Stühle, ein Tisch, eine alte, verdorrte Pflanze und eine Klimaanlage sind alles, was es in diesem Raum gibt. Kein Fenster nach draussen. Nur ein Fenster zum Flur, das mit Lamellen vor neugierigen Blicken schützt.

Die beiden Polizisten sind wie immer sehr freundlich und kommen direkt auf den Punkt: «Wir haben das Fahrzeug untersucht und festgestellt, dass die Bremsen manipuliert waren. Zudem haben wir Sandys Smartphone überprüft. Während der Fahrt telefonierte sie nicht. Sie hat in der Zeit kurz vor dem Unfall keine SMS-Nachrichten empfangen oder geschrieben.»

Steve lehnt sich nach vorne und will wissen: «Dann war sie wenigstens nicht abgelenkt. Aber haben Sie einen Verdacht, wer das Fahrzeug manipuliert hat?»

Officer Ed Stratton wühlt in seinen Dokumenten und antwortet: «Nun, Mr. Baker, Sie waren in der Nacht mit Ms. Monroe zusammen und haben ein wasserdichtes Alibi. Sie kommen als Täter nicht in Frage, obwohl Ihnen die Pläne von Sandy Stewart kaum Freude bereitet haben. Was wir aber wissen möchten, haben Sie Feinde in der Stadt?»

Bevor Joe antworten kann, reagiert Steve: «Mr. Baker lebt erst seit kurzer Zeit in Nashville. Wie Sie vielleicht wissen, hat er den Hit von Country-Newcomer Dean Potter komponiert. Das gefällt nicht allen Leuten und ruft Neider auf den Plan. Aber wenn Sie nach Feinden fragen, fällt mir konkret nur ein Name ein: Mark Thompson. Er war ein glühender Verehrer von Allison Monroe. Er konnte es nicht verkraften, dass er nicht bei Ms. Monroe landen konnte. Er hat mehrere Versuche unternommen, um Joe Baker und Allison Monroe auseinanderzubringen und ihr Liebesglück zu zerstören. Vielleicht sollten Sie sein Alibi überprüfen.»

Steve erzählt ausführlich, was Mark alles unternommen hat, um Joe bei Allison schlecht aussehen zu lassen.

Officer Al Hutchinson macht sich eifrig Notizen. Dann blickt er Joe an: «Können Sie diese Aussagen bestätigen?» Joe überlegt kurz: «Wenn ich an die letzten Wochen denke, könnte es durchaus Sinn machen, obwohl mich das doch sehr überraschen würde. Hier ist übrigens eine Liste der Wohnungen, die Sandy an diesem Tag anschauen wollte. Vielleicht hilft Ihnen das weiter.»

Auf dem Weg zum Ausgang sagt Officer Ed Stratton mit ernster Miene: «Ich bin seit über 15 Jahren im Dienst und habe schon viele unglaubliche Fälle erlebt. Nichts ist auszuschliessen. Alles ist möglich. Wir werden ihrem Hinweis nachgehen und uns wieder melden. Wie geht es übrigens Ihrem Sohn?»
«Beim Besuch im Spital hat mir der Arzt Mut gemacht. Das Ärzteteam hat nichts Gravierendes festgestellt. Sie werden Blake in den nächsten Tagen auf Herz und Nieren testen und ihn zur Beobachtung im Kinderspital behalten.»

Steve legt seine Hand auf Joes Schultern und schlägt vor, etwas essen zu gehen. Sie fahren zu «Rolf and Daughters», einem Restaurant mit norditalienischer Küche und bestellen einen Teller Pasta mit Chicken.

Joe bringt kaum mehr als drei Bissen runter. Die ganze Situation nimmt ihn zu sehr mit. Obwohl er keine Gefühle mehr für Sandy empfand, ist ihr Tod nur sehr schwer zu verkraften.

Immerhin hatten sie eine lange gemeinsame Vergangenheit, an die er durch seinen Sohn sein Leben lang erinnert werden wird.

Am Nachmittag organisieren Joe und Steve die Beerdigung von Sandy. Da sie keine Verwandten mehr hatte und mit Blake in Nashville leben wollte, machte es in Joes Augen Sinn, sie in der Music City statt in San Diego beizusetzen.

Zur gleichen Zeit lenkt sich Allison durch ihre Arbeit ab. Sie studiert mit ihrer neuen Band Songs ein, da schon bald die ersten Konzerte auf dem Programm stehen. Am späteren Abend sind weitere Interviews geplant. Manche Interviews werden live übers Telefon oder über Skype geführt und hin und wieder trifft sie die Journalisten in der Plattenfirma.

Aufgrund von Joes Informationen arbeitet das Nashville Police Department intensiv an der Aufklärung des Falles. Die Ermittler befragen die Makler, welche Sandy die Wohnungen gezeigt haben. Alle drei erinnern sich an die junge Frau aus Kalifornien und ihr Kleinkind. Aber keiner von ihnen bemerkte etwas Verdächtiges. Sandy Stewart schien zufrieden. Nichts schien sie zu bedrohen.

Die letzte Wohnungsbesichtigung fand am Freitag, kurz vor 19.00 Uhr, statt. Eine neuere 3,5-Zimmer-Wohnung im Nordosten der Stadt, etwa fünf Meilen vom Unfallort entfernt. Die Polizei entscheidet sich, in der Nähe der drei Wohnungen, die Sandy besichtigte, Nachforschungen anzustellen. Sie befragt Mitarbeitende von Tankstellen-Shops, Supermärkten und Fastfood-Restaurants. Hat jemand eine junge Frau und ihr Baby gesehen? Die Abklärungen nehmen Stunden in Anspruch, doch niemand kann zur Auflösung des Falles beitragen. Die Polizei verteilt ein Zeugenaufrufblatt mit einem Bild von Sandy und dem Baby. Dabei handelt es sich um das letzte Foto, das Joe an jenem verhängnisvollen Tag von ihnen gemacht hatte.

Aufgrund der Aussagen von Joe und Steve suchen die Officers Stratton und Hutchinson konkret nach Mark Thompson. Doch die Suche verläuft erfolglos. Er ist an der Adresse, an der er registriert ist, nicht aufzufinden.

Auf dem Rückweg ins Police Department besprechen die beiden Police Officers die Faktenlage. «Ich denke, Joe Bakers Vermutung könnte stimmen. Möglicherweise hätte er das Opfer sein sollen. Unsere Spezialisten haben in der Nähe des Unfallortes keine Bremsspuren gefunden», meint Officer Stratton. Hutchinson ist gleicher Meinung: «Dazu kommt, dass eine Mutter mit ihrem Baby im Auto in der Regel vernünftig fährt. Gemäss Joe Bakers Aussagen war Sandy Stewart eine sichere Lenkerin. Ich denke ebenfalls, dass sie ungebremst in den Fluss gestürzt ist. Wir sollten unsere Untersuchungen dort beginnen, wo sie den Pick-up übernommen hat. Bei Joe Bakers Wohnung.»

Kapitel 58 – Puzzleteile
(Tag 86 – Dienstag)

In der Nacht von Montag auf Dienstag können Allison und Joe kaum schlafen. Zu frisch sind ihre Eindrücke der letzten Tage. Sie wälzen sich hin und her und versuchen, etwas Schlaf zu erhaschen. Kurz vor 04.00 Uhr morgens flüstert Allison: «Hey Baby, bist du auch wach? Ich habe mich gerade an etwas erinnert. Eventuell habe ich eine Idee, wo sich Mark verstecken könnte.»
«Ja, ich bringe ebenfalls kein Auge zu. Was ist dir so plötzlich eingefallen?»
Sie dreht sich zu ihm rüber, legt ihre Hand auf seine Brust und sagt: «Du weisst ja, früher schrieben Mark und ich oft Songs zusammen. Dabei erzählte er mir von einem Ort in den Smokey Mountains, wo seine Familie ein Holzhaus im Wald hat. Ich glaube, sie liegt irgendwo in der Nähe von Gatlinburg, Tennessee, am Tor zum Great Smokey Mountains National Park. Er wollte mich sogar einmal für ein Wochenende dorthin mitnehmen. Ich lehnte sein Angebot jedoch ab. Vielleicht könnte das eine Spur sein. Du solltest morgen früh so rasch als möglich mit der Polizei darüber reden.»

Kurz nach 08.00 Uhr wählt Joe die Nummer von Officer Al Hutchinson, der sich die Angaben notiert und die Kollegen in Gatlinburg über den Fall informiert. Der stellvertretende Polizeichef in Gatlinburg, Patrick Nelson, erhält alle Angaben zuerst mündlich am Telefon. Dann folgen alle relevanten Informationen schriftlich per E-Mail: Autonummer, Modell und Farbe von Marks Auto sowie Wohnort und Namen seiner Eltern. George und Mary Thompson wohnen in Knoxville, Tennessee. Sie nutzen die Cabin, die sie vor zehn Jahren kauften, als Wochenendhaus. Es dauert nicht lange, bis das Gatlinburg Police Department die Adresse der Cabin ausfindig gemacht hat.

Zwei Polizisten erhalten den Auftrag, nach dem Verdächtigen zu fahnden. Sie fahren unverzüglich zur Cabin, die hoch oben, in einem Waldstück, ausserhalb von Gatlinburg liegt. Nach dreissig Minuten erreichen sie die Adresse.

Die Cabin steht nicht direkt an der Strasse. Sie ist durch einen kleinen Waldweg zu erreichen. Sie parken ihr weisses Polizeiauto vor dem rustikalen Holzhaus, direkt neben dem roten Toyota Camry, der gemäss ihren Recherchen Mark Thompson gehört.

Sie klopfen mehrmals an die Türe. Nach einiger Zeit öffnet ein Mann die schwere Holztüre. Sie zücken ihre Polizeimarke und stellen sich vor:
«Guten Tag, sind Sie Mark Thompson?»
«Ja, das bin ich. Was wollen Sie von mir?»
Der Polizist kommt gleich zur Sache: «Wir ermitteln in einem Fall, der sich in Nashville ereignet hat. Dürfen wir reinkommen?»

Mark Thompson zögert, lässt sie aber eintreten. Die Cabin ist sehr hübsch eingerichtet. Der Boden und die Wände sind aus Holz, ein braunes, breites Ledersofa, ein Schaukelstuhl und der Navajo-Teppich mit seinen typisch indianischen Motiven ergänzen sich ideal. Das Cheminée lässt erahnen, dass es an kalten Tagen eine behagliche Wärme ausstrahlt. Beim Blick durch das Fenster erhält man einen wunderbaren Ausblick – bis hinunter nach Gatlinburg.

Mark Thompson bietet den Polizisten Kaffee an, doch sie lehnen ab. Dann setzen sie sich an den runden Esstisch direkt neben der Küche. Ein Polizist beginnt das Gespräch: «Bei einem Unfall in Nashville ist eine Person ums Leben gekommen. Wir suchen nach Hinweisen, die uns helfen, den Fall zu lösen. Wir gehen davon aus, dass das Fahrzeug manipuliert wurde und dies zum Tod der Frau geführt hat. Da Sie den Ex-Freund der verunglückten Frau kennen, hoffen wir, dass Sie uns weiterhelfen können.»

Mark hört überrascht zu und fragt: «Um wen handelt es sich?»
«Ihr Name ist Sandy Stewart. Sie war die Ex-Freundin von Joe Baker, den Sie gemäss unseren Angaben kennen. Wir wüssten gerne von Ihnen, was Sie in der Nacht vom Freitag auf den Samstag von letzter Woche gemacht haben oder ob Sie etwas Spezielles beobachtet haben?»

«Es tut mir sehr leid, diese Nachricht zu hören», sagt Mark. «Ich kenne die verstorbene Frau nicht. Habe sie in meinem ganzen Leben nie gesehen und Joe Baker kenne ich nur flüchtig. Ich habe keine Ahnung, wie ich Ihnen helfen könnte und weshalb Sie ausgerechnet mich aufsuchen. Wie kommen Sie auf die Idee, dass ich etwas mit dieser Geschichte zu tun haben könnte? Das ist geradezu absurd.»
«Wir suchen nach jeder Spur, die uns hilft, den Fall aufzuklären», antwortet der Polizist ruhig und hakt nach: «Haben Sie ein konkretes Alibi für diesen Abend oder können Sie uns weiterhelfen? Woher kennen Sie Joe Baker?»
Mark räuspert sich: «Mmm, ich war alleine zu Hause und habe an neuen Songs gearbeitet. Ich kenne Joe Baker, wie schon erwähnt, nur flüchtig. Ich habe ihn durch eine Sängerin namens Allison Monroe kennengelernt. Mehr fällt mir nicht ein.»
Der Polizist ist nicht zufrieden mit diesen Antworten. Er will wissen, wann Mark Thompson aus Nashville angereist ist: «Oh, ich bin schon eine ganze Woche hier. Ich bin am Sonntag hierher gefahren. Die Cabin ist der beste Ort der Welt, um in Ruhe zu lesen, Songs zu schreiben und herunterzufahren. Das ist ja nicht verboten, oder?»

Die beiden Polizisten bedanken sich für das Gespräch und überreichen ihm ihre Visitenkarten – für den Fall, dass sich Mark Thompson doch noch an etwas erinnern würde.

Sie fahren zurück auf die Strasse und parken ihren Wagen 100 Meter von der Einfahrt entfernt. Sie rapportieren ihrem Vorgesetzten über den Verlauf des Gesprächs. Sein Alibi ist alles andere als wasserdicht. Er scheint mehr zu wissen, als er zugeben wollte. Die beiden Polizisten erhalten den Auftrag, Mark Thompson zu beobachten.

Kapitel 60 – Die Verhaftung
(Tag 87 – Mittwoch)

Auf der Fahrt in die Stadt zurück kontaktiert Officer Stratton um 09.15 Uhr die Kollegen in Gatlinburg: «Wir haben glasklare Beweise auf einem Überwachungsvideo vis-à-vis von Joe Bakers Wohnung gefunden. Auf dem Grundstück befindet sich die Villa eines Unternehmers. Durch Zufall hat er die Aufnahmen gesichtet und ihm ist ein Verdächtiger aufgefallen. Dies war möglich, da seine Überwachungskamera einen grossen Umkreis erfasst. Auf dem Video sind Mark Thompson und sein Auto zu erkennen. Zudem sieht man, wie er sich am Pick-up zu schaffen macht, der auf dem Parkplatz vor Mr. Bakers Wohnkomplex geparkt war. Wenn wir zurück im Nashville Police Department sind, senden wir euch eine Kopie der Beweisdokumente. Jetzt seid ihr an der Reihe. Viel Glück.»

Patrick Nelson vom Gatlinburg Police Department nimmt sogleich Kontakt mit der Einsatzzentrale auf und bestellt Verstärkung. Dann wartet er auf die Beweise, instruiert die Überwachungscrew, um sicherzustellen, dass sich der Verdächtige immer noch in der Cabin befindet. Zudem lässt er sich einen Durchsuchungsbefehl ausstellen.

30 Minuten später nähern sich fünf Polizisten der Cabin, umstellen sie und nehmen Mark Thompson fest. Der

Festgenommene flucht, schreit und fuchtelt wie wild, doch alles nützt nichts. Die Beamten legen ihn in Handschellen, führen ihn ab und bringen ihn zum Verhör ins Gatlinburg Police Department.

Patrick Nelson, der stellvertretende Polizeichef, beginnt die Befragung mit den üblichen Floskeln betreffend Anwalt. Ein zweiter Polizist führt das Protokoll und bedient das Aufnahmegerät. Da Mark Thompson keinen Anwalt kennt, wird ein Pflichtverteidiger zum Verhör beordert. Nach der Frage zum Alibi, die Mark Thompson genau gleich beantwortet wie bei der ersten Befragung oben im Holzhaus, wird Patrick Nelson konkreter: «Wie Sie wissen, ermitteln wir im Fall Sandy Stewart und ihrem Baby. Die Frau ist tot und das Kind liegt im Spital. Wir gehen davon aus, dass das Auto der verunglückten Personen absichtlich manipuliert wurde. Können Sie uns dazu etwas sagen?»
«Nein. Kann ich nicht. Wie ich Ihren Kollegen schon gesagt habe, war ich an diesem Abend zu Hause», gibt Mark Thompson gereizt zu Protokoll.
Der Pflichtverteidiger will von der Polizei wissen: «Haben Sie Beweise, dass das Auto manipuliert wurde?»
Der Officer nickt leicht: «Sicher. Sonst hätten wir Mr. Thompson nicht hierher gebracht. Aber sehen Sie selbst!»

Er klappt den Bildschirm des Laptops auf und startet das Video. Alle schauen sich das Beweismaterial. Dann blickt der Polizist den Angeklagten an und sagt: «Diese Aufnahmen beweisen, dass Sie die Person sind, die den Pick-up von Joe Baker manipuliert hat. Sie sind eindeutig zu erkennen – genauso klar, wie die Autonummer Ihres Toyotas. Die Überwachungskamera in der Nähe von Joe Bakers Apartment hat uns wertvolle Dienste erwiesen. Sie sind für den Tod von Sandy Stewart verantwortlich.»

Mark Thompson stösst mehrere Schimpfwörter aus und sagt anschliessend ganz leise: «Ich wollte die Frau nicht töten. Ich hatte keine Ahnung, dass sie den Pick-up an diesem Tag lenken würde.»

Patrick Nelson nickt: «OK, das glaube ich Ihnen sogar. In Wirklichkeit hatten Sie es auf Joe Baker abgesehen, doch dieser lieh ihr sein Auto aus. Sandy Stewart schaute sich an diesem Tag ein paar Wohnungen in Nashville an. Mr. Thompson, wir werden Sie in Untersuchungshaft nehmen.»

Der Beschuldigte vergräbt seinen Kopf in beiden Händen und sagt mit leiser Stimme: «Wenn ich das nur gewusst hätte. Es tut mir so leid.»

Kapitel 61 – Ende
(Tag 88 – Donnerstag)

Allison und Joe werden von der Polizei am Donnerstagmorgen in Joes Wohnung persönlich über die neusten Entwicklungen informiert.

Joe ist erleichtert und wütend zugleich. Erleichtert, dass der Mörder relativ schnell gefasst wurde und wütend, weil Marks Geständnis diese sinnlose Tat nicht rückgängig machen kann. Allison ist zutiefst schockiert. Diese Tat hätte sie Mark Thompson nicht einmal im Traum zugetraut. Wie konnte sie sich nur so sehr in ihm täuschen? Er schien ein angenehmer und zuverlässiger Typ zu sein. Seine krankhafte Eifersucht war der Grund für den Tod von Sandy Stewart. Diese Gedanken lassen Allison erstarren, denn Mark ist auch dafür verantwortlich, dass Blake seine Mutter nie kennenlernen wird.

Die Officers Stratton und Hutchinson bleiben für längere Zeit bei Joe und Allison. Officer Stratton zeigt erneut sein Mitgefühl: «Dies ist einer der traurigsten Momente in meiner Karriere als Polizist. Darf ich fragen, wie Sie Ihre neue Lebenssituation lösen werden?»
«Ich danke für Ihre Anteilnahme», antwortet Joe und ergänzt bei einem Blick in Allisons Augen: «Ich werde meine Wohnung hier auflösen und mit Blake in Allisons Haus ziehen. Sandy Stewart, meine Ex-Freundin, also die Mutter des Kindes, hat keine Angehörigen mehr.

Gemäss dem Vaterschaftstest bin ich der Vater des Kindes. Ich kann nicht zulassen, dass Blake irgendwo bei Pflegeeltern oder sogar in einem Heim aufwächst. Wir beide werden unser Bestes geben und für ihn da sein, damit er in einer Familie aufwachsen kann. Er wird mit Allison und mit mir auf Tournee gehen, sobald sich sein Zustand stabilisiert hat.»
«Zu diesem Entscheid können wir Ihnen nur gratulieren und viel Glück wünschen», sagt Officer Hutchinson bewundernd. Officer Stratton erkundigt sich nach dem Gesundheitszustand: «Und wie geht es Ihrem Sohn jetzt?»
«Die Tests sind positiv verlaufen. Deshalb dürfen wir ihn morgen im Spital abholen und nach Hause nehmen. Die Möbel für das Kinderzimmer werden übrigens heute von einem Freund, der in einem Möbelhaus arbeitet, geliefert.»

In den folgenden Wochen geht Allison mit ihrer Band als Vorband mit diversen bekannten Stars auf Tour. Mit dabei sind auch Joe und Blake. Sie kümmern sich liebevoll um das Baby. Ab und zu finden sie sogar etwas Zeit, um neue Songs zu schreiben. Alles in allem ist es keine einfache Situation. Jeder Tag stellt sie vor neue Herausforderungen. Trotzdem kommen sie damit klar und lernen ständig dazu.

Im Zuge der Tournee klettert Allisons Single bis auf Platz 20 der Billboard Hot Country Songs Charts. Dies ist ein grandioser Erfolg für Allison, denn nicht alle Newcomer kommen mit ihrer Debut-Single soweit nach oben.

Auch von Dean Potter gibt es positive Schlagzeilen: Er erreicht mit seinem ersten Song Platz 5 der Billboard Hot Country Songs Charts und sein Gesundheitszustand wird von Tag zu Tag besser. Der Polizei gelang es nie, den Typen zu fassen, der ihn angeschossen hatte. Er konnte sich offenbar mit viel Glück unerkannt aus dem Staub machen.

Die zweite Single, die Dean Potters Plattenfirma lanciert, stammt ebenfalls aus Joes Feder und klettert sogar bis auf Platz eins der Billboard Hot Country Songs Charts. Später wird das Lied für die Auszeichnung «Song Of The Year» der Nashville Songwriters Association nominiert.

Schon bald läuten die Kirchenglocken für Joe und Allison und Blake erhält eine Schwester Namens Joella Alley.

Weitere Infos zum Buch

www.der-songwriter.com
www.facebook.com/buch.der.songwriter

Dein Feedback

Über dein Feedback zum Buch freue ich mich. Sende ein E-Mail an:
sound@chris-regez.ch

Vielen Dank!

Der Autor

Chris Regez, geboren 1968 in Aarau (Schweiz), leitet seit 1998 seine eigene Kommunikationsfirma. Bereits in seiner Jugend interessierte er sich für Country-Music.

Diese Leidenschaft führte ihn im Alter von 21 Jahren erstmals nach Nashville, wo er Musiker, Songschreiber, Produzenten und die Arbeit in den Aufnahmestudios kennenlernte.

Seine erste CD «Headin' West» wurde 1990 im Fireside Recording Studio in Nashville eingespielt. Seither folgten sieben weitere CDs – produziert in der Music City und in der Schweiz.

Regelmässige Besuche in Nashville inspirierten ihn zum vorliegenden fiktiven Roman. Die pulsierende Musikstadt fasziniert ihn auch heute noch. Er lässt sich immer wieder gerne von ihrem Rhythmus, ihren Menschen und ihrer Vielfältigkeit begeistern.